Ibaarat

عبارت | इबारत

D1799771

Poetry by **Vikram"Paasbaan" Gill**

notionpress
.com

INDIA · SINGAPORE · MALAYSIA

Notion Press Media Pvt Ltd

No. 50, Chettiyar Agaram Main Road,
Vanagaram, Chennai, Tamil Nadu – 600 095

First Published by Notion Press 2021
Copyright © Vikram Gill 2021
All Rights Reserved.

ISBN 978-1-63904-748-2

Vikram is a 40-year-old dreamer and doer. His humble beginnings from a small town (Sonipat, Haryana), instilled in him a strong sense of integrity and communal service. But this small-town start could not diminish his indomitable spirit or his appetite to succeed. Through grit and hard work, Vikram made his way to a Singapore-based global corporate organization, where he is now a well-respected person and a thought leader. When he is not strategizing an ever-growing client portfolio, he channels his daily experiences, emotions and life lessons into soul-awakening poetry. His talent portfolio continues to grow with dancing, video direction, acting and talent promotion.

People leadership and poetry aside, Vikram is the founder of Kickstart Productions Private Limited (production company), a non-profit talent promotion platform that supports individuals at the beginning of their talent journey. Vikram is the embodiment of the quote, "A job allows you to pay your bills, but your passion keeps you truly alive."

Find more at Kickstart Productions Pvt Ltd

Ghazal Titles

"जवाब दे रहा हूँ"

ज़िंदगी की बागडोर फिर से,
अपने हाथों में ले रहा हूँ,
इस गरजते हुए आसमान को,
चिल्ला कर जवाब दे रहा हूँ

ज़िंदगी की...

लोग कहते हैं में मिसाल था,
जाने कब मसला बन गया,
लोगों ने अपने गुनाह पूछे,
मैं पूरा हिसाब किताब दे रहा हूँ

ज़िंदगी की...

ये ज़रूरी नहीं कि हर कोई ख़ामोशी
को पड़ पाए,
मैं भी ख़ामोशियों का का जवाब ख़ामोशी
से दे रहा हूँ

ज़िंदगी की...

Vikram Gill

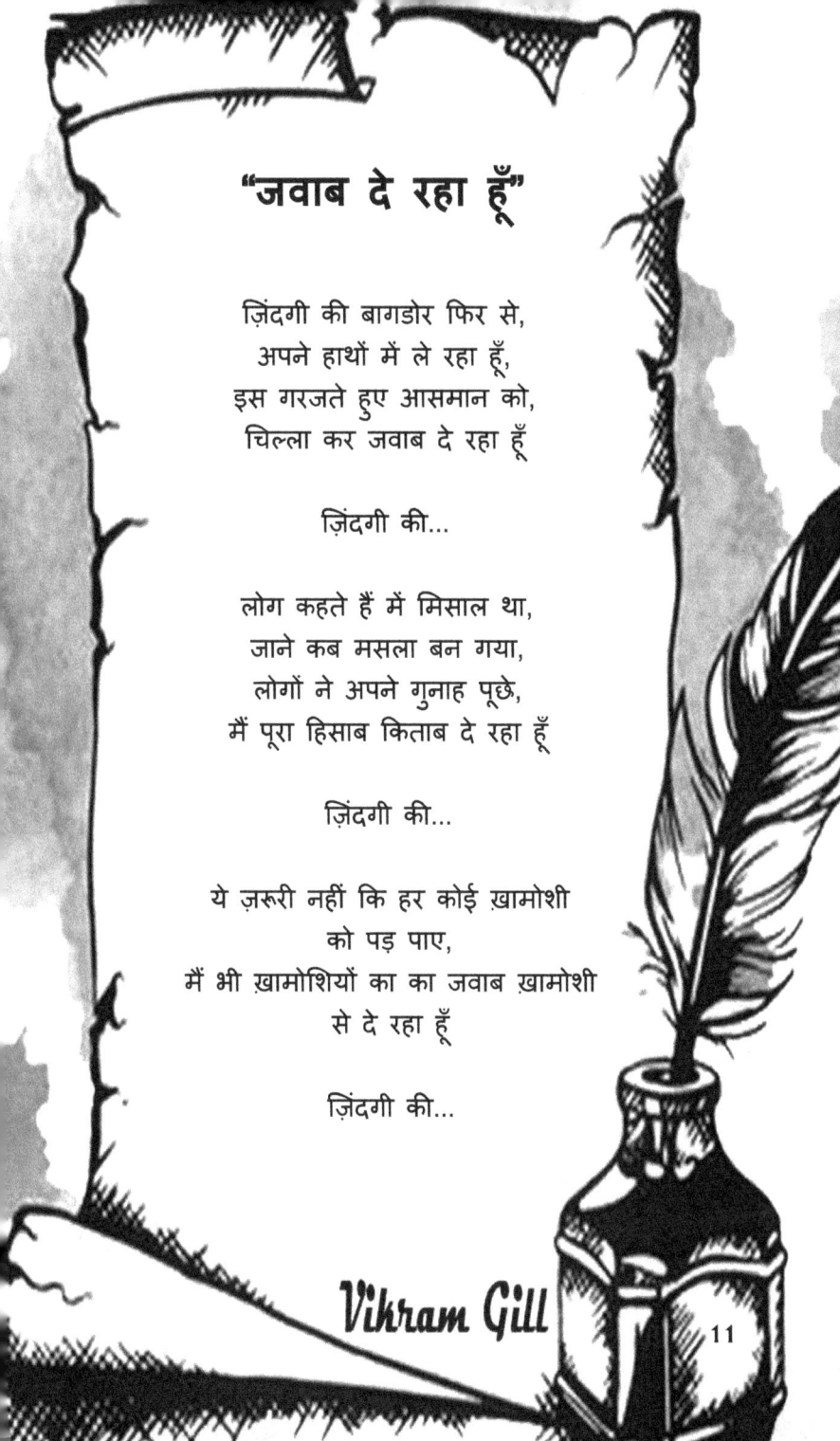

इरादों को पंख इस ज़माने ने दिए,
तो उड़ने पे पाबंदी कैसी,
जो ज़ख़्म दिए थे तोहफ़े में,
सबको वापस दे रहा हूँ

ज़िंदगी की बागडोर फिर से,
अपने हाथों में ले रहा हूँ,

इस गरजते हुए आसमान को,
चिल्ला कर जवाब दे रहा

Vikram Gill

"सीखने तो दो"

ज़माने के तरीक़े सीख रहा हूँ,
सीखने तो दो?
वक़्त के जैसे ही गुज़र जाऊँगा,
बीतने तो दो?

ज़माने के...

इतने रंग हैं कहाँ अपने,
जो हर बार दिखा सकूँ?
तुम्हारे जैसे ही बदल जाऊँगा,
बदलने तो दो

वक़्त के जैसे...

बरसों से धीमी आँच पे जल रहा हूँ मैं,
सब राख़ होने को है,
थोड़ा और जलने तो दो.

वक़्त के जैसे...

Vikram Gill

मेरे क़दमों को बुरी आदत है,
रास्ते ढूँढने की,
जब थकेंगे, खुद थम जाएँगे, थकने तो दो

ज़माने के...

जो कल तक ख़ुशनुमा थी,
वो अब उदास
बैठी हैं,
यह मौसम भी बदलेगा,
बारिशों की शामें,
ढल लेने तो दो

ज़माने के तरीक़े सीख रहा हूँ,
सीखने तो दो?
वक़्त के जैसे ही गुज़र जाऊँगा,
बीतने तो दो?

Vikram Gill

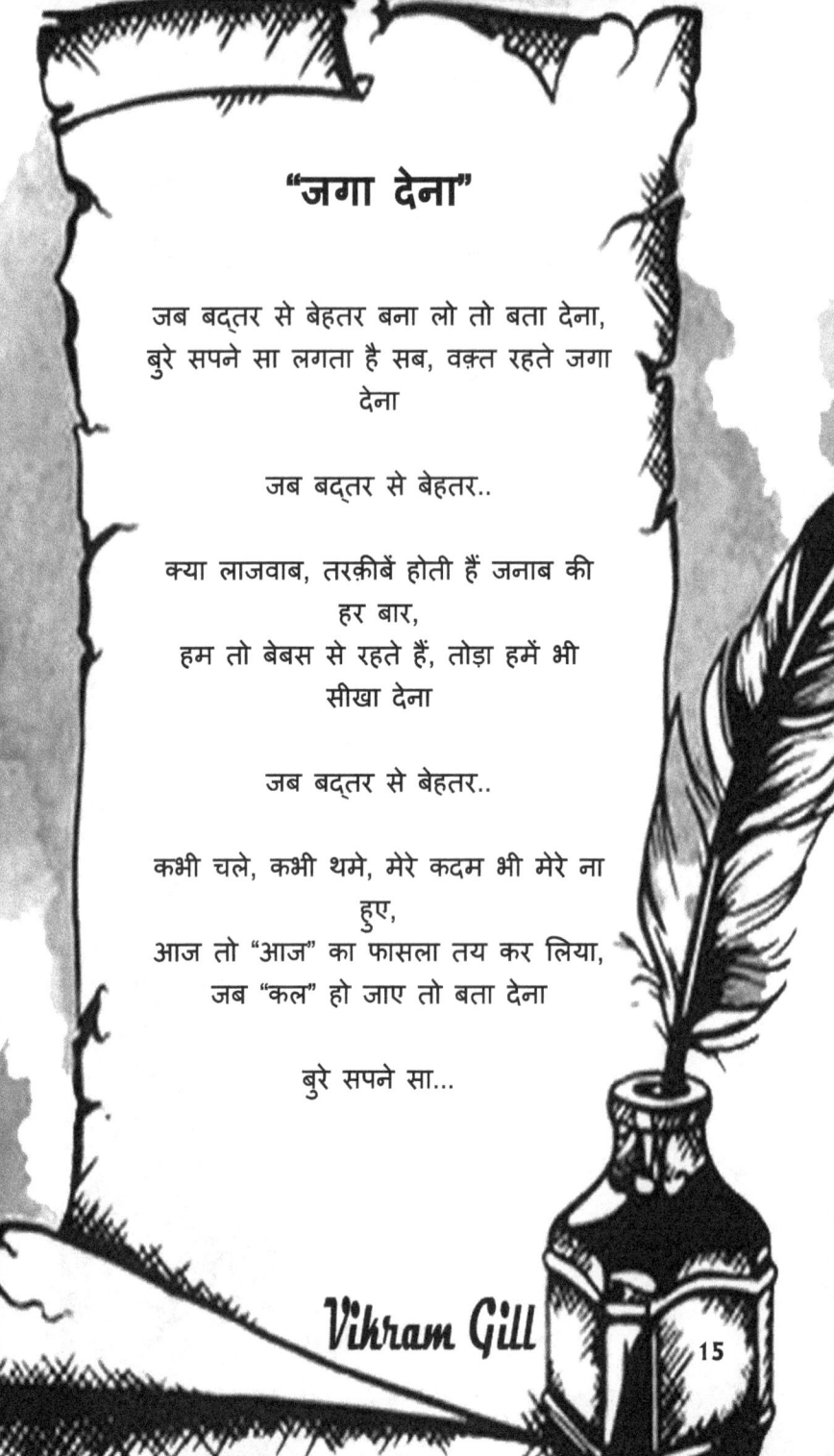

"जगा देना"

जब बद्तर से बेहतर बना लो तो बता देना,
बुरे सपने सा लगता है सब, वक़्त रहते जगा
देना

जब बद्तर से बेहतर..

क्या लाजवाब, तरक़ीबें होती हैं जनाब की
हर बार,
हम तो बेबस से रहते हैं, तोड़ा हमें भी
सीखा देना

जब बद्तर से बेहतर..

कभी चले, कभी थमे, मेरे कदम भी मेरे ना
हुए,
आज तो "आज" का फासला तय कर लिया,
जब "कल" हो जाए तो बता देना

बुरे सपने सा...

Vikram Gill

15

मेरा यकीन मेरा सराब ही है, सब वक़्त
रहते बताते रहे,
जल्द नीलामी होगी उसूलों की, खरीदने का
इरादा हो तो बता देना

जब बद्तर से बेहतर बना लो तो बता देना,
बुरे सपने सा लगता है सब, वक़्त रहते जगा
देना

Vikram Gill

16

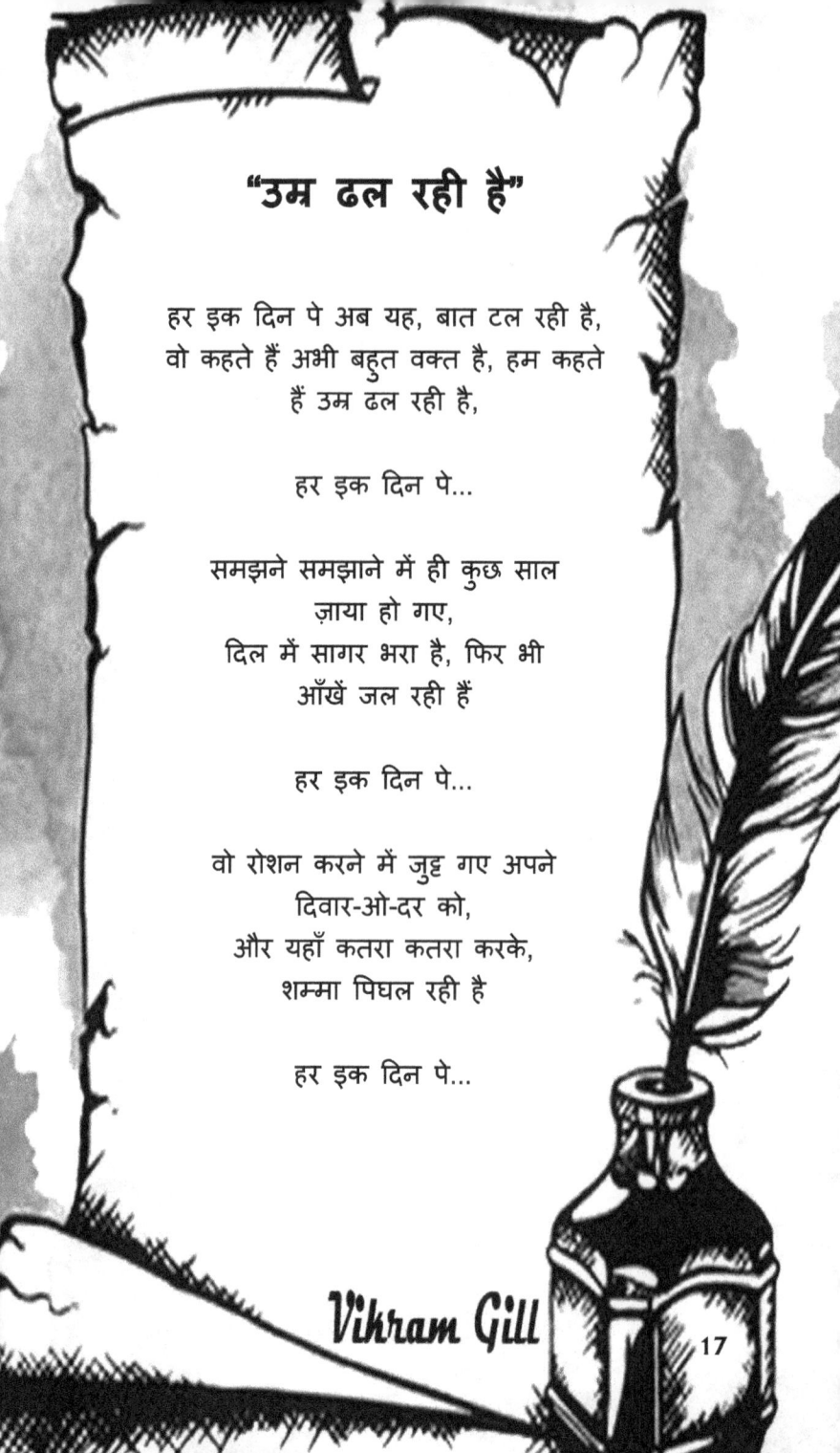

"उम्र ढल रही है"

हर इक दिन पे अब यह, बात टल रही है,
वो कहते हैं अभी बहुत वक्त है, हम कहते
हैं उम्र ढल रही है,

हर इक दिन पे...

समझने समझाने में ही कुछ साल
ज़ाया हो गए,
दिल में सागर भरा है, फिर भी
आँखें जल रही हैं

हर इक दिन पे...

वो रोशन करने में जुट्ट गए अपने
दिवार-ओ-दर को,
और यहाँ कतरा कतरा करके,
शम्मा पिघल रही है

हर इक दिन पे...

Vikram Gill

कभी तूफ़ानो से लड़ना,
कभी ख़ामोशियों से लड़ना,
हर रोज़ कुछ ऐसी ही, कश्मकश चल रही है

हर इक दिन पे अब यह, बात टल रही है,
वो कहते हैं अभी बहुत वक्त है, हम कहते
हैं उम्र ढल रही है,

Vikram Gill

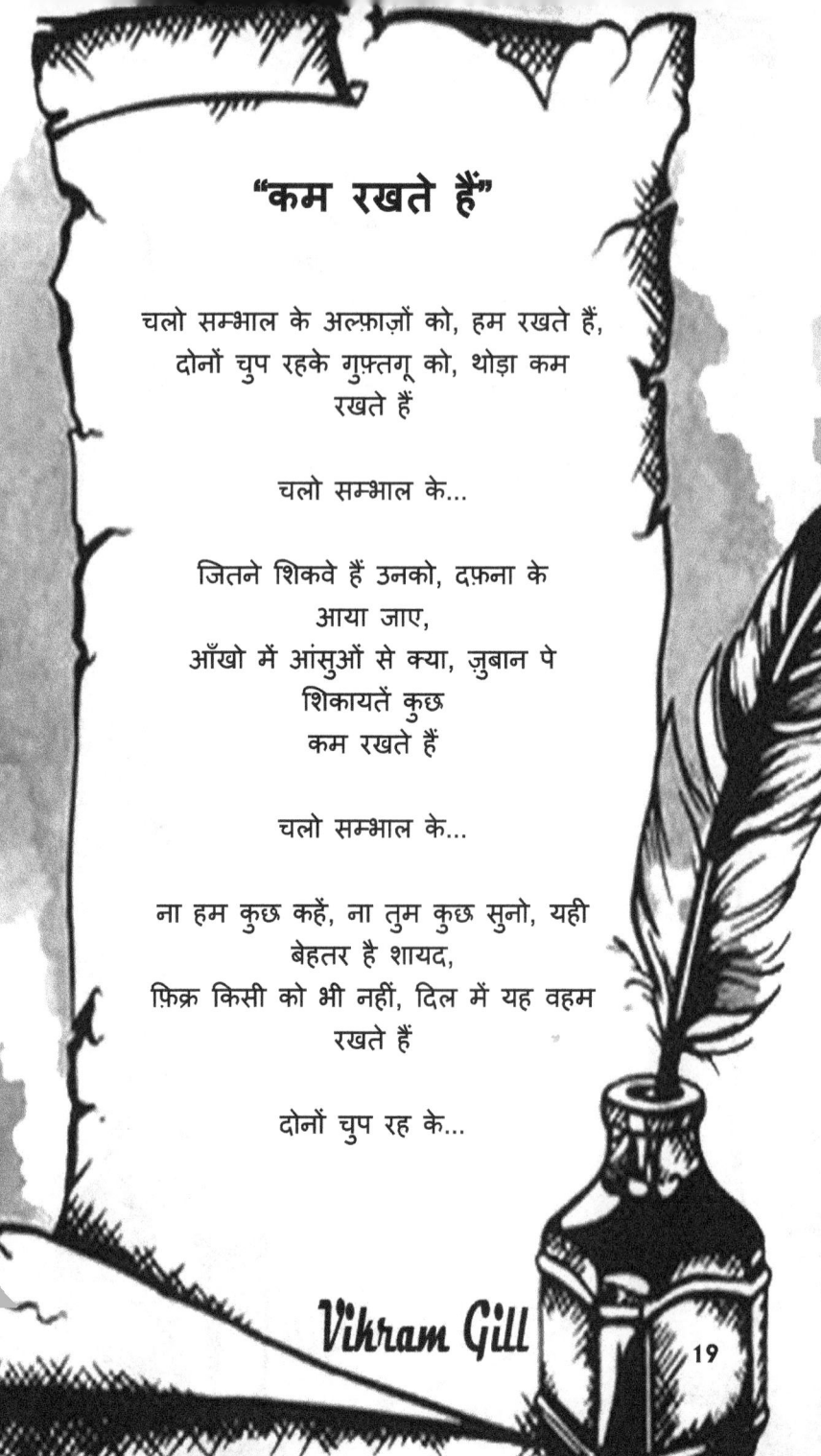

"कम रखते हैं"

चलो सम्भाल के अल्फ़ाज़ों को, हम रखते हैं,
दोनों चुप रहके गुफ़्तगू को, थोड़ा कम
रखते हैं

चलो सम्भाल के...

जितने शिकवे हैं उनको, दफ़ना के
आया जाए,
आँखो में आंसुओं से क्या, ज़ुबान पे
शिकायतें कुछ
कम रखते हैं

चलो सम्भाल के...

ना हम कुछ कहें, ना तुम कुछ सुनो, यही
बेहतर है शायद,
फ़िक्र किसी को भी नहीं, दिल में यह वहम
रखते हैं

दोनों चुप रह के...

Vikram Gill

19

मेरे ख़तों को फाड़ के,
हवा का रुख़ पता करना,
शायद टुकड़ों में पैग़ाम आएगा,
हम ऐसा भ्रम रखते हैं

चलो सम्भाल के अल्फ़ाज़ों को,
हम रखते हैं,
दोनों चुप रहके गुफ़्तगू को,
थोड़ा कम रखते हैं

Vikram Gill

"फ़र्क़ रखा होता"

साथ देने और साथ होने में कुछ फ़र्क़ तो
रखा होता
तकलीफ़ कितनी भी देते, पर ज़ख़्मो का
हिसाब तो रखा होता

साथ देने और साथ..

हर रोज़ कोई नया जुड़ जाता है, मेरे किताब
के पन्नो में,
या खुदा, इन क़ातिलों का कोई निशान तो
रखा होता

तकलीफ़ कितनी भी देते..

ख्वाहिशें बयान करते रहे तुमसे, हम हर
दफ़ा आगे बढ़ कर,
तुम्हे गुमान गर इतना ही था, तो मेरा
ईमान भी रखा होता

साथ देने और..

Vikram Gill

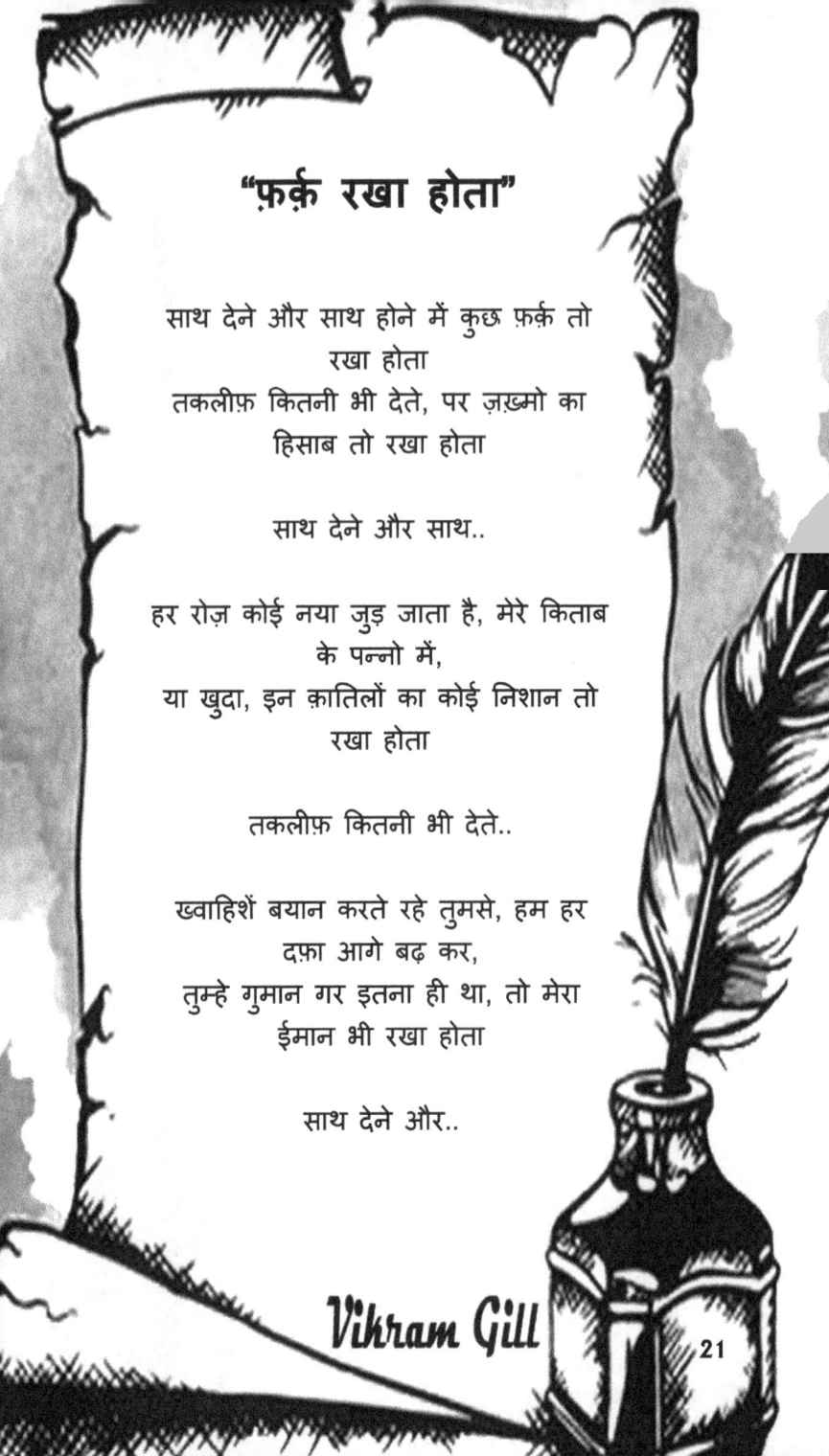

मसाफत से सुकून है तो चलो वो भी
क़ुबूल है,
तुम नफी में ना होते तो शायद,
तुम्हे भी दुखा होता

साथ देने और साथ होने में कुछ फ़र्क़ तो
रखा होता
तकलीफ़ कितनी भी देते, पर ज़ख़्मो का
हिसाब तो रखा होता

Vikram Gill

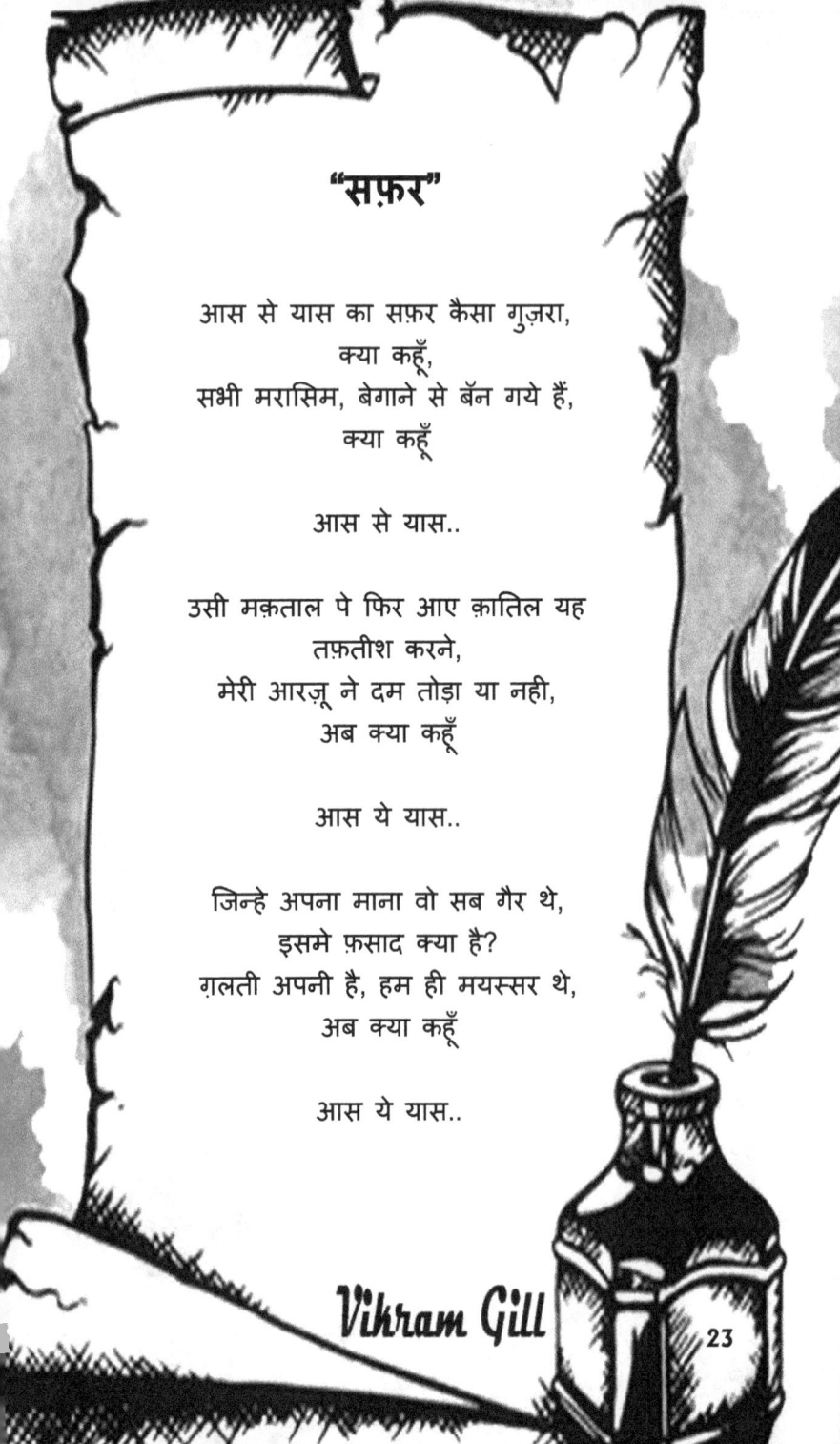

"सफ़र"

आस से यास का सफ़र कैसा गुज़रा,
क्या कहूँ,
सभी मरासिम, बेगाने से बॅन गये हैं,
क्या कहूँ

आस से यास..

उसी मक़ताल पे फिर आए क़ातिल यह
तफ़तीश करने,
मेरी आरज़ू ने दम तोड़ा या नही,
अब क्या कहूँ

आस ये यास..

जिन्हे अपना माना वो सब गैर थे,
इसमे फ़साद क्या है?
ग़लती अपनी है, हम ही मयस्सर थे,
अब क्या कहूँ

आस ये यास..

Vikram Gill

23

मेरा माज़ी ही कुछ ऐसा है की उन्हे यकीन
कैसे हो?
तुमसे फ़हम का वहम रखा था मैने, अब
क्या कहूँ

आस से यास का सफ़र कैसा गुज़रा,
क्या कहूँ,
सभी मारासिम, बेगाने से बॅन गये हैं,
क्या कहूँ

Vikram Gill

"दिन बीत रहे हैं"

कोई नही यहाँ जो जीता हो, सबके दिन बीत
रहे हैं,
खुद को हर रोज़ हार के, बस एक दूसरे से
जीत रहे हैं

कोई नही यहाँ...

तमन्नाओ के आईने में, खुद को देख कर रो
देते हैं - 2
ढलते हुए दिन के जैसे, गुज़रती ज़िंदगी को
सब देख रहे हैं

कोई नही यहाँ..

काश सबके दिल का आलम, सब बिन कहे
समझ पाते - 2
शायद सुकून हासिल होता उनको, जो रंज -
ओ - ग़म से गुज़र रहे हैं

कोई नही यहाँ...

Vikram Gill

किसी को शिकवा भी नही बचा, अब तो शायद किसी से - 2
सब अपने अंदर तूफ़ानो से ही लड़ रहे हैं

कोई नही यहाँ जो जीता हो, सबके दिन बीत रहे हैं,
खुद को हर रोज़ हार के, बस एक दूसरे से जीत रहे हैं

Vikram Gill

"जाने क्या ख़ास है"

जाने क्या ख़ास है ऐसा मेरी कहानी में, जो
सब, सभी को सुनाते हैं
हमसे मुखातिब होता नही कोई, सब अपने
नज़रिए बताते हैं

जाने क्या ख़ास...

मेरी कहानी बयान करने वाले, कुछ ख़ास
अपने ही हैं - 2
जो गैरों की महफ़िल में जा के, मेरे ज़मीर
पे सवाल उठाते हैं

जाने क्या ख़ास...

ज़ुबान पे अंगारे, महसूस होते तो होंगे उनको
भी - 2
जो अपने गुनाह छुपा के, हमें दफ़्न किए
जाते हैं

जाने क्या ख़ास...

मुखौटे लगाने का हुनर, भूल गये
हम शायद - 2

Vikram Gill

ज़माना जो देखने की ख्वाहिश रखता है,
अब हम वही
दिखाते हैं

जाने क्या ख़ास है ऐसा मेरी कहानी में, जो
सब, सभी को सुनते हैं
हमसे मुखातिब होता नही कोई, सब अपने
नज़रिए बताते हैं

Vikram Gill

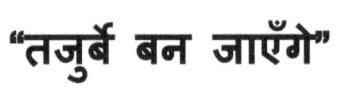

“तजुर्बे बन जाएँगे”

जो आज हैं, वो कल, क़िस्से बन जाएँगे,
ज़रा वक़्त दो..
यह सारे ज़ख़्म एक दिन तजुर्बे बन जाएँगे

जो आज हैं..

जिनसे आज हाथ मिला कर कहते हो, कभी
ना बिछड़ेंगे हम - 2
जब ज़िंदगी करवट लेगी, वही सब तस्वीरों
के हिस्से बन जाएँगे

जो आज हैं..

गुफ्तगू बंद होंगी, मुलाक़ातें भी ना
हो शायद - 2
महफ़िलों में हम ना होंगे, पर बातों
का मुद्दा बन जाएँगे

ज़रा वक़्त दो..

हर एक गली में गूंजेंगे,
अफ़साने उनके - 2

Vikram Gill

आज बदनाम हैं जो, कल वही,
दास्तानें बन जाएँगे

जो आज हैं, वो कल क़िस्से बन जाएँगे,
ज़रा वक़्त दो..
यह सारे ज़ख़्म एक दिन तजुर्बे बन जाएँगे

Vikram Gill

"थमना ही था"

दर्द कारवाँ थमना ही था, हम में ताक़त नही
थी दिखाने की,
कह तो हम भी सकते है पर, तुम में
हिम्मत नही सह जाने की

दर्द का कारवाँ..

चाहिए बस इतना था की,
अपनी नज़रों में इज़्ज़त रहे
अपनी - 2
थोड़ा तो इंतज़ार किया होता, इतनी क्या
जल्दी थी नज़रों से गिराने की

दर्द का...

हमें लगता था, हर इंसान अलग,
उसकी सोच अलग
होती है - 2
ग़लत थे हम, लोग तो ताक में बैठे हैं,
हूमें ठुकराने की

दर्द का...

Vikram Gill

31

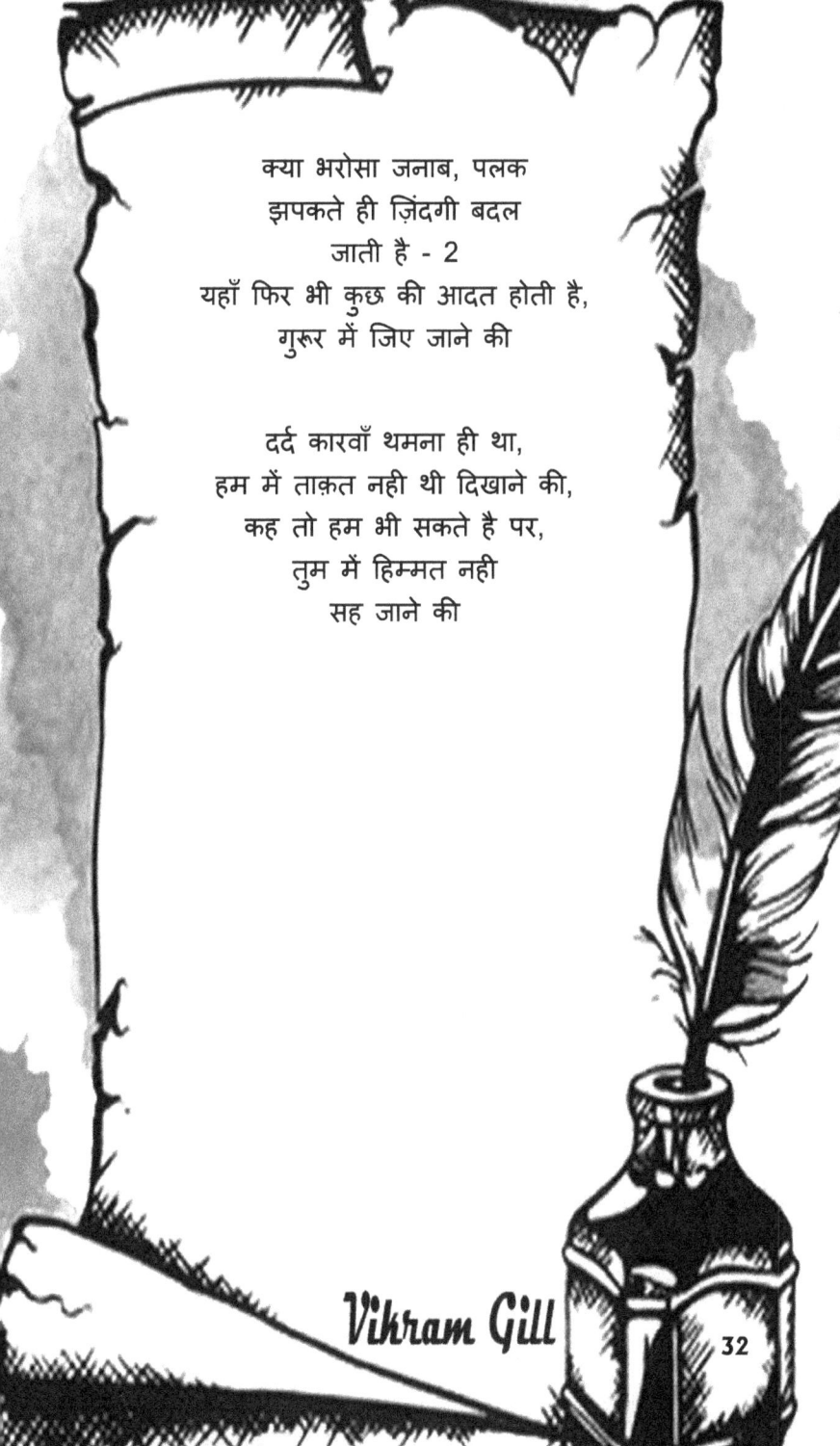

क्या भरोसा जनाब, पलक
झपकते ही ज़िंदगी बदल
जाती है - 2
यहाँ फिर भी कुछ की आदत होती है,
गुरूर में जिए जाने की

दर्द कारवाँ थमना ही था,
हम में ताक़त नही थी दिखाने की,
कह तो हम भी सकते है पर,
तुम में हिम्मत नही
सह जाने की

Vikram Gill

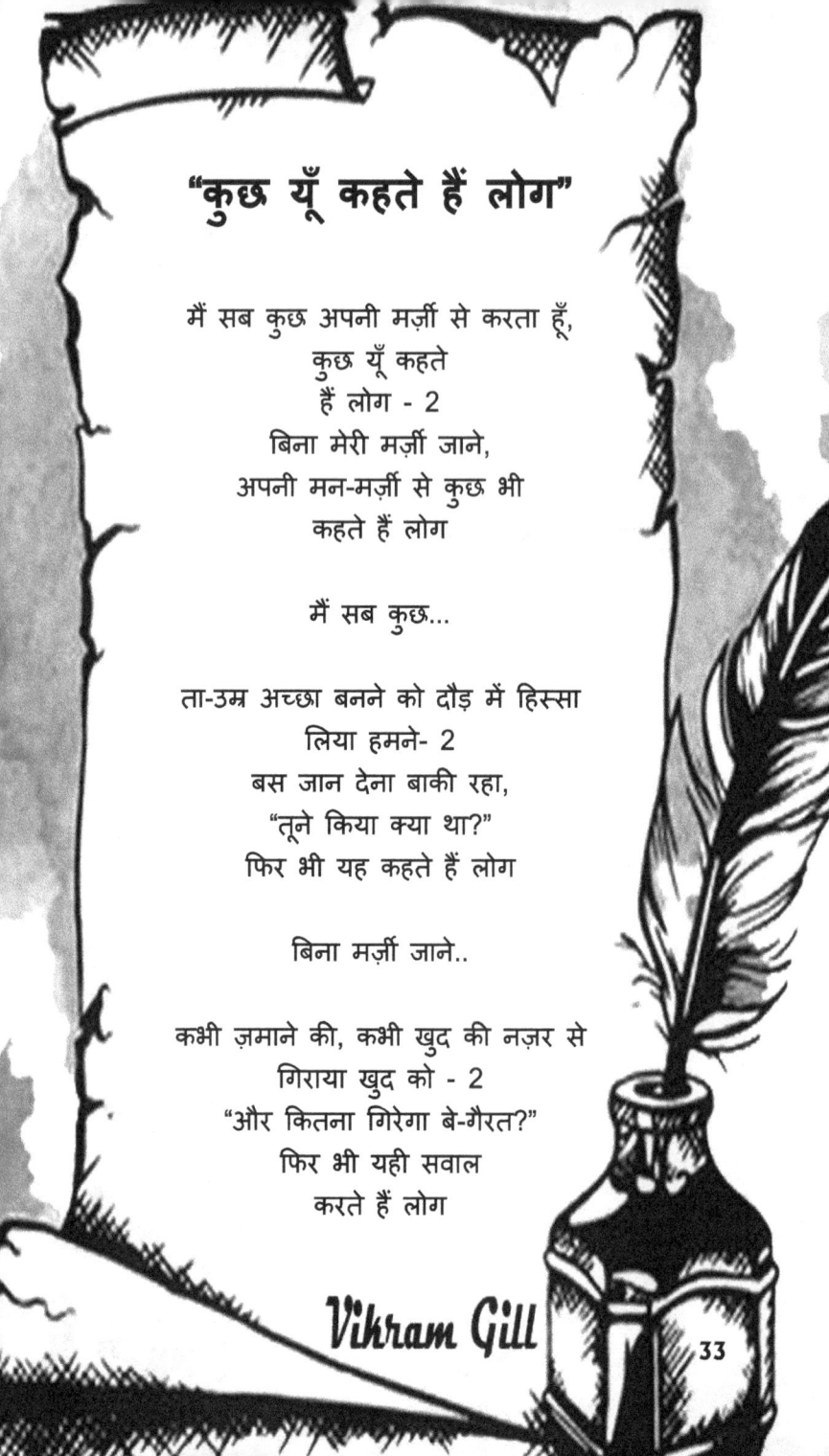

"कुछ यूँ कहते हैं लोग"

मैं सब कुछ अपनी मर्ज़ी से करता हूँ,
कुछ यूँ कहते
हैं लोग - 2
बिना मेरी मर्ज़ी जाने,
अपनी मन-मर्ज़ी से कुछ भी
कहते हैं लोग

मैं सब कुछ...

ता-उम्र अच्छा बनने को दौड़ में हिस्सा
लिया हमने- 2
बस जान देना बाकी रहा,
"तूने किया क्या था?"
फिर भी यह कहते हैं लोग

बिना मर्ज़ी जाने..

कभी ज़माने की, कभी खुद की नज़र से
गिराया खुद को - 2
"और कितना गिरेगा बे-गैरत?"
फिर भी यही सवाल
करते हैं लोग

Vikram Gill

मैं सब कुछ...

अपने एबों पे नज़र रखी, दूसरो के
गिनने की फ़ुर्सत
कहाँ थी - 2
मेरी इस कमज़ोरी को, मेरा किरदार
कहते हैं लोग

मैं सब कुछ अपनी मर्ज़ी से करता हूँ,
कुछ यूँ
कहते हैं लोग - 2
बिना मेरी मर्ज़ी जाने, अपनी मन-मर्ज़ी
से कुछ भी
कहते हैं लोग

Vikram Gill

34

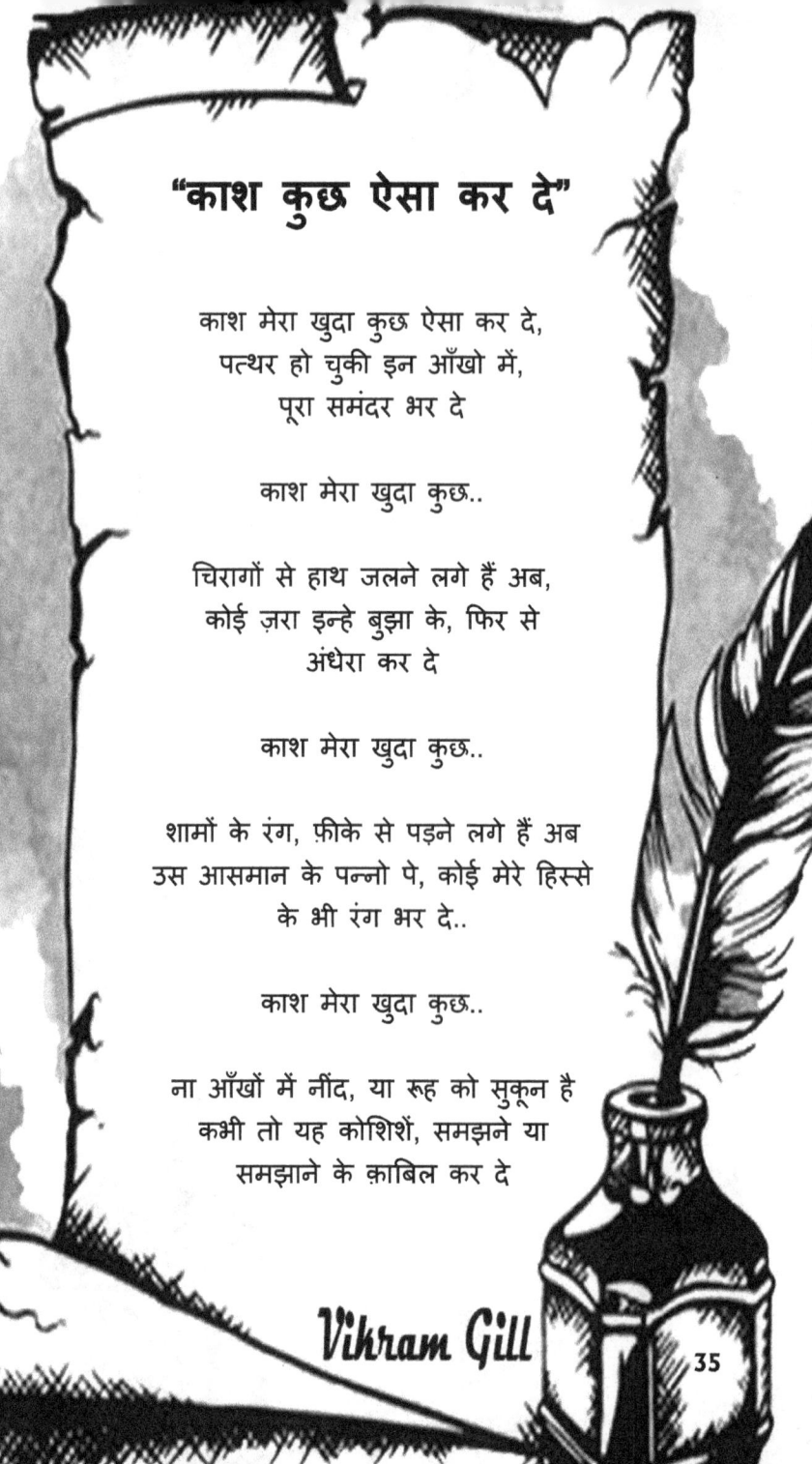

"काश कुछ ऐसा कर दे"

काश मेरा खुदा कुछ ऐसा कर दे,
पत्थर हो चुकी इन आँखो में,
पूरा समंदर भर दे

काश मेरा खुदा कुछ..

चिरागों से हाथ जलने लगे हैं अब,
कोई ज़रा इन्हे बुझा के, फिर से
अंधेरा कर दे

काश मेरा खुदा कुछ..

शामों के रंग, फ़ीके से पड़ने लगे हैं अब
उस आसमान के पन्नो पे, कोई मेरे हिस्से
के भी रंग भर दे..

काश मेरा खुदा कुछ..

ना आँखों में नींद, या रूह को सुकून है
कभी तो यह कोशिशें, समझने या
समझाने के क़ाबिल कर दे

Vikram Gill

काश मेरा खुदा कुछ..

सारे उसूल बिकक गये अपने, कुछ
भी बाकी रहा नही,
इस ज़िंदगी की दुकान में, 2-4 उसूल
और भर दे

काश मेरा खुदा कुछ ऐसा कर दे, पत्थर हो
चुकी इन आँखो में, पूरा समंदर भर दे

Vikram Gill

"मुश्किल तो तब होता"

मुश्किल तो तब होता, गर हमने किया ना
होता,
अब शिकायत भी कैसे करें, काश भरोसा
किया ना होता

मुश्किल तो तब होता...

लोग पूछने क्यों आते हैं, जब समझना नही
उनको - 2
खामोश ही बेहतर थे, काश कोई क़िस्सा,
बयान किया ना होता

मुश्किल तो तब होता...

उम्र बढ़ रही है या घट रही है, यह पता ना
चलता अगर,
लोगों ने मोमबतियां जला के, हर साल,
ज़शन मनाया ना होता

मुश्किल तो तब होता..

Vikram Gill

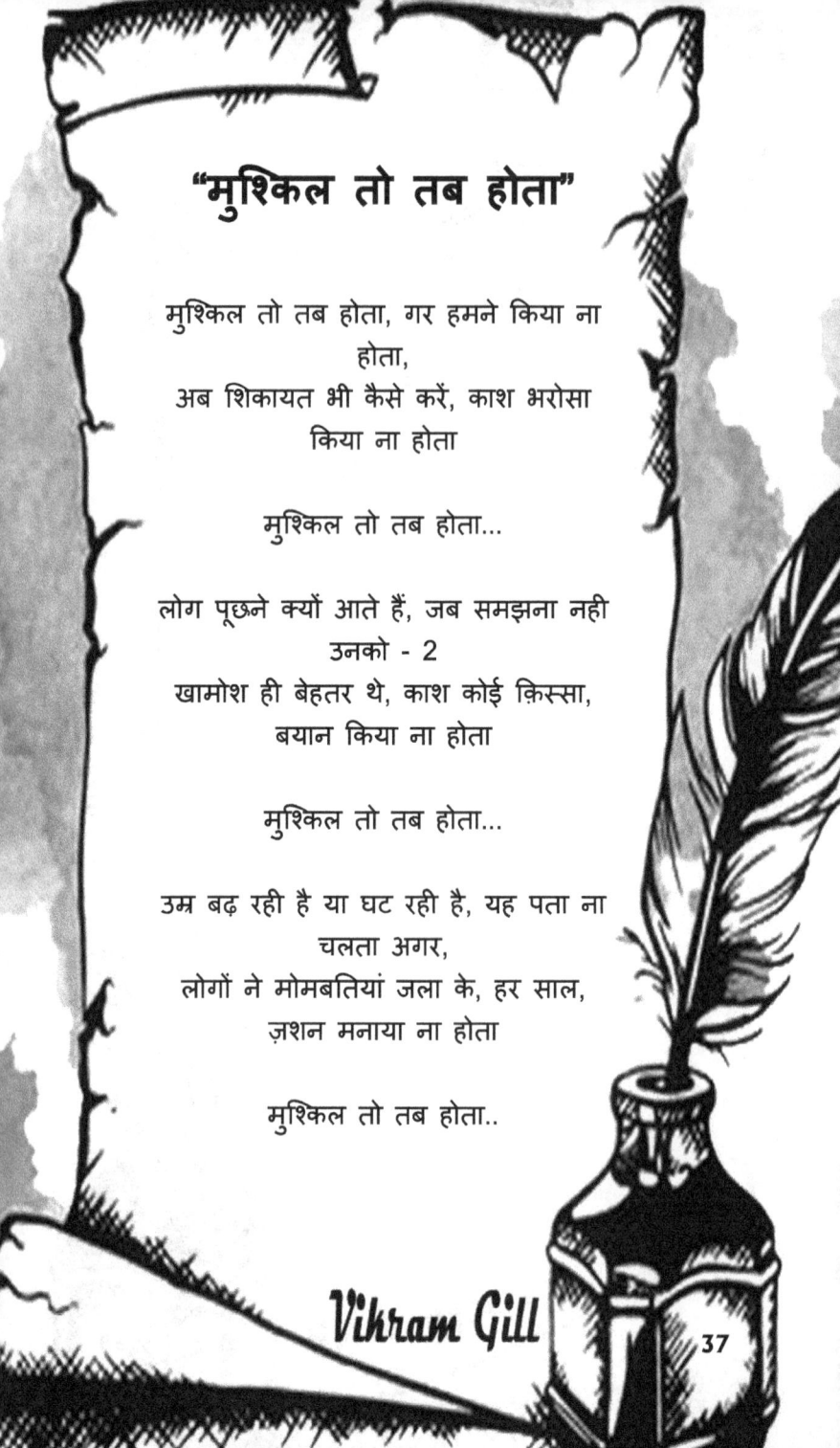

कुछ तो मसला है जो लोग, गुनाह गिनाने
पर आमादा हैं - 2
हमारी ही ग़लती है, काश यह हक़ सभी को
दिया ना होता

मुश्किल तो तब होता, गर हमने किया ना
होता,
अब शिकायत भी कैसे करें, काश भरोसा
किया ना होता

Vikram Gill

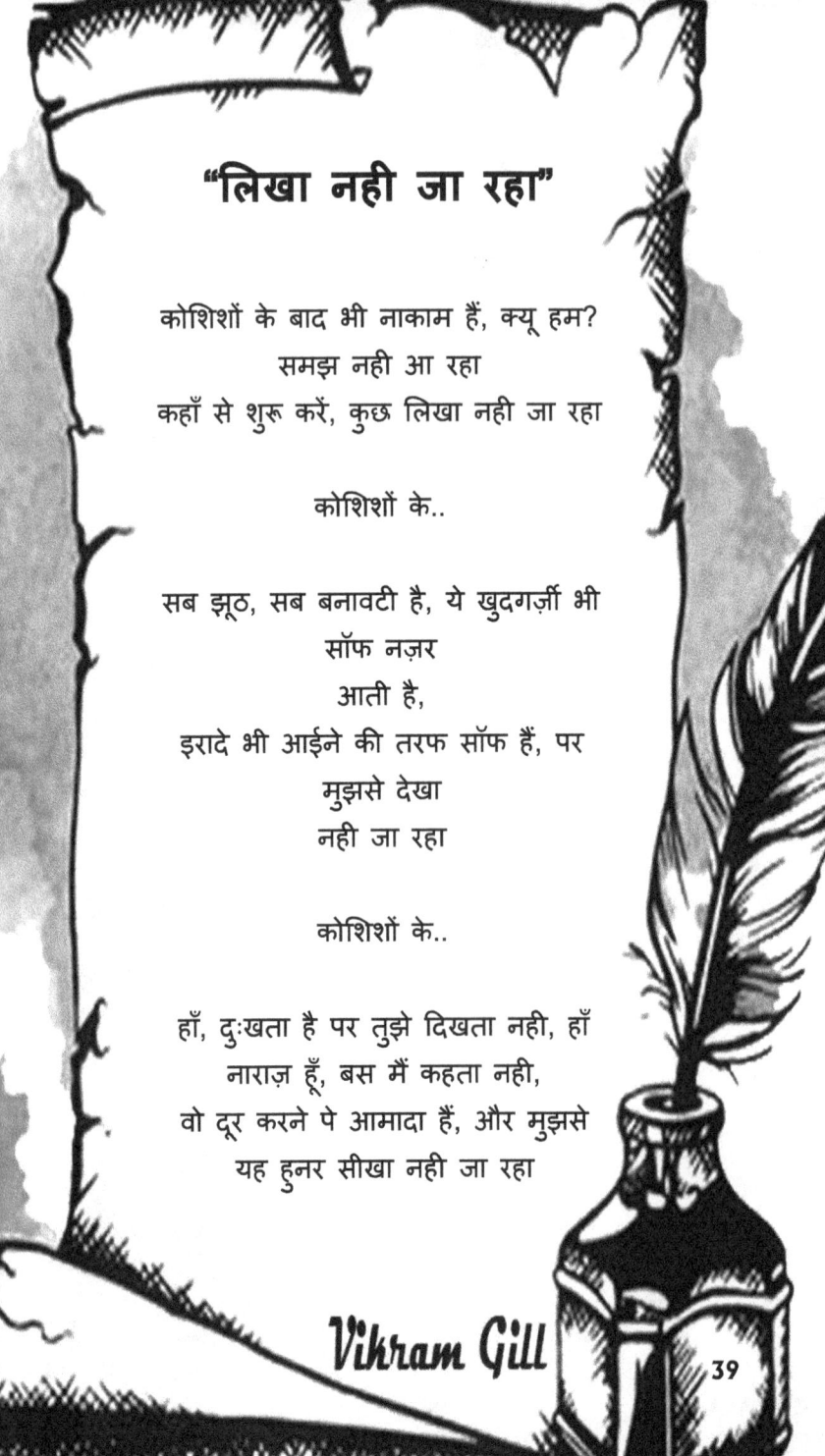

"लिखा नही जा रहा"

कोशिशों के बाद भी नाकाम हैं, क्यू हम?
समझ नही आ रहा
कहाँ से शुरू करें, कुछ लिखा नही जा रहा

कोशिशों के..

सब झूठ, सब बनावटी है, ये खुदगर्ज़ी भी
सॉफ नज़र
आती है,
इरादे भी आईने की तरफ सॉफ हैं, पर
मुझसे देखा
नही जा रहा

कोशिशों के..

हाँ, दुःखता है पर तुझे दिखता नही, हाँ
नाराज़ हूँ, बस मैं कहता नही,
वो दूर करने पे आमादा हैं, और मुझसे
यह हुनर सीखा नही जा रहा

Vikram Gill

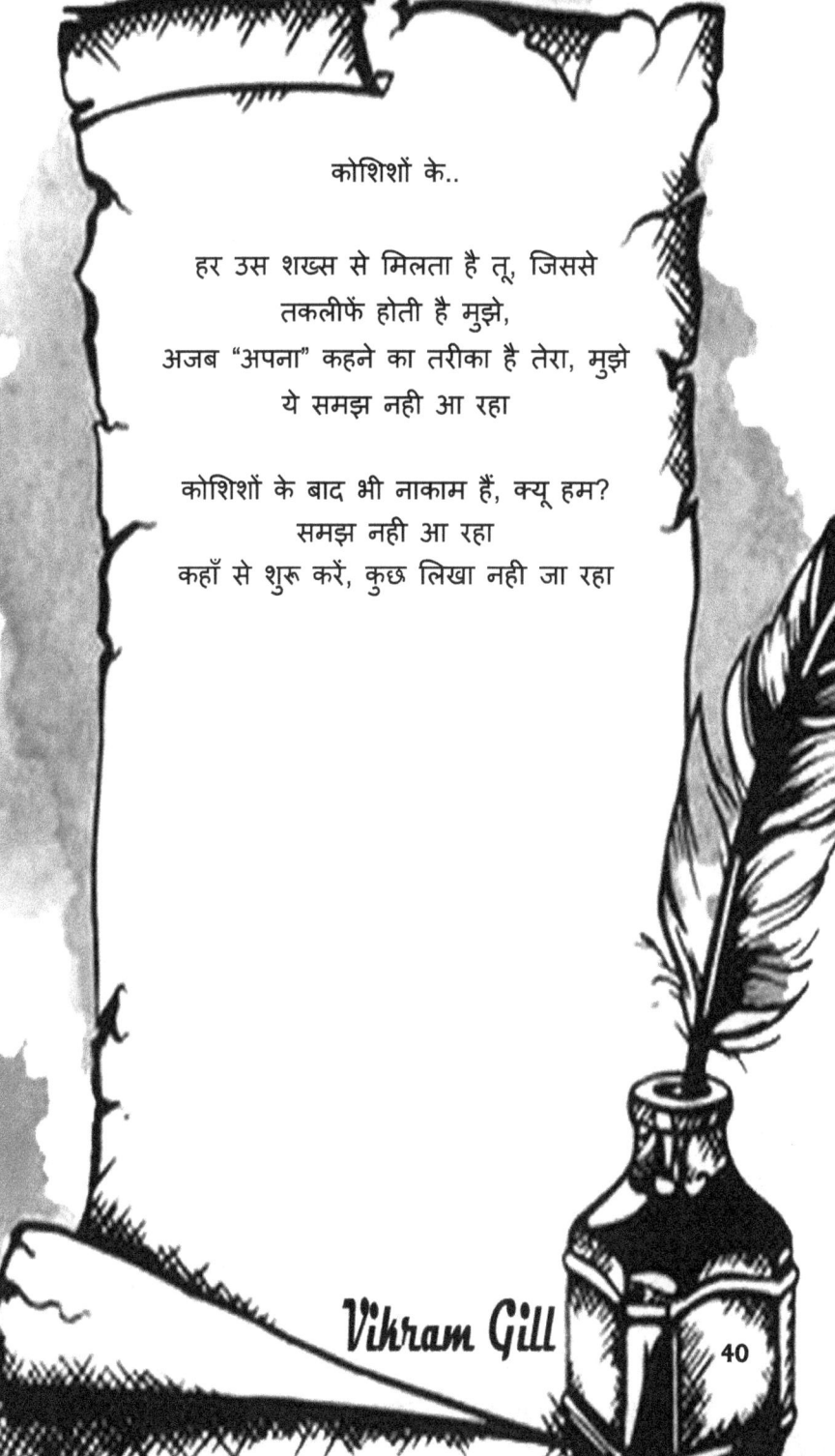

कोशिशों के..

हर उस शख्स से मिलता है तू, जिससे
तकलीफें होती है मुझे,
अजब "अपना" कहने का तरीका है तेरा, मुझे
ये समझ नही आ रहा

कोशिशों के बाद भी नाकाम हैं, क्यू हम?
समझ नही आ रहा
कहाँ से शुरू करें, कुछ लिखा नही जा रहा

Vikram Gill

"सुकून है ना?"

बेरूख़ी का आलम बना लिया, अब तो सुकून
है ना?
टूटे से खिलोने को जोड़ा, फिर तोड़ा, अब तो
सुकून है ना?

बेरूख़ी का आलम...

हमें बना के रखने की आदत थी, मगर
ग़लत आदत थी,
जो सही होगा, वो अकेला होगा, कैसा अजब
सा क़ानून है ना?

बेरूख़ी का आलम...

लोग पूछते हैं की, क्या बिगाड़ा है हुँने ऐसा?
हमें शिकायत करना छोड़ दिया, इतना तो
यकीन है ना?

बेरूख़ी का आलम...

गुनाह अपने ही थे,
जो सब सच बता दिया,

Vikram Gill

41

काग़ज़ की नाव सा बहा दिया, अब तो
सुकून है ना?

बेरूख़ी का आलम बना लिया, अब तो सुकून
है ना?
टूटे से खिलोने को जोड़ा, फिर तोड़ा, अब तो
सुकून है ना?

Vikram Gill

"कदम बढ़ाए कौन"

मिलने मिलाने की ख्वाहिश सबकी है, पर
कदम बढ़ाए कौन?
रूठने वालों की तादाद बहुत है, अकेले हमको
मनाए कौन?

मिलने मिलाने की...

सभी पुजारी है यहाँ, सब सच की पूजा करते
हैं,
सच सुनना नही, समझना भी होता है, यह
बात जाके समझाए कौन?

मिलने मिलने की...

कोई गुरूर तोड़ देता है, तो कोई वजूद पे
उंगली उठाता है,
हर तरफ खंजर लिए घूमते है क़ातिल, ऐसे
में खुद को बचाए कौन?

मिलने मिलने की...

कभी अल्फ़ाज़, कभी खामोशियाँ
चुभती हैं सीने में,

Vikram Gill

43

हर रोज़ कुरेद के नया कर देते हैं, हर रोज़
वही ज़ख़्म दिखाए कौन?

मिलने मिलाने की ख्वाहिश सबकी है, पर
कदम बढ़ाए कौन?
रूठने वालों की तादाद बहुत है, अकेले हमको
मनाए कौन?

Vikram Gill

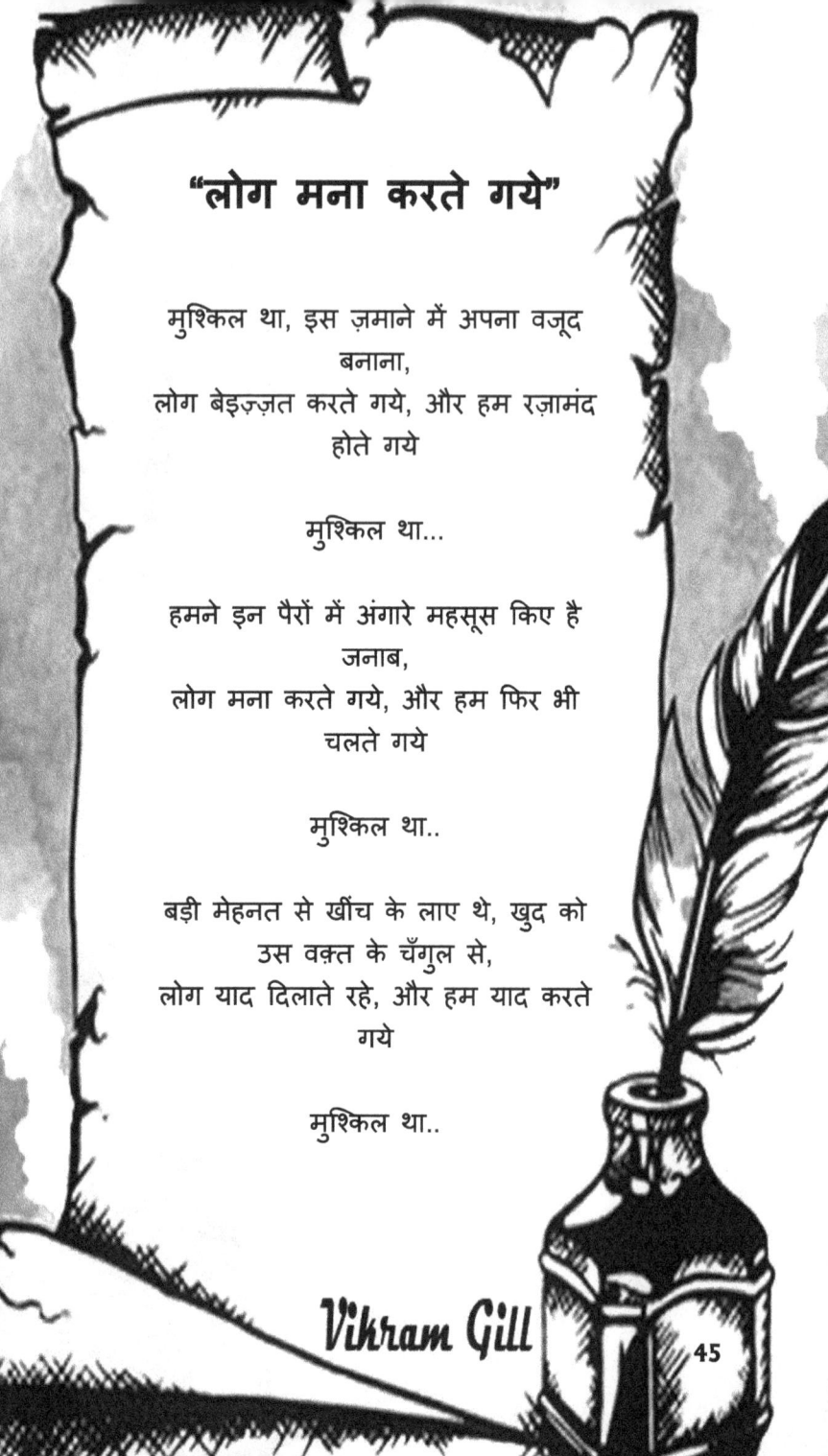

"लोग मना करते गये"

मुश्किल था, इस ज़माने में अपना वजूद
बनाना,
लोग बेइज़्ज़त करते गये, और हम रज़ामंद
होते गये

मुश्किल था...

हमने इन पैरों में अंगारे महसूस किए है
जनाब,
लोग मना करते गये, और हम फिर भी
चलते गये

मुश्किल था..

बड़ी मेहनत से खींच के लाए थे, खुद को
उस वक़्त के चँगुल से,
लोग याद दिलाते रहे, और हम याद करते
गये

मुश्किल था..

Vikram Gill

इक मज़ार पे लिखा था की, अभी ज़िंदा है
ज़मीर मेरा,
लोग अनदेखा कर चलते गये, हम दफ़्न होते
गये

मुश्किल था, इस ज़माने में अपना वजूद
बनाना,
लोग बेइज़्ज़त करते गये, और हम रज़ामंद
होते गये

Vikram Gill

"रास्ते बहुत हैं"

रास्ते बहुत हैं, मगर चलना किसे है?
बातें बहुत सी है, मगर कहना किसे है?

रास्ते बहुत..

अच्छा है जो तुम छुपे रहते हो - 2
बह भी जाओगे तो क्या, अश्क़ों से वास्ता
किसे है?

रास्ते बहुत..

यूँ ही वादे कर दिए, हर किसी ने मज़ाक में
शायद,
हम भी नादान निकले, यहाँ वादा निभाना
किसे है?

बातें बहुत सी..

गर कुछ करो तो एहसान, ना करो तो बे-
परवाह हो तुम,
हर दफ़ा सज़ा मुक़र्रर होती है अपनी,
तो लड़ना किसे है?

Vikram Gill

"बारीशों से रिश्ता"

खुद-ब-खुद आ के रिश्ता बना लेती है,
अजीब है यह बारिश
जो याद नही करना, वो ही याद दिला
देती है

खुद-ब-खुद...

इतनी भी क्या नाराज़गी रखनी खुद से, जब
तू खुद ही में है,
बरस जाओ इन बादलों के जैसे,
यह बूँदें आँखें भी भीगा
देती हैं

जो याद नही..

क़ातिलों से कहो तोड़ा एहतरम बरतें, अभी
गुफ्तगू जारी है,
रंग मोहब्बत का हो या नफ़रत का, बरसातें
सब कुछ बहा देती हैं

खुद-ब-खुद..

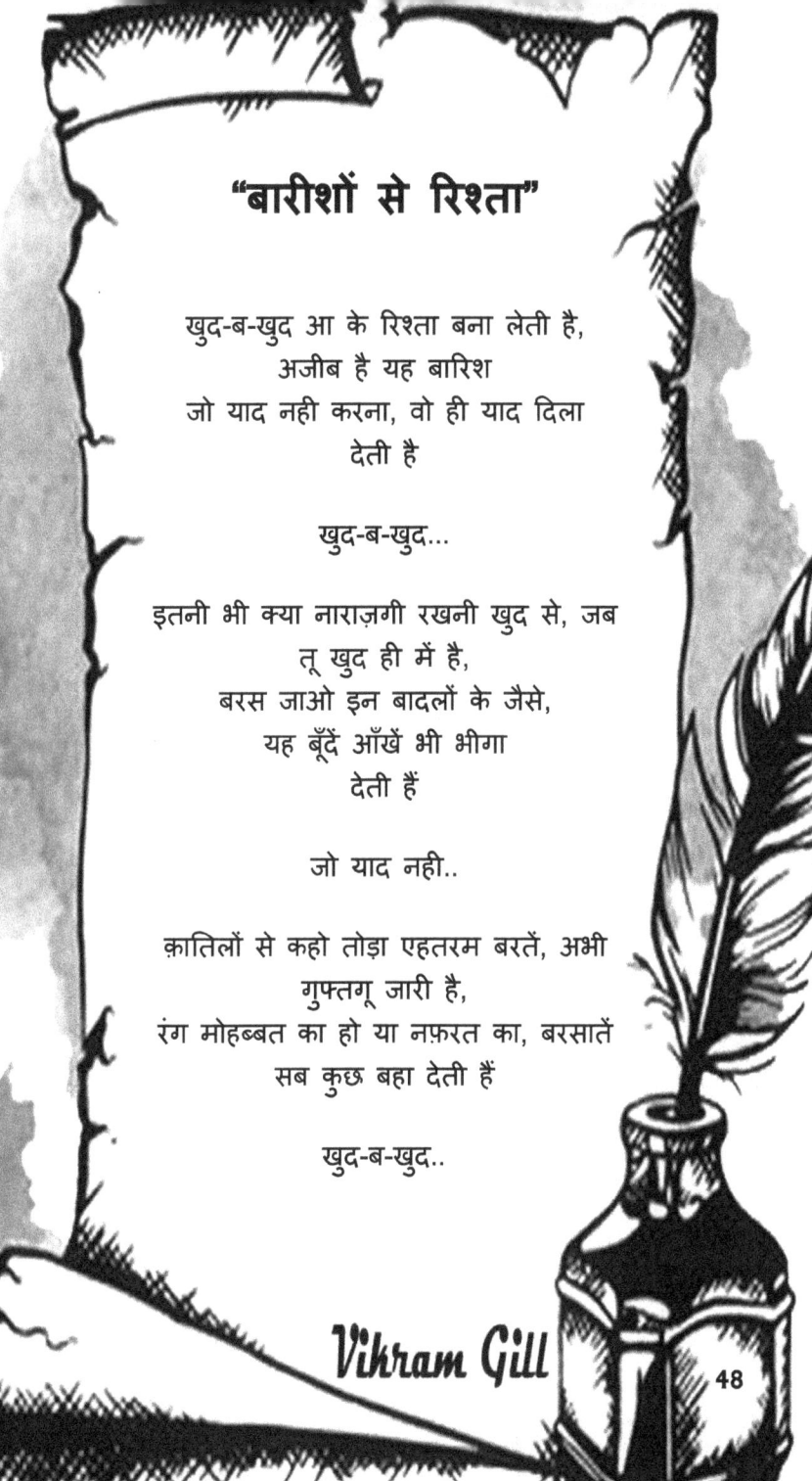

Vikram Gill

48

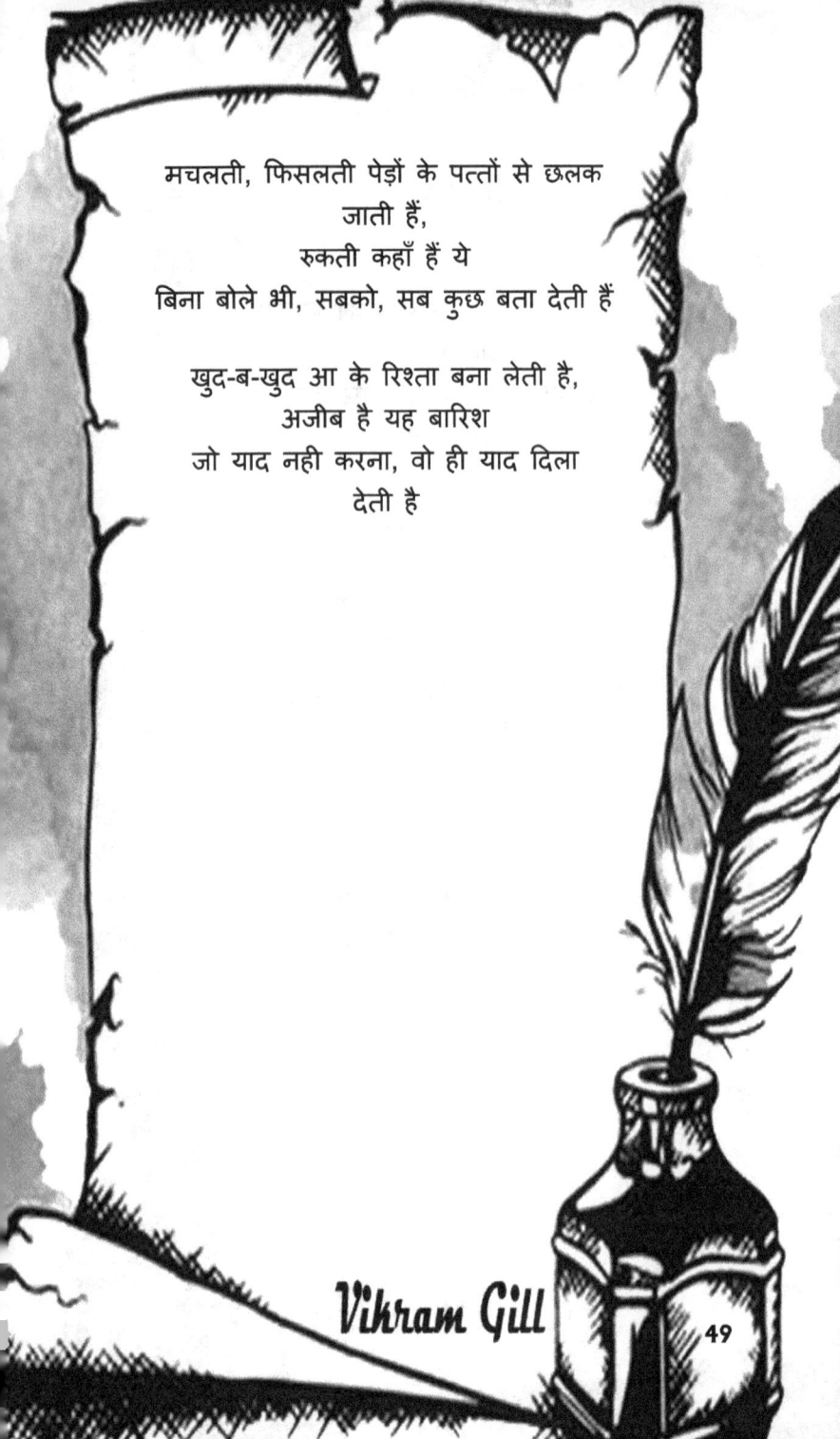

मचलती, फिसलती पेड़ों के पत्तों से छलक
जाती हैं,
रुकती कहाँ हैं ये
बिना बोले भी, सबको, सब कुछ बता देती हैं

खुद-ब-खुद आ के रिश्ता बना लेती है,
अजीब है यह बारिश
जो याद नही करना, वो ही याद दिला
देती है

Vikram Gill

49

"फ़ायदा"

अपना हिसाब कुछ यूँ हुआ की फ़ायदा
दिखा ही नही,
सब कुछ लूटा तो सही, पर कुछ
बिका ही नही

अपना हिसाब कुछ...

कर ले ज़माना रास्ते बंद, चलते रहना
फ़ितरत है मेरी,
अंधों की बस्ती में था, किसी को कुछ
दिखा ही नही

अपना हिसाब...

बेहद् पसंद है सबकी कहानियाँ सुनना मुझे,
मगर किसी ने भी वक़्त रहते, मेरा किस्सा
सुना ही नही

अपना हिसाब..

Vikram Gill

अजब सा खेल है ज़िंदगी, और सभी
खिलाड़ी हैं यहाँ,
जो भी मिलता है, खेल लेता है,
किसे ने कभी कुछ पूछा ही नही

अपना हिसाब कुछ यूँ हुआ की फ़ायदा
दिखा ही नही,
सब कुछ लूटा तो सही, पर कुछ बिका
ही नही

Vikram Gill

"बड़ी चाहत है"

बड़ी चाहत है बातें सुनाने की, मगर सुनने
की हिम्मत किसकी है?
हम कह भी दें अपने दिल की, मगर
समझने की चाहत किसकी है?

बड़ी चाहत है..

सवाल क्यूँ करते हैं लोग, जब खुद,
उन्हें कोई जवाब नही देना?
यह जो बिखरी पढ़ी है खुशियाँ, कोई बताए
तो यह, किसकी है?

बड़ी चाहत है..

बेशक ठीक ही रहेगा सब,
और बिगड़ेगा भी कितना?
मुस्कुराते-मुस्कुराते रो देना, ऐसी किस्मत
आख़िर किसकी है?

बड़ी चाहत है..

Vikram Gill

52

कह के भी ग़लत थे, और चुप रह कर भी
ग़लत ही हुए,
सब ले लेते हैं मेरे हिस्से के फ़ैसले,
कहते हैं, भलाई तो इसी की है

बड़ी चाहत है बातें सुनाने की, मगर सुनने
की हिम्मत किसकी है?
हम कह भी दें अपने दिल की, मगर
समझने की चाहत किसकी है?

Vikram Gill

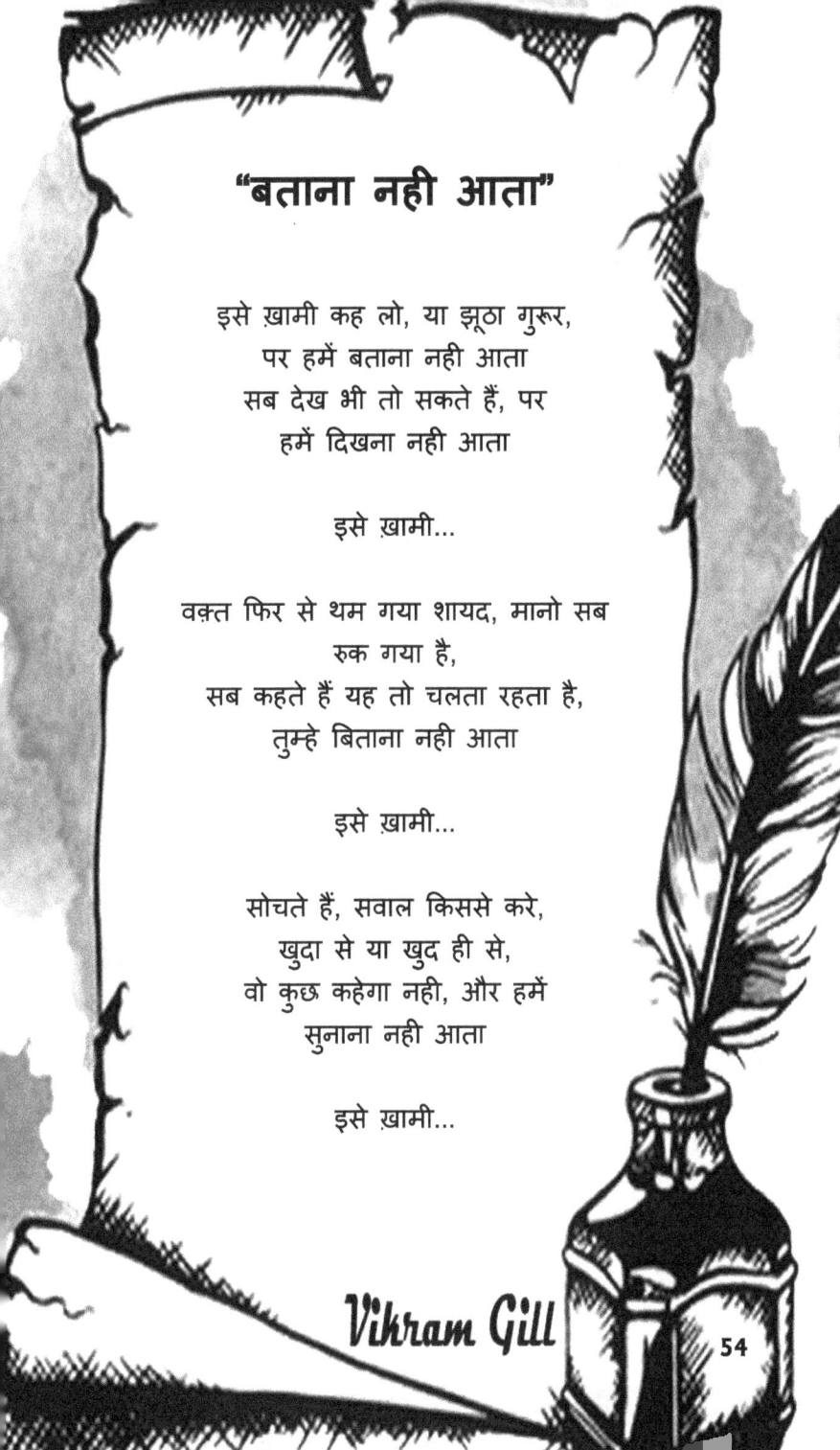

"बताना नही आता"

इसे ख़ामी कह लो, या झूठा गुरूर,
पर हमें बताना नही आता
सब देख भी तो सकते हैं, पर
हमें दिखना नही आता

इसे ख़ामी...

वक़्त फिर से थम गया शायद, मानो सब
रुक गया है,
सब कहते हैं यह तो चलता रहता है,
तुम्हे बिताना नही आता

इसे ख़ामी...

सोचते हैं, सवाल किससे करे,
खुदा से या खुद ही से,
वो कुछ कहेगा नही, और हमें
सुनाना नही आता

इसे ख़ामी...

Vikram Gill

54

कुछ ग़लत ना कह दें, इसलिए
लिखना ही बेहतर है,
उलझा पड़ा है वजूद क्या करें,
हमें सुलझाना नही आता

इसे ख़ामी कह लो, या झूठा गुरूर,
पर हमें बताना नही आता
सब देख भी तो सकते हैं, पर हमें दिखना
नही आता

Vikram Gill

"ना बताते तो ही
बेहतर था"

यूँ ही कह दी अपने दिल की बात, सोचा सब
अपने ही तो हैं
ग़लत तो पहले भी थे, ना बताते तो ही
बेहतर था

अपनापन दिखा के, सबने पर्दे गिरवा दिए
मेरे झरोखे से
सारे ज़ख़्म साफ़ दिखने लगे दुनिया को, हम
पर्दे ना गिराते तो ही बेहतर था

आईने में अपना चेहरा सँवारने की आदत,
कुछ यूँ ले डूबी हमें,
सारे दाग़ देखे सभी ने, हम चेहरा छुपा लेते
तो ही बेहतर था

मयकदों में जा के कई राज़ खोले हैं हमने,
अक्सर किसी अजनबी के आगे ही
यूँ ही बेइज़्ज़त हुए अपनो में, आशियाँ
मयकदों में बना लेते तो ही बेहतर था

Vikram Gill

जज़्बातों पे ज़ोर होता तो, दुख में "माँ" ना कहते, उससे बेहतर मोहब्बत कहाँ किसी ने की
क्यूँ खोजते रहे मोहब्बत को उम्र भर, माँ से ही दिल की कह लेते तो ही बेहतर था

यूँ ही कह दी अपने दिल की बात, सोचा सब अपने ही तो हैं
ग़लत तो पहले भी थे, ना बताते तो ही बेहतर था

Vikram Gill

"क्यू छुपाते हो"

कभी एक सा, कभी अलग बताते हो
कभी चाहत तो कभी, सोच का फर्क
बताते हो

कभी एक सा...

पुरानी किताब सा हूँ मैं, कभी पन्ने
पलट के देख लेना - 2
हमारा सब पढ़ लिया, तुम अपनी क्यू
छुपाते हो

कभी एक सा...

इधर उधर का सारे मुद्दे निकल लाए हो तुम,
ख़ता भी बता देते, उसे भी क्यूँ दबाते हो

कभी एक सा..

"क्या फर्क पढ़ता है", इस सवाल का क्या
जवाब दूँ अब मैं?

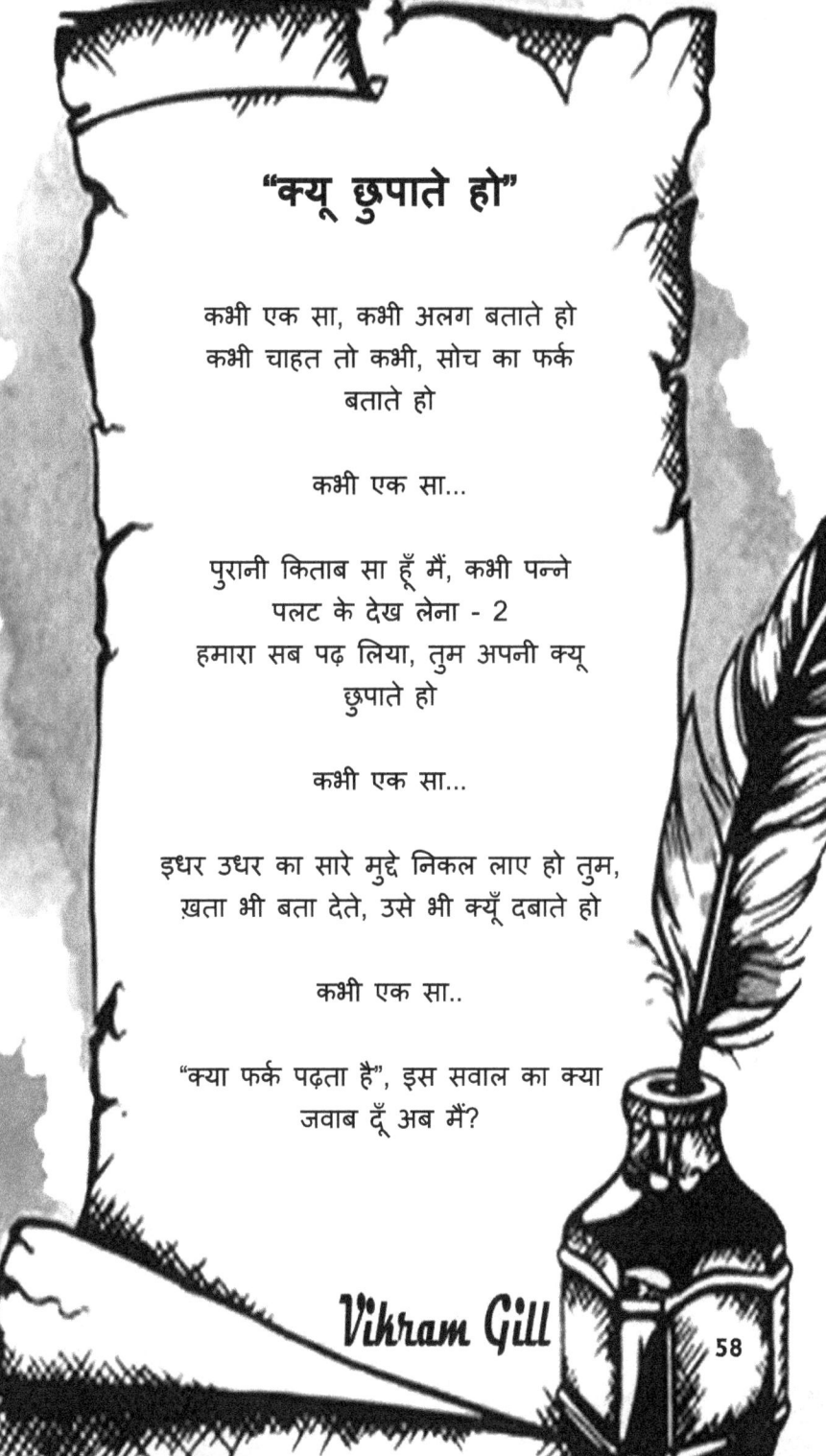

Vikram Gill

रहने दो, जलते हुए दिल को,
क्यूँ रोशनी दिखाते हो

कभी एक सा, कभी अलग बताते हो
कभी चाहत तो कभी, सोच का
फर्क बताते हो

Vikram Gill

59

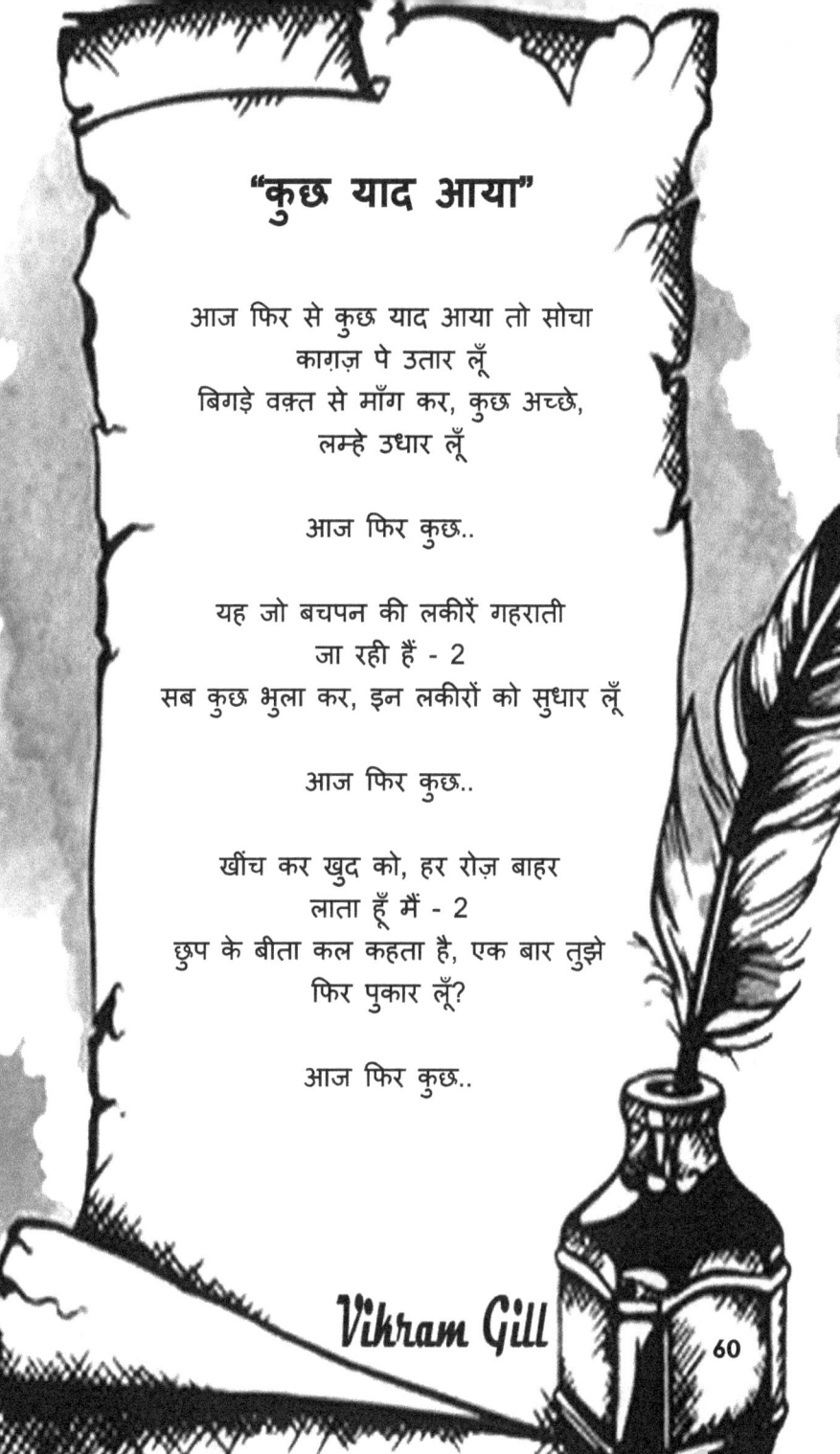

“कुछ याद आया”

आज फिर से कुछ याद आया तो सोचा
काग़ज़ पे उतार लूँ
बिगड़े वक़्त से माँग कर, कुछ अच्छे,
लम्हे उधार लूँ

आज फिर कुछ..

यह जो बचपन की लकीरें गहराती
जा रही हैं - 2
सब कुछ भुला कर, इन लकीरों को सुधार लूँ

आज फिर कुछ..

खींच कर खुद को, हर रोज़ बाहर
लाता हूँ मैं - 2
छुप के बीता कल कहता है, एक बार तुझे
फिर पुकार लूँ?

आज फिर कुछ..

Vikram Gill

सुलझने की उम्र में सब उलझता जा रहा है,
शिकायत करूँ सबसे, या खुद पे ही गुस्सा
उतार लूँ

आज फिर से कुछ याद आया तो सोचा
काग़ज़ पे उतार लूँ
बिगड़े वक़्त से माँग कर, कुछ अच्छे,
लम्हे उधार लूँ

Vikram Gill

"तारीफ करते हैं"

मुस्कुराहटें छीन के, मुस्कुराहट
की तारीफ़ करते हैं,
यह प्यार करने वाले भी, ख्वामख़ा ही
तक़लीफ़ करते हैं

मुस्कुराहटें...

हर फ़क़त शिकायतें रहती हैं लब पे जिनके,
खुद ही हमें बदनाम करते हैं, खुद ही हमें
शरीफ़ कहते हैं

मुस्कुराहटें..

अजीब रिश्ते हैं, कभी मतलब, कभी
ज़रूरत पे याद फ़रमाते हैं,
यूँ ही थोड़ी लोग हमें महफ़िलों में
शरीक़ करते हैं

मुस्कुराहटें..

Vikram Gill

62

खामोशी से सर झुका के क़ुबूल करो,
तो तुम अच्छे हो,
आवाज़ ऊँची करने वाले तो, बदतमीज़
हुआ करते हैं

मुस्कुराहटें छीन के, मुस्कुराहट की
तारीफ़ करते हैं,
यह प्यार करने वाले भी, ख्वामख़ा ही
तक़लीफ़ करते हैं

Vikram Gill

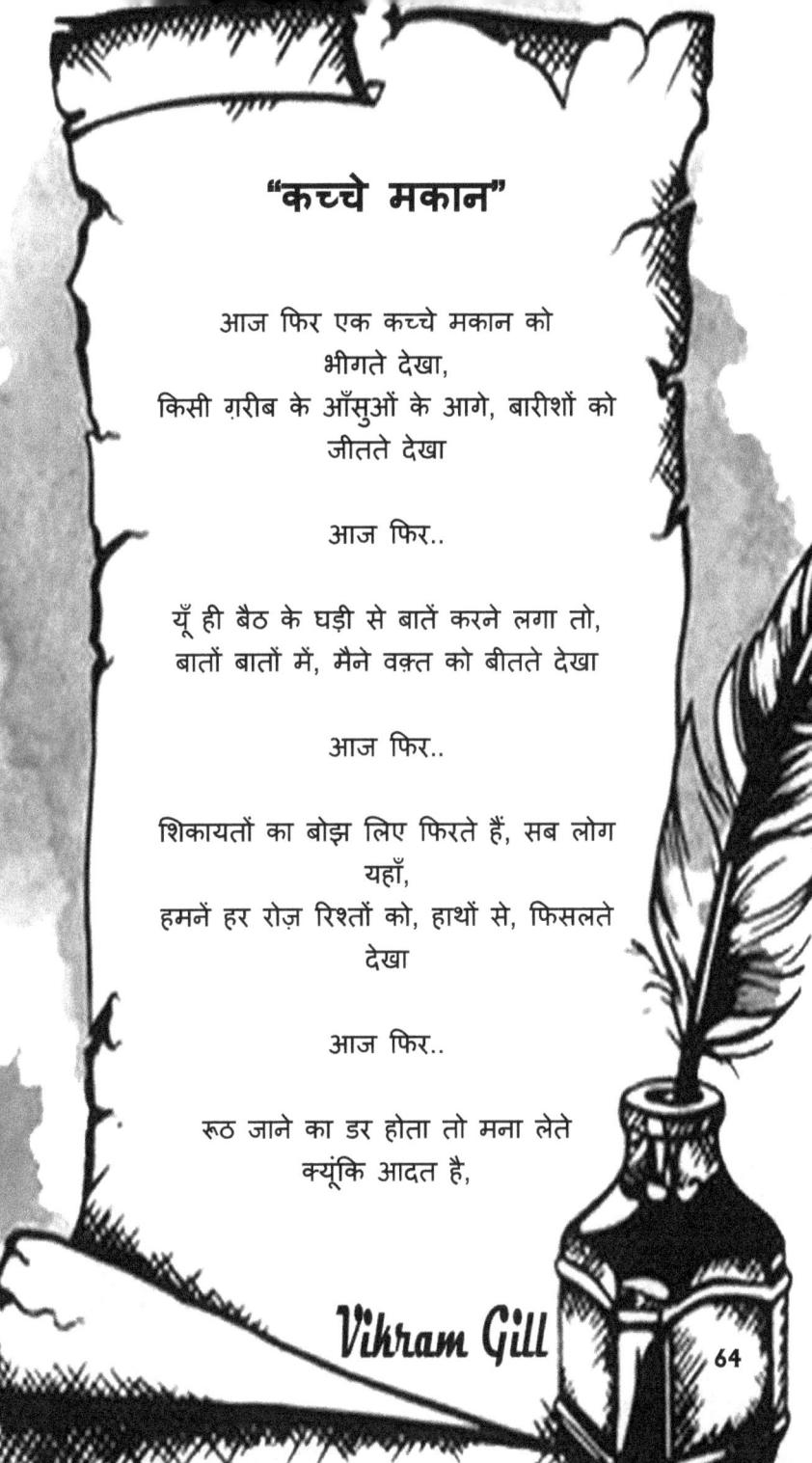

"कच्चे मकान"

आज फिर एक कच्चे मकान को
भीगते देखा,
किसी ग़रीब के आँसुओं के आगे, बारीशों को
जीतते देखा

आज फिर..

यूँ ही बैठ के घड़ी से बातें करने लगा तो,
बातों बातों में, मैने वक़्त को बीतते देखा

आज फिर..

शिकायतों का बोझ लिए फिरते हैं, सब लोग
यहाँ,
हमनें हर रोज़ रिश्तों को, हाथों से, फिसलते
देखा

आज फिर..

रूठ जाने का डर होता तो मना लेते
क्यूंकि आदत है,

Vikram Gill

64

मगर हमनें तो लोगों को, रंग
बदलते देखा

आज फिर एक कच्चे मकान को
भीगते देखा,
किसी ग़रीब के आँसुओं के आगे,
बारीशों को जीतते देखा

Vikram Gill

65

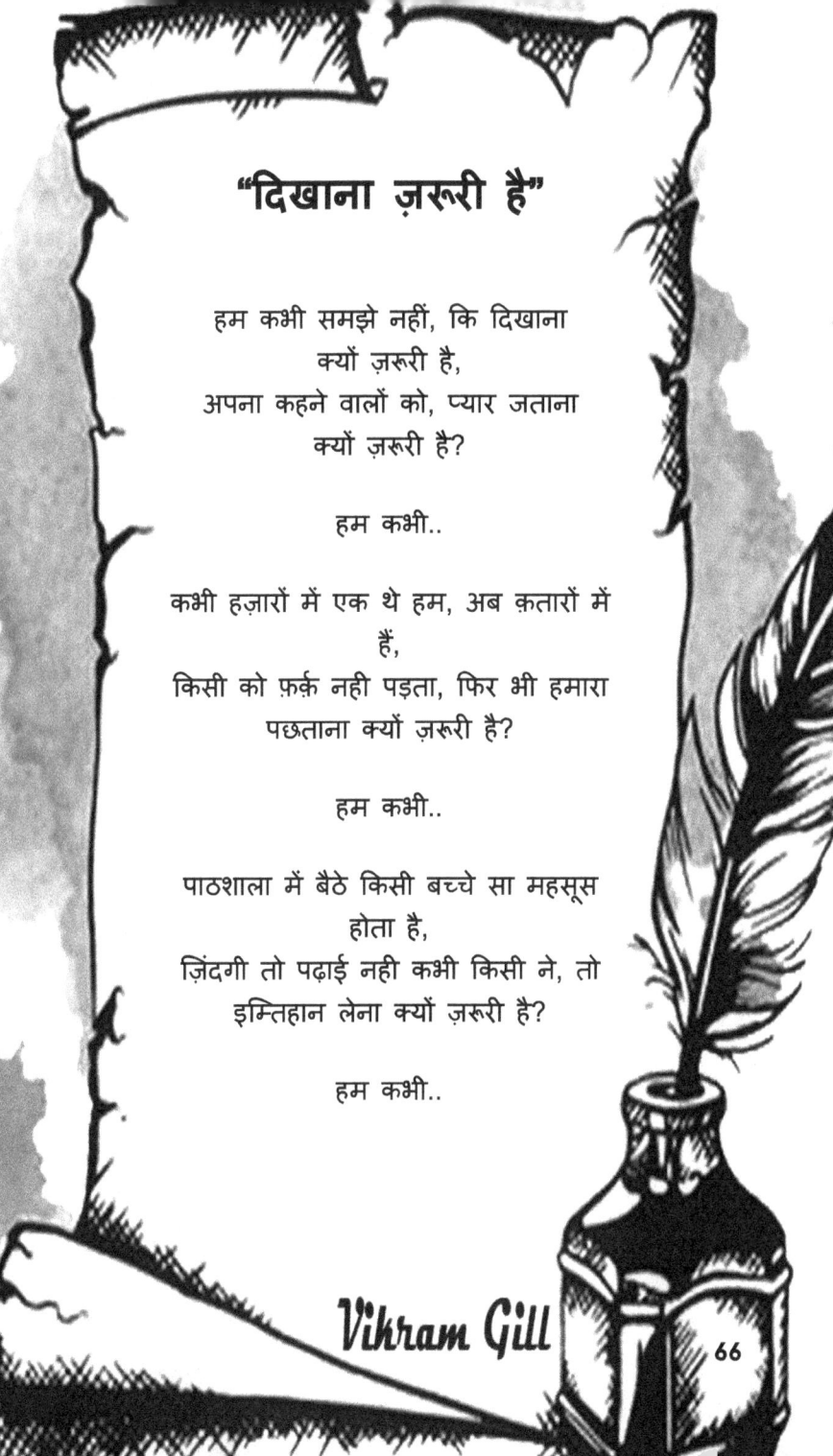

"दिखाना ज़रूरी है"

हम कभी समझे नहीं, कि दिखाना
क्यों ज़रूरी है,
अपना कहने वालों को, प्यार जताना
क्यों ज़रूरी है?

हम कभी..

कभी हज़ारों में एक थे हम, अब क़तारों में
हैं,
किसी को फ़र्क़ नही पड़ता, फिर भी हमारा
पछताना क्यों ज़रूरी है?

हम कभी..

पाठशाला में बैठे किसी बच्चे सा महसूस
होता है,
ज़िंदगी तो पढ़ाई नही कभी किसी ने, तो
इम्तिहान लेना क्यों ज़रूरी है?

हम कभी..

Vikram Gill

66

बेहतरीन लोग हैं, खुद सब कुछ करते हैं,
पर नाराज़गी हमसे रहती है,
लोगों को सुनना ही नही, तो फिर
गिड़गिड़ाना क्यों ज़रूरी है?

हम कभी समझे नहीं, कि दिखाना
क्यों ज़रूरी है,
अपना कहने वालों को, प्यार जताना
क्यों ज़रूरी है?

Vikram Gill

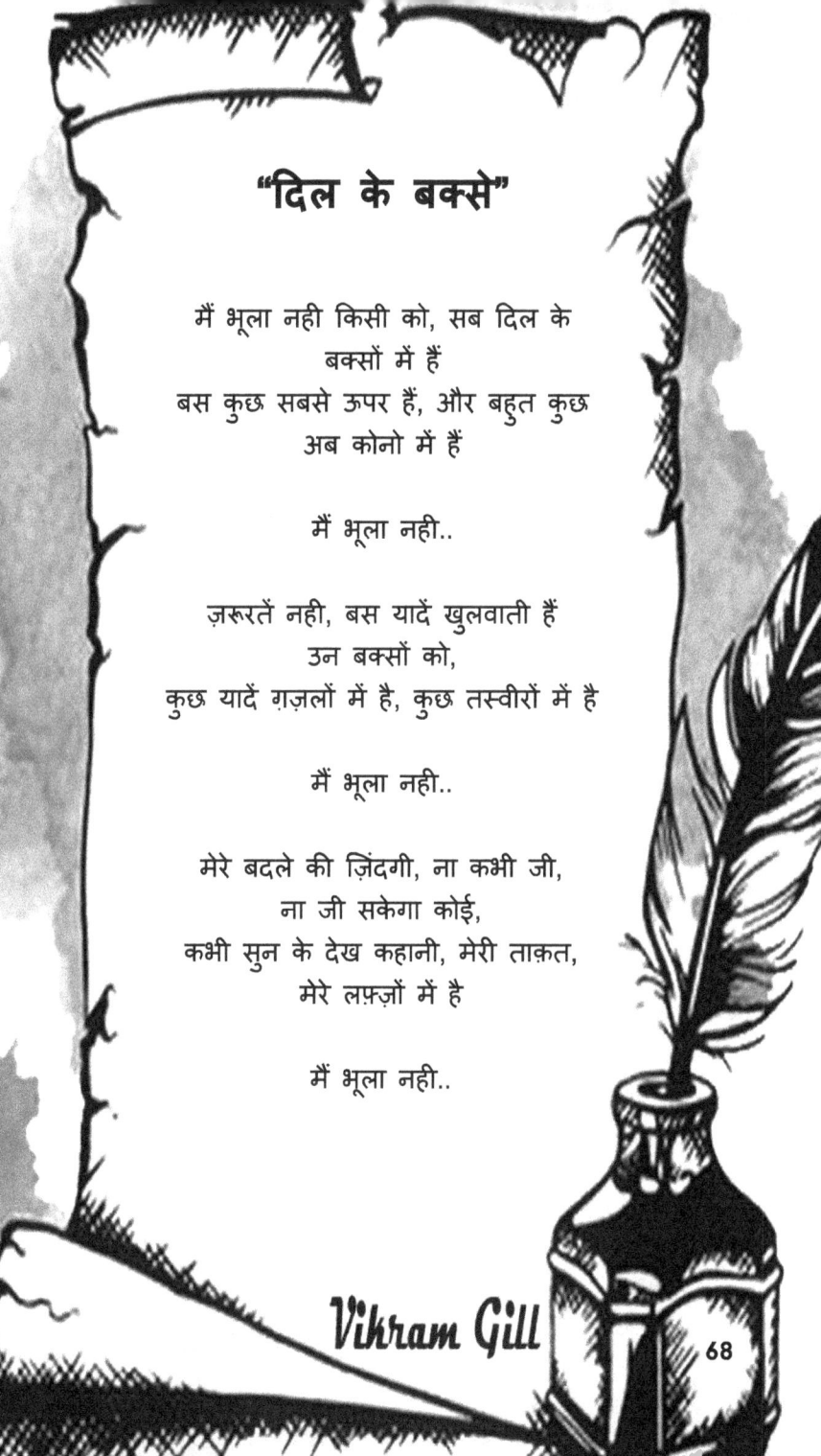

"दिल के बक्से"

मैं भूला नही किसी को, सब दिल के
बक्सों में हैं
बस कुछ सबसे ऊपर हैं, और बहुत कुछ
अब कोनो में हैं

मैं भूला नही..

ज़रूरतें नही, बस यादें खुलवाती हैं
उन बक्सों को,
कुछ यादें ग़ज़लों में है, कुछ तस्वीरों में है

मैं भूला नही..

मेरे बदले की ज़िंदगी, ना कभी जी,
ना जी सकेगा कोई,
कभी सुन के देख कहानी, मेरी ताक़त,
मेरे लफ़्ज़ों में है

मैं भूला नही..

Vikram Gill

68

इस खेल में माहिर होते, तो हर बार
झुकते नही,
इसलिए दुनिया के सब इल्ज़ाम,
अब पुराने बस्तों में है

मैं भूला नही किसी को, सब दिल
के बक्सों में हैं
बस कुछ सबसे ऊपर हैं, और बहुत
कुछ अब कोनो में हैं

Vikram Gill

"क्यूँ समझाना"

क्यूँ समझाना किसी को, अगर हम
सही ही नही?
लोग बदलते रहे साल दर साल,
पर इल्ज़ाम थे वही?

क्यूँ समझाना..

अम्मी, तुम सही कहती थी, हमेशा, कि
नादान हूँ मैं,
सबने शिक़ायतें गिनवा दी अपनी,
मेरी सुनी ही नही

क्यूँ समझाना..

कोई पूछ ही ले आके, मेरे फ़ैसलों
के मक़सद,
कभी अपने लिए जीने की ख़्वाहिश,
रही ही नही

क्यूँ समझाना..

Vikram Gill

वक़्त को, हज़ारों टुकड़ों में बाँट के
रखता हूँ मैं,
सबके हक़ का, सबको दिया, अपने लिए एक
भी घड़ी रखी ही नही

क्यूँ समझाना किसी को, अगर हम
सही ही नही?
लोग बदलते रहे साल दर साल,
पर इल्ज़ाम थे वही?

Vikram Gill

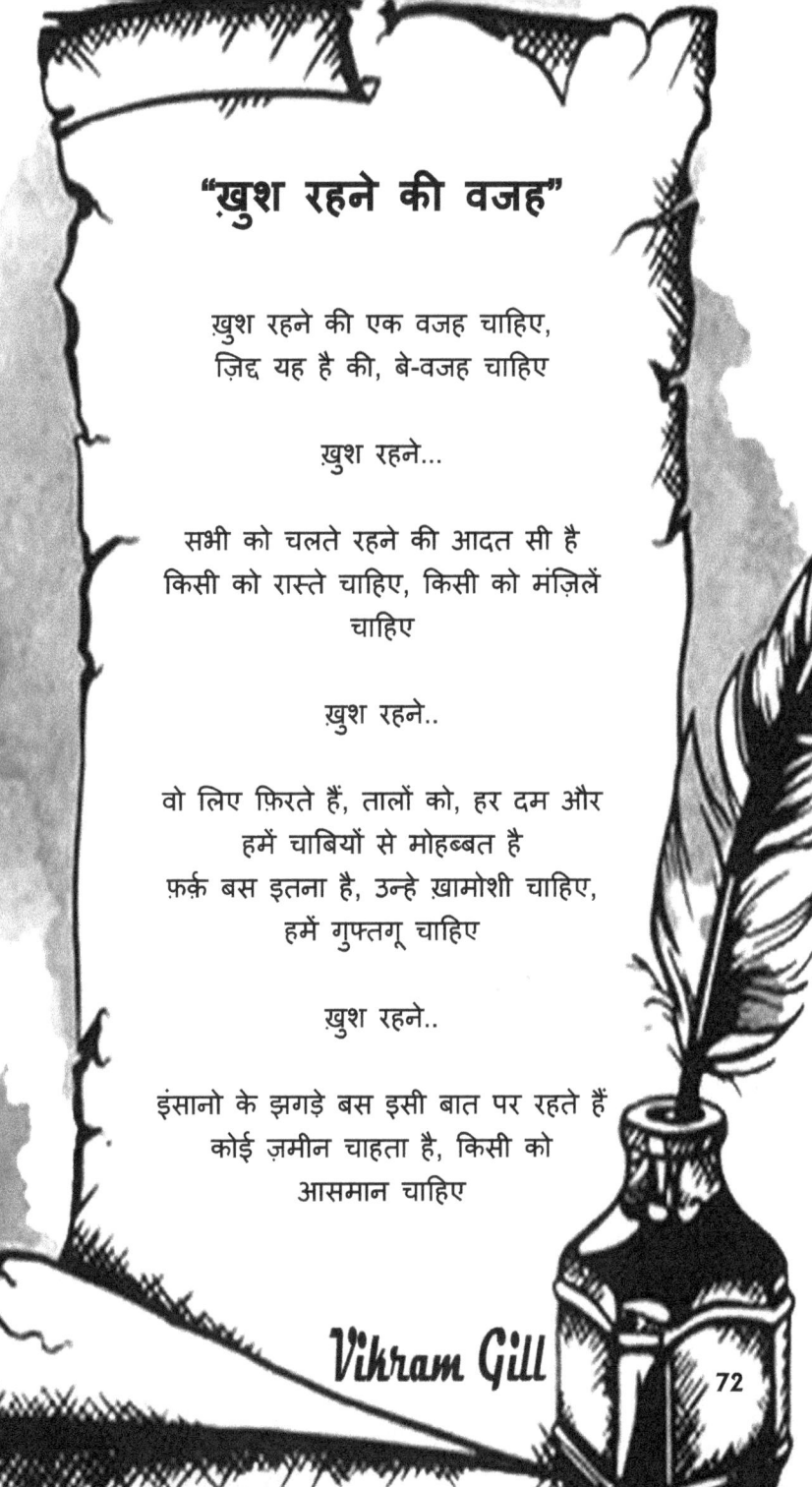

"ख़ुश रहने की वजह"

ख़ुश रहने की एक वजह चाहिए,
ज़िद्द यह है की, बे-वजह चाहिए

ख़ुश रहने...

सभी को चलते रहने की आदत सी है
किसी को रास्ते चाहिए, किसी को मंज़िलें
चाहिए

ख़ुश रहने..

वो लिए फ़िरते हैं, तालों को, हर दम और
हमें चाबियों से मोहब्बत है
फ़र्क़ बस इतना है, उन्हे ख़ामोशी चाहिए,
हमें गुफ्तगू चाहिए

ख़ुश रहने..

इंसानो के झगड़े बस इसी बात पर रहते हैं
कोई ज़मीन चाहता है, किसी को
आसमान चाहिए

Vikram Gill

ख़ुश रहने की..

चलो नीलाम करके कीमत लगायें ख्वाहिशों
की,
तुम मोहब्बत रख लो, हमें ईमान चाहिए

ख़ुश रहने की एक वजह चाहिए,
ज़िद्द यह है की, बे-वजह चाहिए

Vikram Gill

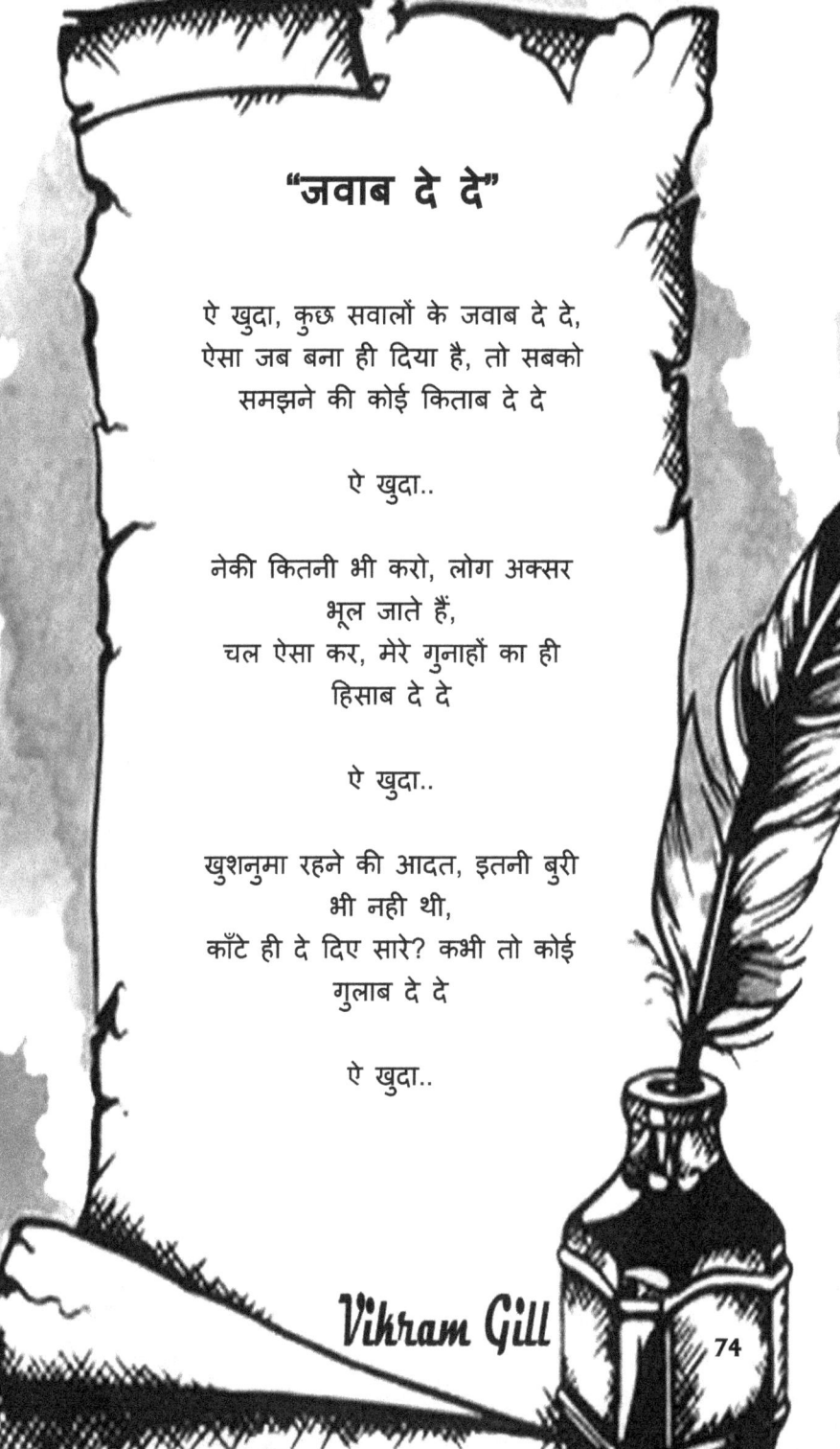

"जवाब दे दे"

ऐ खुदा, कुछ सवालों के जवाब दे दे,
ऐसा जब बना ही दिया है, तो सबको
समझने की कोई किताब दे दे

ऐ खुदा..

नेकी कितनी भी करो, लोग अक्सर
भूल जाते हैं,
चल ऐसा कर, मेरे गुनाहों का ही
हिसाब दे दे

ऐ खुदा..

खुशनुमा रहने की आदत, इतनी बुरी
भी नही थी,
काँटे ही दे दिए सारे? कभी तो कोई
गुलाब दे दे

ऐ खुदा..

Vikram Gill

74

किसने कहा की, तालुक्क़, मिलने
जुलने से ही बढ़ते हैं,
ज़्यादा नही तो, सुनने सुनाने के लिए,
आँखों में ख्वाब दे दे

ऐ खुदा, कुछ सवालों के जवाब दे दे,
ऐसा जब बना ही दिया है, तो सबको
समझने की कोई किताब दे दे

Vikram Gill

"अच्छा लगता है"

यकीन ना हो तो यह सब आज़मा के
देखना, बहुत
"अच्छा लगता है"

किसी को हर रोज़ दुआओं में रखना,
किसी के लिए दिल से ख़ुशियाँ माँगना,
किसी के उदास चेहरे पे मुस्कुराहट लाना,
किसी के दिल में रहना,
किसी को दिल से अपना मानना,
किसी के बिना बोले उसकी हर बात
समझना,
किसी से सच्चे दिल से दोस्ती निभाना,
किसी बुज़ुर्ग के पैर छूना और उनका सिर पे
हाथ रखना,
किसी छोटे बच्चे के हाथों को चूमना,
किसी को दिल से गले लगाना और बिना
बोले कहना की
"मैं हूँ",

Vikram Gill

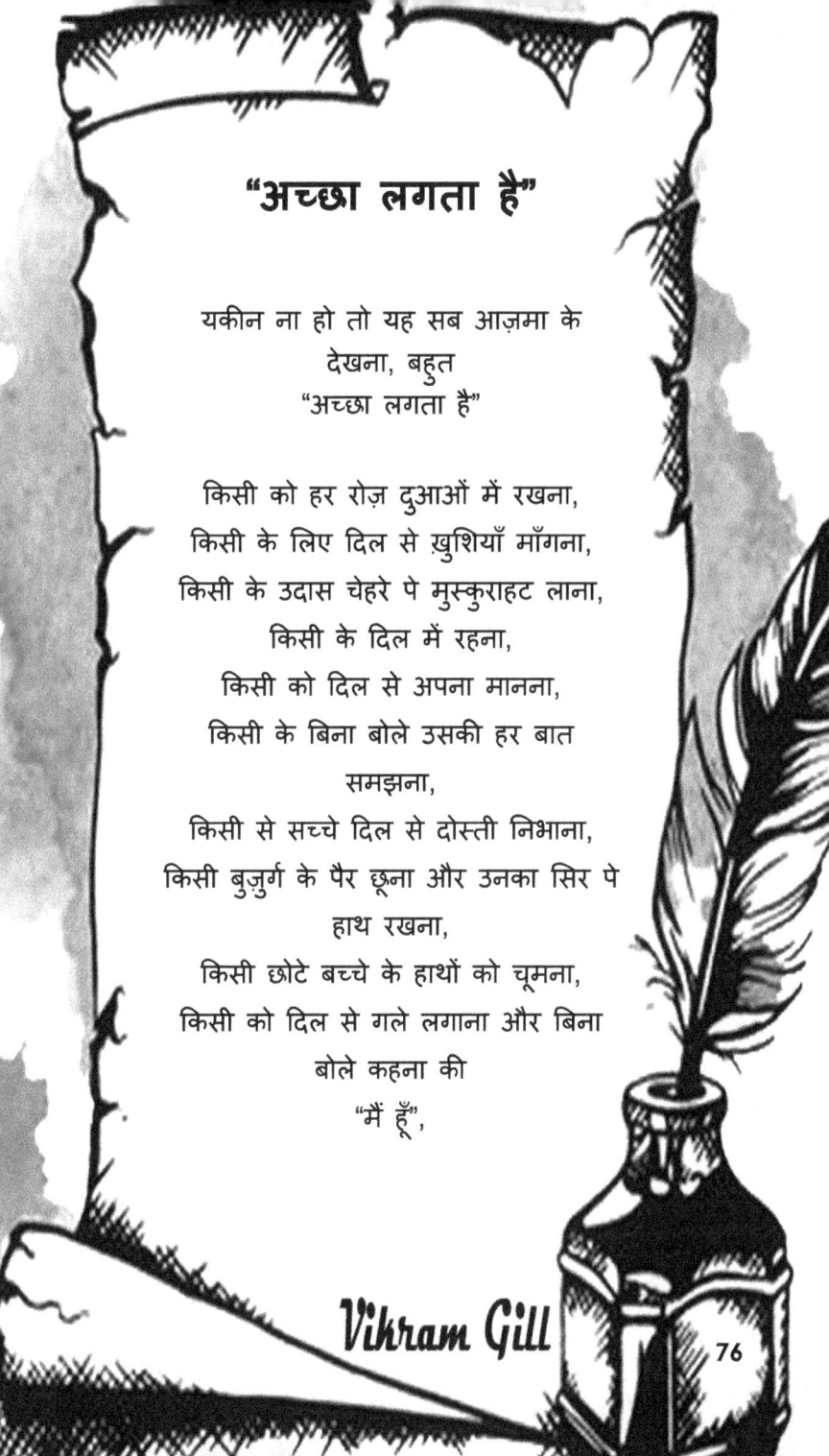

76

किसी की छलकती आँखो से आँसू पोंछना,

किसी को ज़िंदा रहने की हिम्मत देना,

किसी को क़ाबिल बनने का हुनर देना,

किसी हारे हुए हो उसकी कीमत याद
दिलाना,

किसी की साफ़ नीयत से मदद करना,

किसी की ज़रूरत बनना और ज़रूरत होने
पे रहना,

किसी की खामियों को परे रख के, उसकी
खूबियाँ बताना,

और भी बहुत कुछ है कहने को मगर बस
इसपे ख़त्म
करता हूँ!

ख़ुदा अगर मौका दे, किसी के काम आने
को,

मना मत करना कभी, उसके दरवाज़े पे
जाने को

यकीन करो - "अच्छा लगता है"

Vikram Gill

"नासमझ"

नासमझ ना समझ मुझे, सब समझता हूँ मैं
जलता हूँ दिन रात, इसीलिए चमकता हूँ मैं

नासमझ..

यह शामों के रंग, आके फुसलाते हैं मुझे,
एक गहरी साँस लेता हूँ, सुकून की, और
फिर, महकता हूँ मैं

नासमझ..

अजीब है तेरी भी आदत, रूबरू भी है और
जुदा भी,
ऐसे कई सवालों में, हर दम उलझता हूँ मैं

नासमझ..

कभी ऐसा हो की, फिर से कोई पूछे हाल
मेरा और मैं कहूँ,
खाली सड़कों पे, अब भी भटकता हूँ मैं

नासमझ ना समझ मुझे, सब समझता हूँ मैं,
जलता हूँ दिन रात, इसीलिए चमकता हूँ मैं

Vikram Gill

78

"क्यूँ कह दें"

जो हो रहा है होने दो, जो सह रहा है
सहने दो,
जिसे फ़र्क़ पड़ता है पढ़ने दो, क्यूँ कह दें यह
हम यह सब नही सोचते

जो बिखरा है, बिखरे रहने दो, जो टूटा है
टूटे रहने दो,
जो जाता है, जाते रहने दो, क्यूँ कह दें की
इन सब से तकलीफ़ होती है

जिसको जो कहना है कहने दो, जो चुपके से
बह रहा है बहने दो
जो बे-परवाह है, उसे ऐसे ही रहने दो, क्यूँ
कह दें की हमें उम्मीदें हैं

जो सीखा रहा रहा सिखाने दो, जो सुना रहा
रहा है, सुनाने दो
जो आईना दिखा रहा है दिखाने दो, क्यूँ कह
दें की हमें भी कुछ कहना है

Vikram Gill

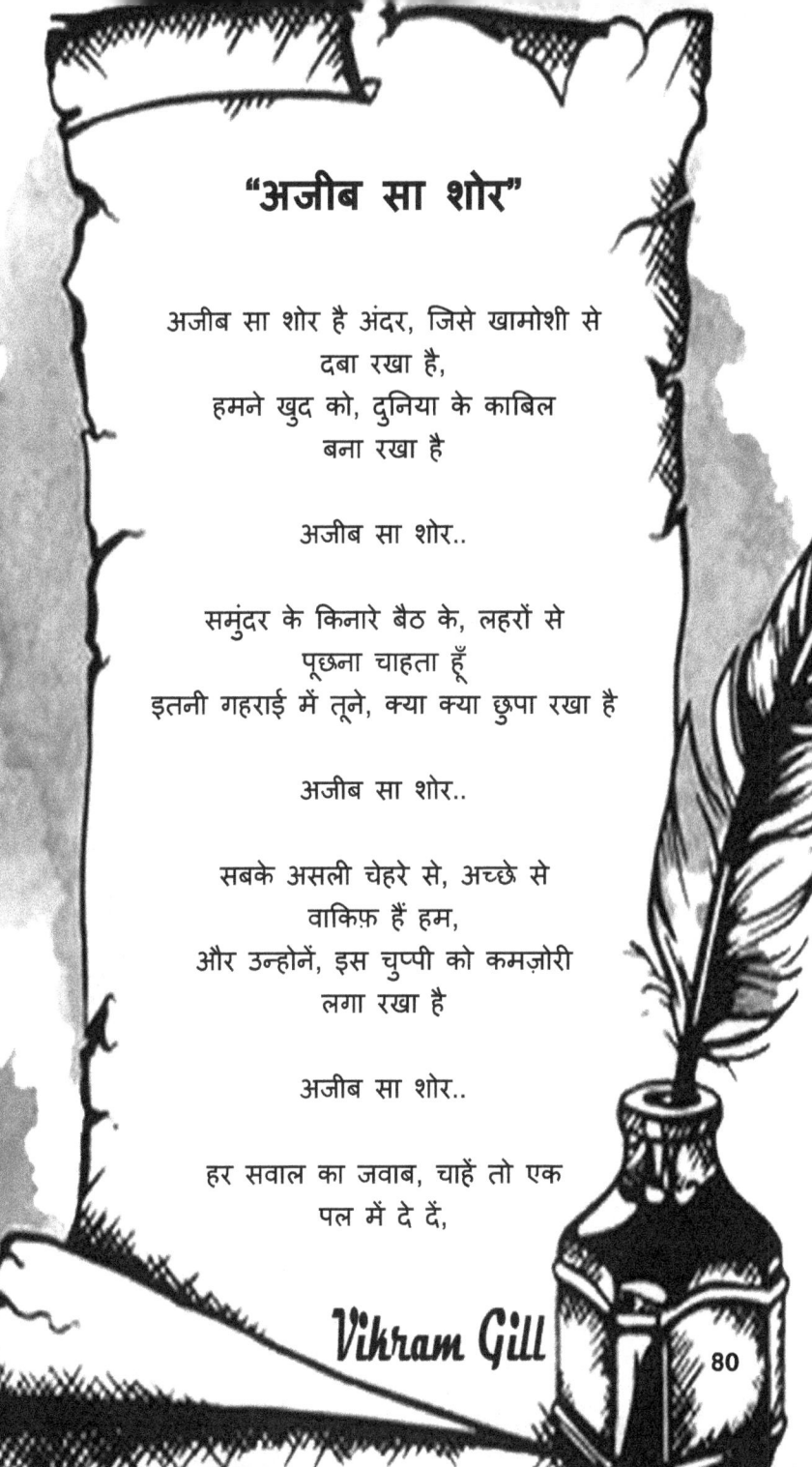

"अजीब सा शोर"

अजीब सा शोर है अंदर, जिसे खामोशी से
दबा रखा है,
हमने खुद को, दुनिया के काबिल
बना रखा है

अजीब सा शोर..

समुंदर के किनारे बैठ के, लहरों से
पूछना चाहता हूँ
इतनी गहराई में तूने, क्या क्या छुपा रखा है

अजीब सा शोर..

सबके असली चेहरे से, अच्छे से
वाकिफ़ हैं हम,
और उन्होनें, इस चुप्पी को कमज़ोरी
लगा रखा है

अजीब सा शोर..

हर सवाल का जवाब, चाहें तो एक
पल में दे दें,

Vikram Gill

80

बस खामोश है क्यूँकि, सबको अपना
बना रखा है

अजीब सा शोर है अंदर, जिसे खामोशी
से दबा रखा है,
हमने खुद को, दुनिया के काबिल बना
रखा है

Vikram Gill

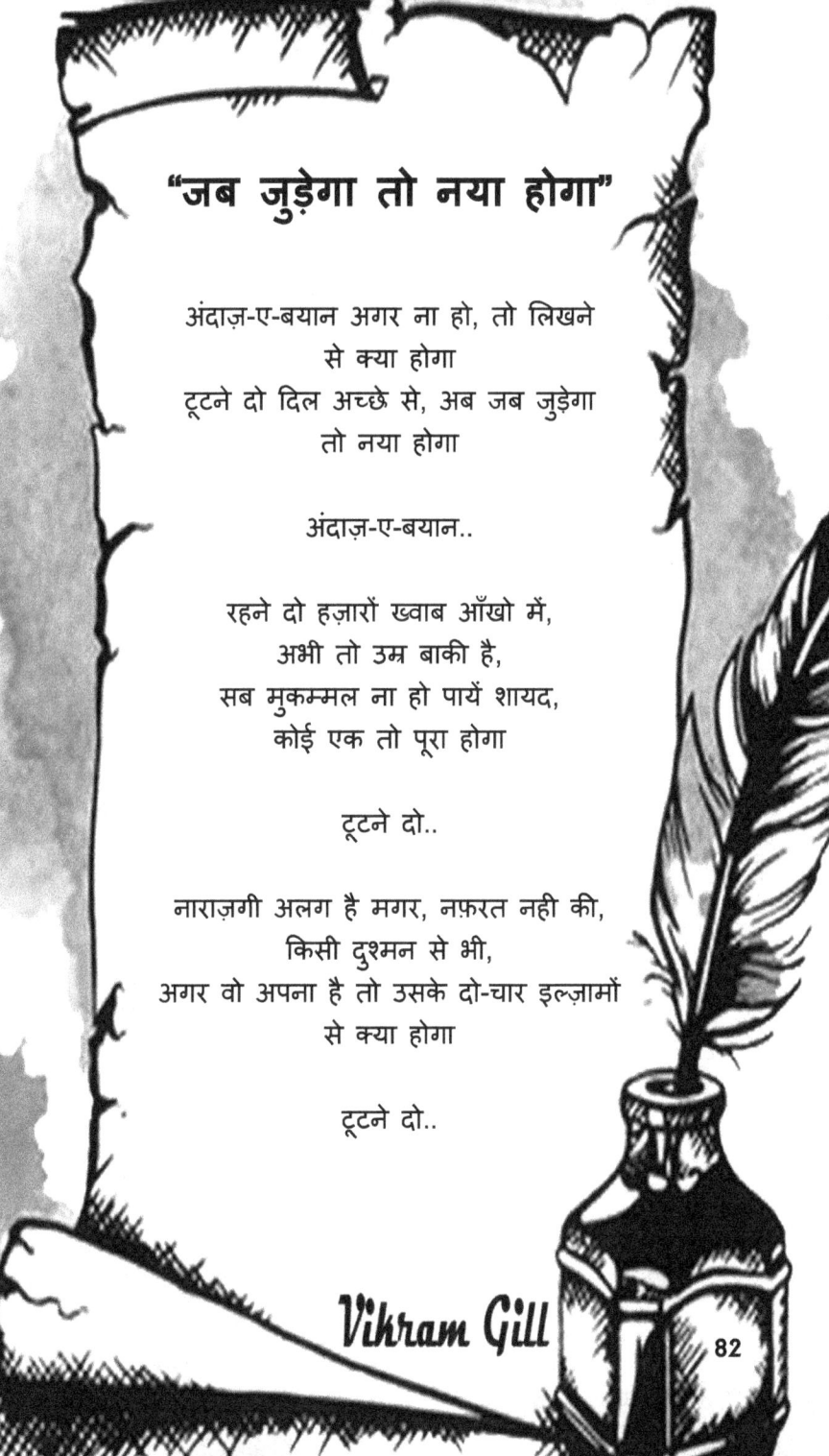

"जब जुड़ेगा तो नया होगा"

अंदाज़-ए-बयान अगर ना हो, तो लिखने
से क्या होगा
टूटने दो दिल अच्छे से, अब जब जुड़ेगा
तो नया होगा

अंदाज़-ए-बयान..

रहने दो हज़ारों ख्वाब आँखो में,
अभी तो उम्र बाकी है,
सब मुकम्मल ना हो पायें शायद,
कोई एक तो पूरा होगा

टूटने दो..

नाराज़गी अलग है मगर, नफ़रत नही की,
किसी दुश्मन से भी,
अगर वो अपना है तो उसके दो-चार इल्ज़ामों
से क्या होगा

टूटने दो..

Vikram Gill

82

सोचते हैं शमशानो में महफ़िल जमायें,
रुखसत होते हुए,
पूरा मयख़ाना ले के आना जनाज़े पे,
एक- दो पैमानो से क्या होगा

अंदाज़-ए-बयान अगर ना हो, तो
लिखने से क्या होगा
टूटने दो दिल अच्छे से, अब जब
जुड़ेगा तो नया होगा

Vikram Gill

83

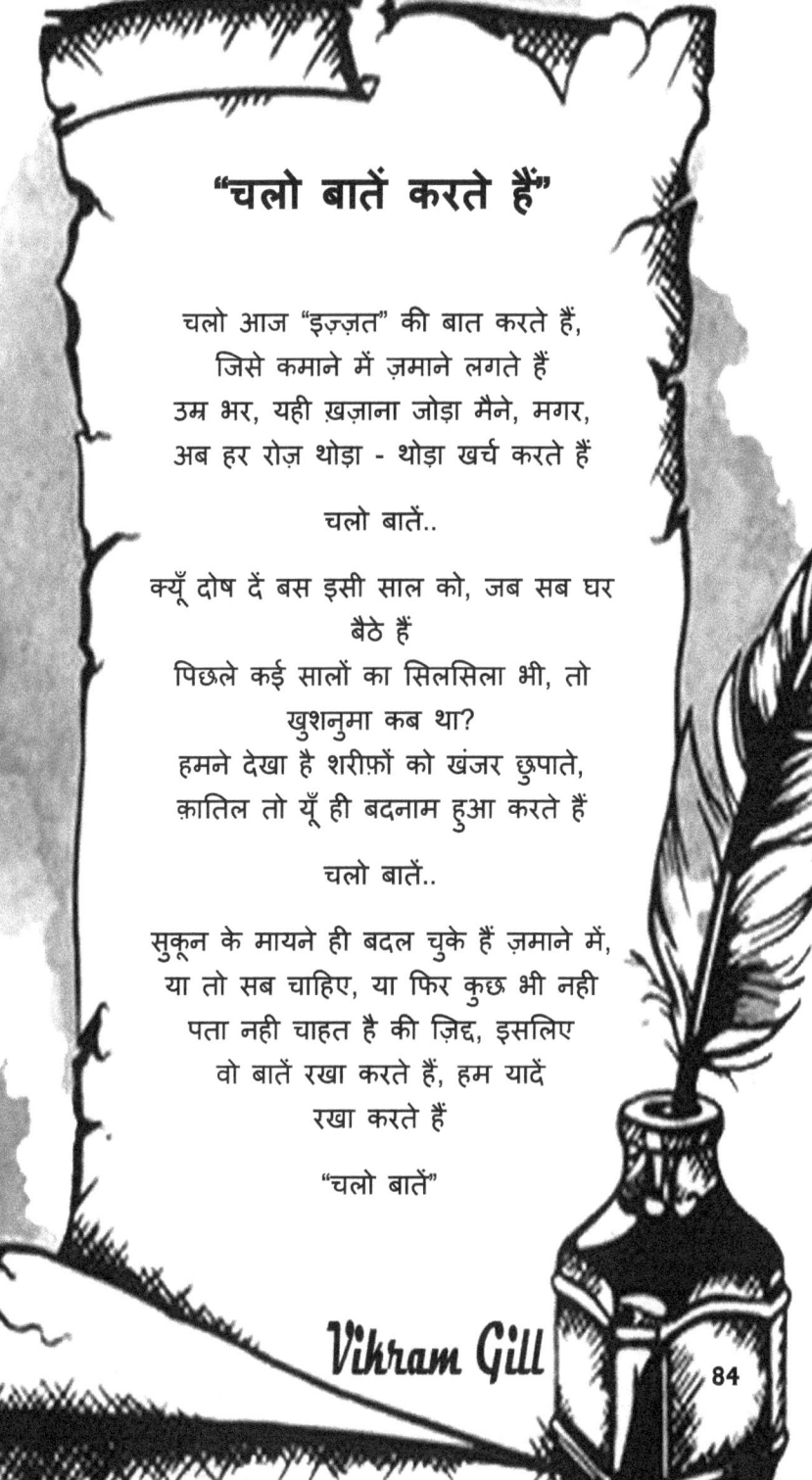

"चलो बातें करते हैं"

चलो आज "इज़्ज़त" की बात करते हैं,
जिसे कमाने में ज़माने लगते हैं
उम्र भर, यही ख़ज़ाना जोड़ा मैने, मगर,
अब हर रोज़ थोड़ा - थोड़ा खर्च करते हैं

चलो बातें..

क्यूँ दोष दें बस इसी साल को, जब सब घर
बैठे हैं
पिछले कई सालों का सिलसिला भी, तो
खुशनुमा कब था?
हमने देखा है शरीफ़ों को खंजर छुपाते,
क़ातिल तो यूँ ही बदनाम हुआ करते हैं

चलो बातें..

सुकून के मायने ही बदल चुके हैं ज़माने में,
या तो सब चाहिए, या फिर कुछ भी नही
पता नही चाहत है की ज़िद्द, इसलिए
वो बातें रखा करते हैं, हम यादें
रखा करते हैं

"चलो बातें"

Vikram Gill

84

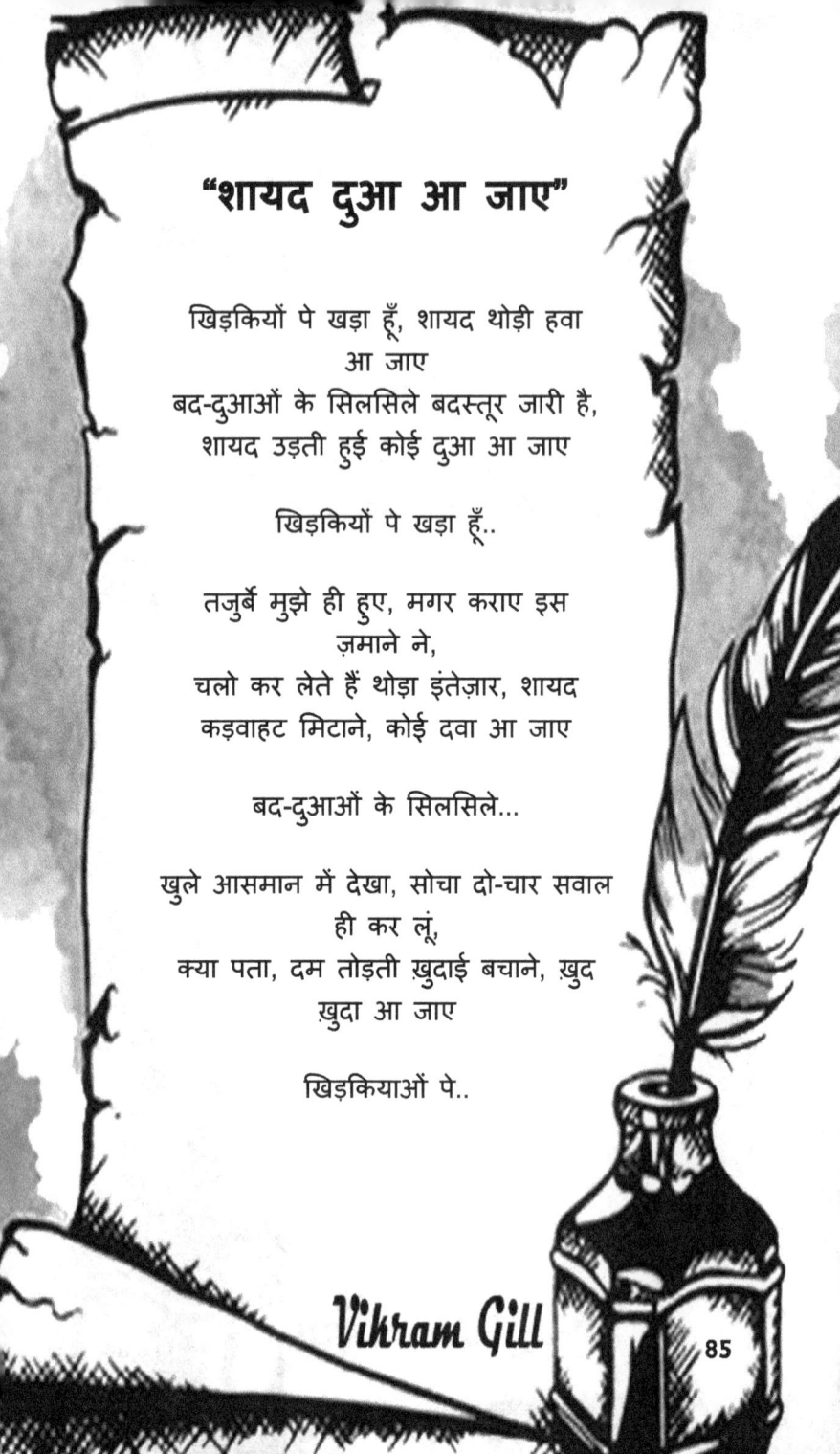

"शायद दुआ आ जाए"

खिड़कियों पे खड़ा हूँ, शायद थोड़ी हवा
आ जाए
बद-दुआओं के सिलसिले बदस्तूर जारी है,
शायद उड़ती हुई कोई दुआ आ जाए

खिड़कियों पे खड़ा हूँ..

तजुर्बे मुझे ही हुए, मगर कराए इस
ज़माने ने,
चलो कर लेते हैं थोड़ा इंतेज़ार, शायद
कड़वाहट मिटाने, कोई दवा आ जाए

बद-दुआओं के सिलसिले...

खुले आसमान में देखा, सोचा दो-चार सवाल
ही कर लूं,
क्या पता, दम तोड़ती ख़ुदाई बचाने, ख़ुद
ख़ुदा आ जाए

खिड़कियाओं पे..

Vikram Gill

85

वक़्त तो है मगर, थोड़ा अजीब तरीके बीत रहा है,
शायद ये लोगों सा हो गया है, ना जाने कब ख़फ़ा हो जाए

खिड़कियों पे खड़ा हूँ, शायद थोड़ी हवा आ जाए
बद-दुआओं के सिलसिले बदस्तूर जारी है,
शायद उड़ती हुई कोई दुआ आ जाए

"मुश्किल बताना नही"

मुश्किल एहसास बताना नही, मुश्किल
एहसास छुपाना
होता है,
आज कल के ज़माने में, फ़िक्र और चाहत
को भी जताना होता है

मुश्किल एहसास...

रात के बाशिंदे हैं हम, रोशनी से दूर रहते हैं,
दिन में सोए हुए लोगों को अक्सर, नींद से
जगाना होता है

मुश्किल एहसास..

ख़्वाबों में शिरकत रहे उनकी, इसीलिए सोने
की कोशिश करते हैं,
आज कल वहीं सबसे, अपना मिलना
मिलाना होता है

मुश्किल एहसास..

Vikram Gill

बड़ी दूर है गांव मेरा, वहाँ जाने में सदियां
लग जाएँगी,
रास्ते कितने भी बंद हो, हर बार एक नया
रास्ता ही बनाना होता है

मुश्किल एहसास बताना नही, मुश्किल
एहसास छुपाना
होता है,
आज कल के ज़माने में, फ़िक्र और चाहत
को भी जताना होता है

Vikram Gill

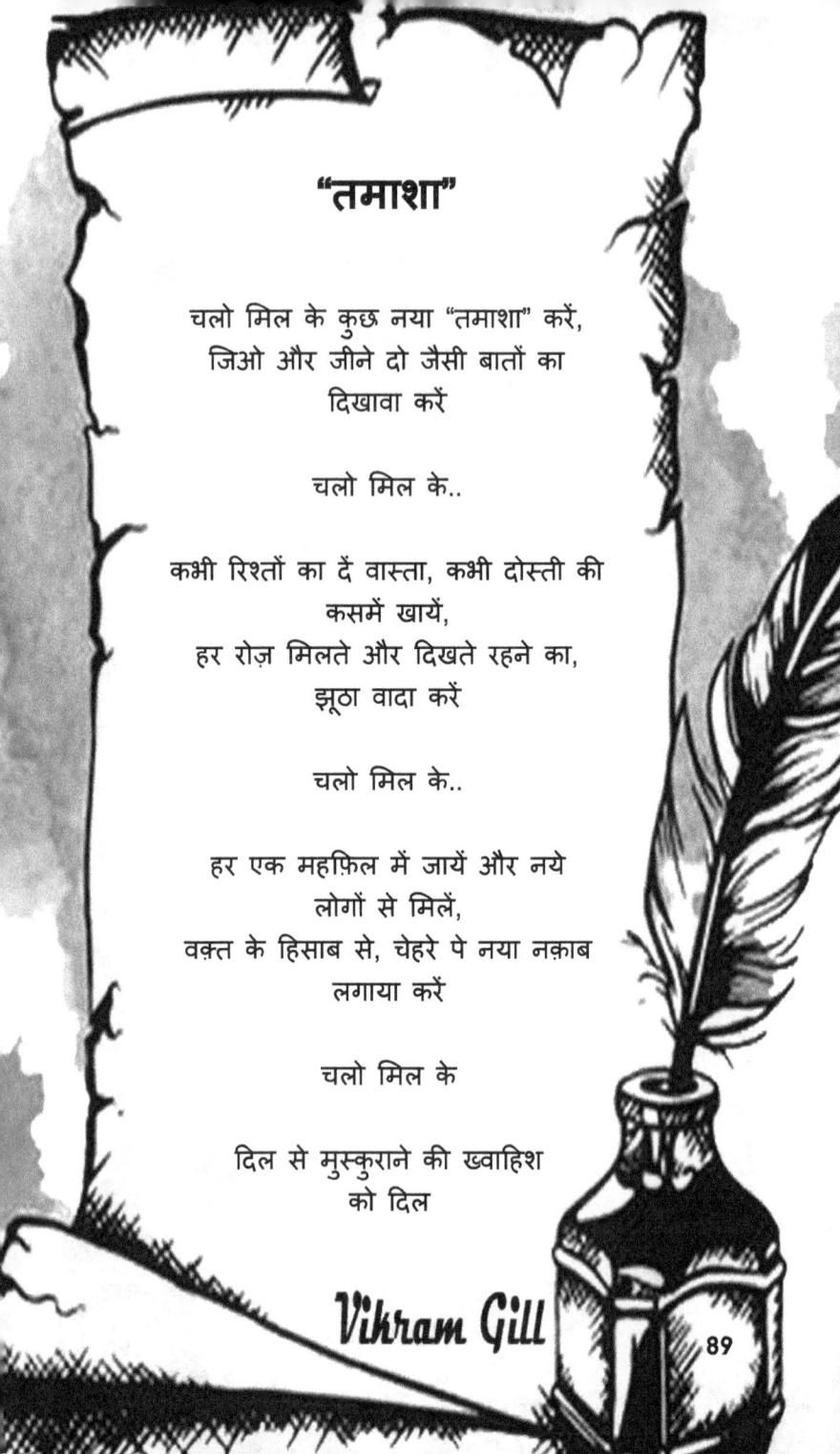

"तमाशा"

चलो मिल के कुछ नया "तमाशा" करें,
जिओ और जीने दो जैसी बातों का
दिखावा करें

चलो मिल के..

कभी रिश्तों का दें वास्ता, कभी दोस्ती की
कसमें खायें,
हर रोज़ मिलते और दिखते रहने का,
झूठा वादा करें

चलो मिल के..

हर एक महफ़िल में जायें और नये
लोगों से मिलें,
वक़्त के हिसाब से, चेहरे पे नया नक़ाब
लगाया करें

चलो मिल के

दिल से मुस्कुराने की ख्वाहिश
को दिल

Vikram Gill

में रख कर,
दोस्तों से बातें भी करें, और सब
छुपाया भी करें

चलो मिल के कुछ नया "तमाशा" करें,
जिओ और जीने दो जैसी बातों का दिखावा
करें

Vikram Gill

90

"तो मोहब्बत कैसी"

अगर दुआ में उसका नाम ना हो
अगर रूठने पे उसको मना ना लो,
अगर देख कर उसको, दिल से खुशी ना हो,
तो मोहब्बत कैसी?

अगर नौबत आए नज़रें चुराने की
अगर ज़रूरत आ जाए, जताने और बताने
की
अगर गुरूर बड़ा हो माफी माँगने के आगे
तो मोहब्बत कैसी?

अगर सिर्फ़ एहसास हो पर विश्वास ही ना
हो
अगर बेकरार हो पर इंतज़ार ही ना हो
अगर तनहाई में भी वो साथ ही ना हो
तो मोहब्बत कैसी?

अगर रूठने मानने के किससे कम होने लगे
अगर फ़िक्र तो हो पर फ़र्क़ पड़ना कम
होने लगे
अगर इन आँखों का दर्द और दिल जा
जलना कम होने लगे
तो मोहब्बत कैसी?

Vikram Gill

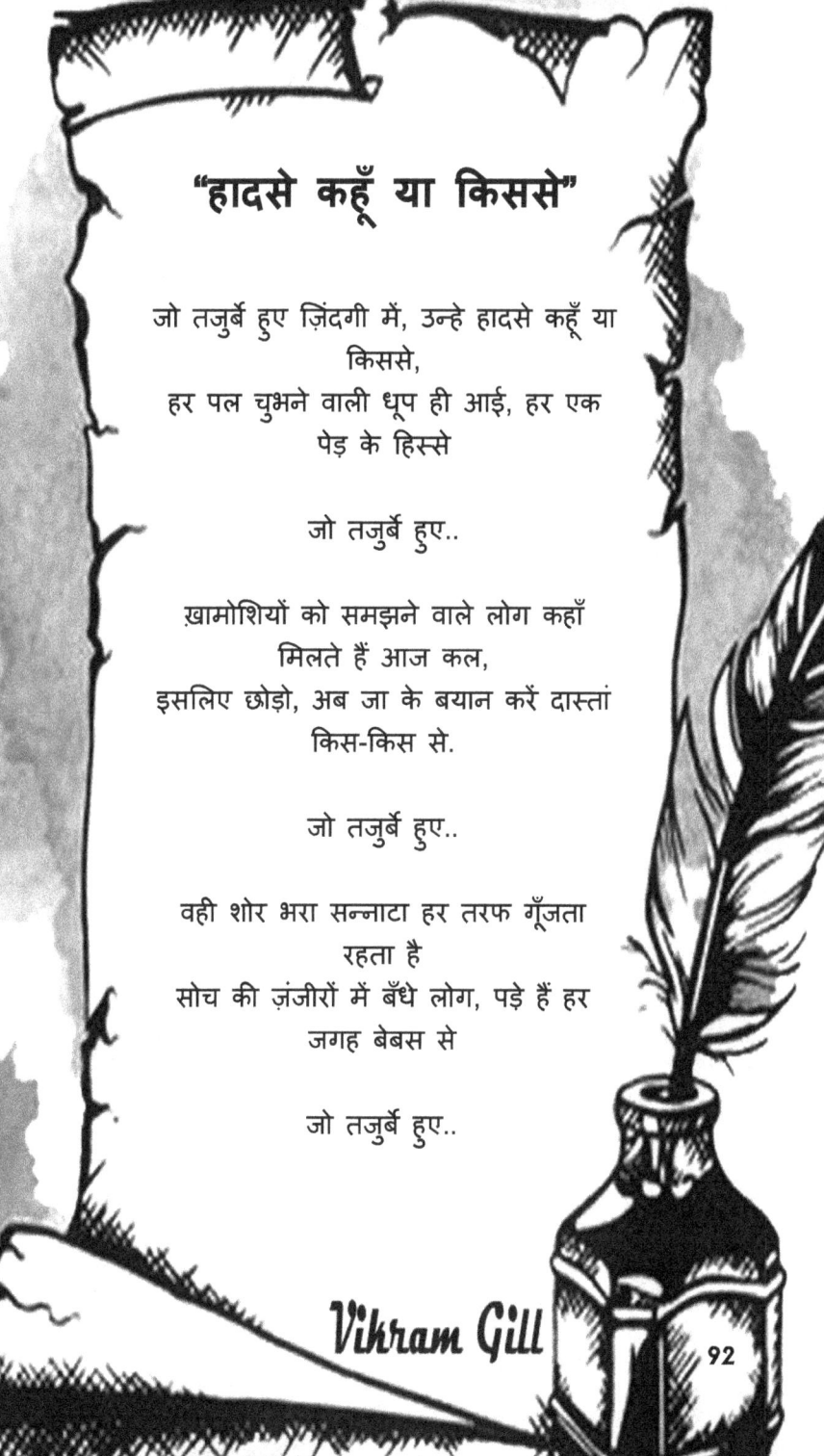

"हादसे कहूँ या किससे"

जो तजुर्बे हुए ज़िंदगी में, उन्हे हादसे कहूँ या
किससे,
हर पल चुभने वाली धूप ही आई, हर एक
पेड़ के हिस्से

जो तजुर्बे हुए..

ख़ामोशियों को समझने वाले लोग कहाँ
मिलते हैं आज कल,
इसलिए छोड़ो, अब जा के बयान करें दास्तां
किस-किस से.

जो तजुर्बे हुए..

वही शोर भरा सन्नाटा हर तरफ गूँजता
रहता है
सोच की ज़ंजीरों में बँधे लोग, पड़े हैं हर
जगह बेबस से

जो तजुर्बे हुए..

Vikram Gill

92

ना पूछने की ख़्वाहिश और ना
बताने के अरमान है अंदर
कद्र करने की भी कद्र नही अगर,
तो अच्छे हैं हम बुरे से

जो तजुर्बे हुए ज़िंदगी में, उन्हे हादसे
कहूँ या किससे,
हर पल चुभने वाली धूप ही आई, हर एक
पेड़ के हिस्से

Vikram Gill

93

“क्या चाहता है”

किसी ने मुझसे पूछा की, क्या चाहता है?
मैने कहा पूरा आसमान, पर यह दोनो
बाज़ुओं में नही
आता है

किसी ने मुझसे..

अजीब है चाँद की फ़ितरत भी, इसकी हरकतें
समझ नही आती,
चमकता तो पूरी दुनिया में है, फ़िर कैसे
थोड़े से बादलों में छुप जाता है?

किसी ने मुझसे..

माँगने की आदत नही, बस ज़रूरी हो तो
झुक जाता हूँ,
कितना भी सच कहो, कितना भी कर लो,
कम पढ़ ही जाता है?

किसी ने मुझसे..

Vikram Gill

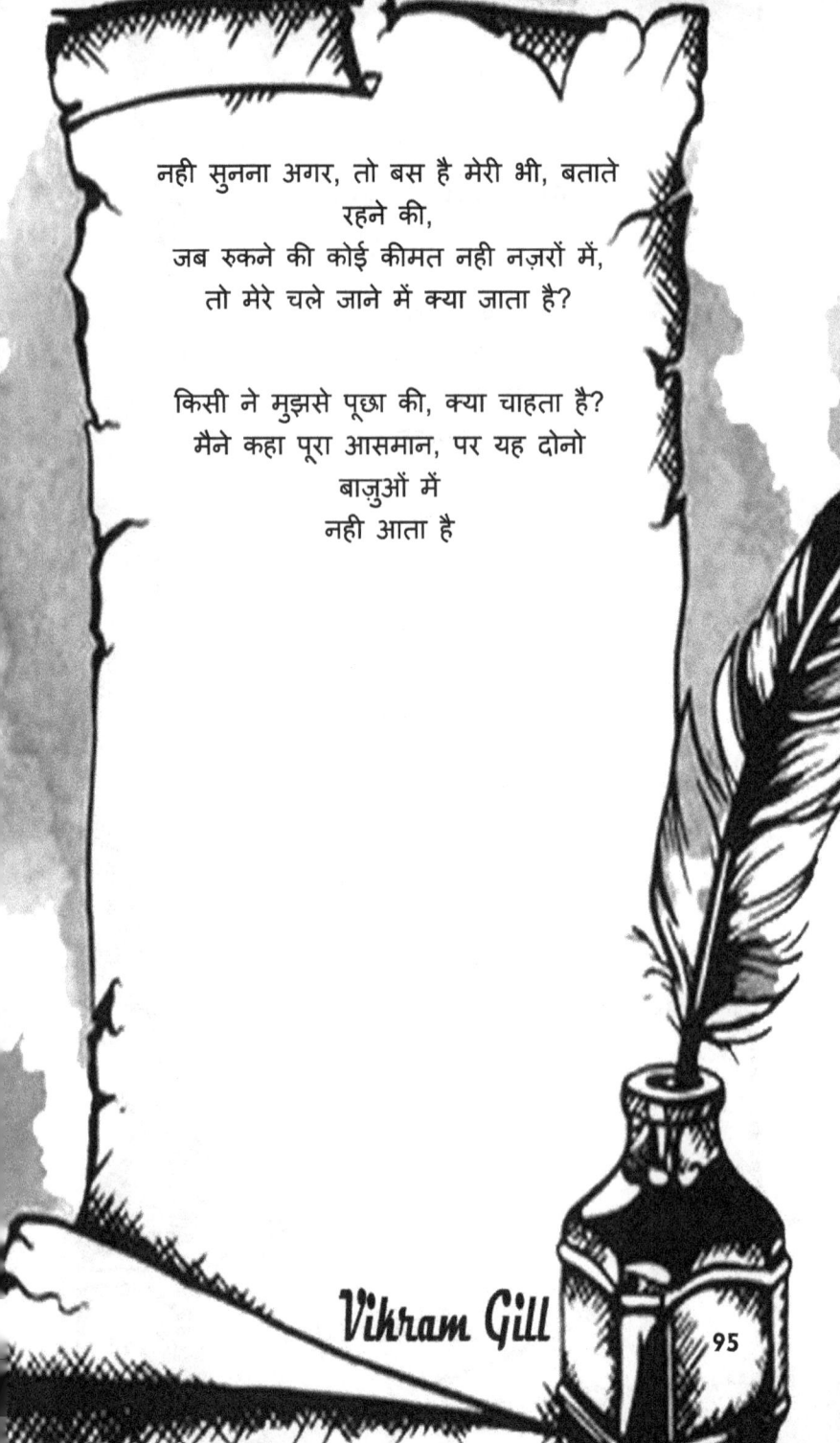

नही सुनना अगर, तो बस है मेरी भी, बताते
रहने की,
जब रुकने की कोई कीमत नही नज़रों में,
तो मेरे चले जाने में क्या जाता है?

किसी ने मुझसे पूछा की, क्या चाहता है?
मैने कहा पूरा आसमान, पर यह दोनो
बाज़ुओं में
नही आता है

Vikram Gill

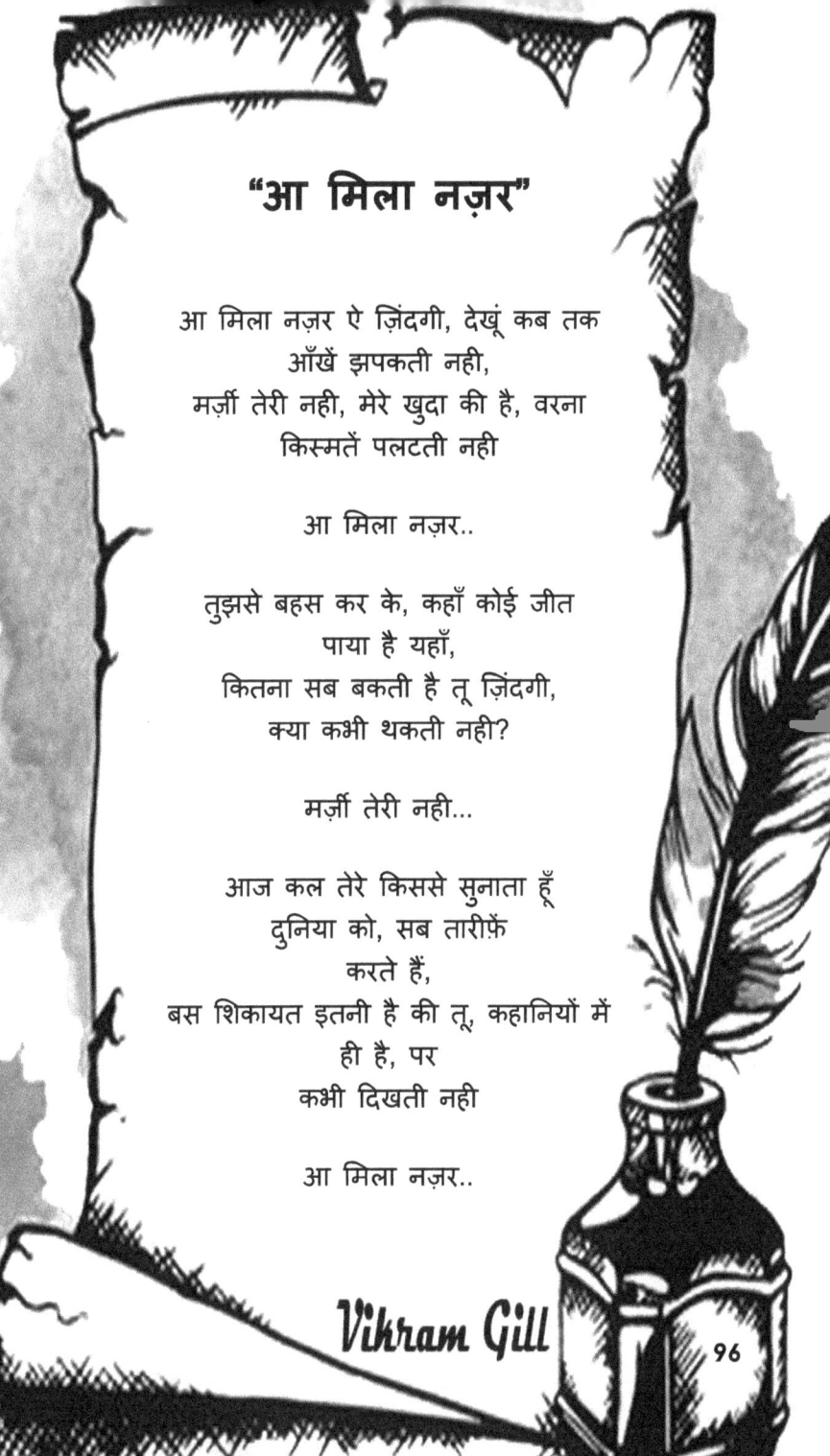

"आ मिला नज़र"

आ मिला नज़र ऐ ज़िंदगी, देखूं कब तक
आँखें झपकती नही,
मर्ज़ी तेरी नही, मेरे खुदा की है, वरना
किस्मतें पलटती नही

आ मिला नज़र..

तुझसे बहस कर के, कहाँ कोई जीत
पाया है यहाँ,
कितना सब बकती है तू ज़िंदगी,
क्या कभी थकती नही?

मर्ज़ी तेरी नही...

आज कल तेरे किससे सुनाता हूँ
दुनिया को, सब तारीफ़ें
करते हैं,
बस शिकायत इतनी है की तू, कहानियों में
ही है, पर
कभी दिखती नही

आ मिला नज़र..

Vikram Gill

यह जो मसले हैं बीच में अपने, आ बैठ के
सुलझा लेते हैं,
रात भर बैठ के सुनेंगे एक दूसरे की,
नींद तो हम दोनों को आती नही

आ मिला नज़र ऐ ज़िंदगी, देखूं कब तक
आँखें झपकती नही,
मर्ज़ी तेरी नही, मेरे खुदा की है, वरना
किस्मतें पलटती नही

Vikram Gill

"कुछ समझ नही आ रहा"

चल नही रही, दौड़ रही है ज़िंदगी,
कुछ समझ नही आ रहा
टूट रही है, बिखर रही है, या फिर संभाल
रही है ज़िंदगी
कुछ समझ नही आ रहा

कभी हाँ - कभी ना, कभी मोहब्बत - कभी
बेइज़्ज़त, करती है ज़िंदगी
कभी ख़ुद की - कभी अपनों की नज़रों में,
गिरती - उठती है ज़िंदगी
कुछ समझ नही आ रहा

बेहद् तारीफें - बेहद् नफ़रतें, बे-पनाह परवाह
- बे-पनाह ठुकराना
क्या पता तेरा इरादा क्या है? कोशिश की
समझने की मगर फिर भी,
कुछ समझ नही आ रहा

जाने दें या शिकायत करें, जी लें या गुज़ार
लें
इसकी आदतें खामोश रहने की हैं और
अपनी शोर करने की
कैसे निभेगा रिश्ता तेरे साथ ऐ ज़िंदगी?
कुछ समझ नही आ रहा

Vikram Gill

98

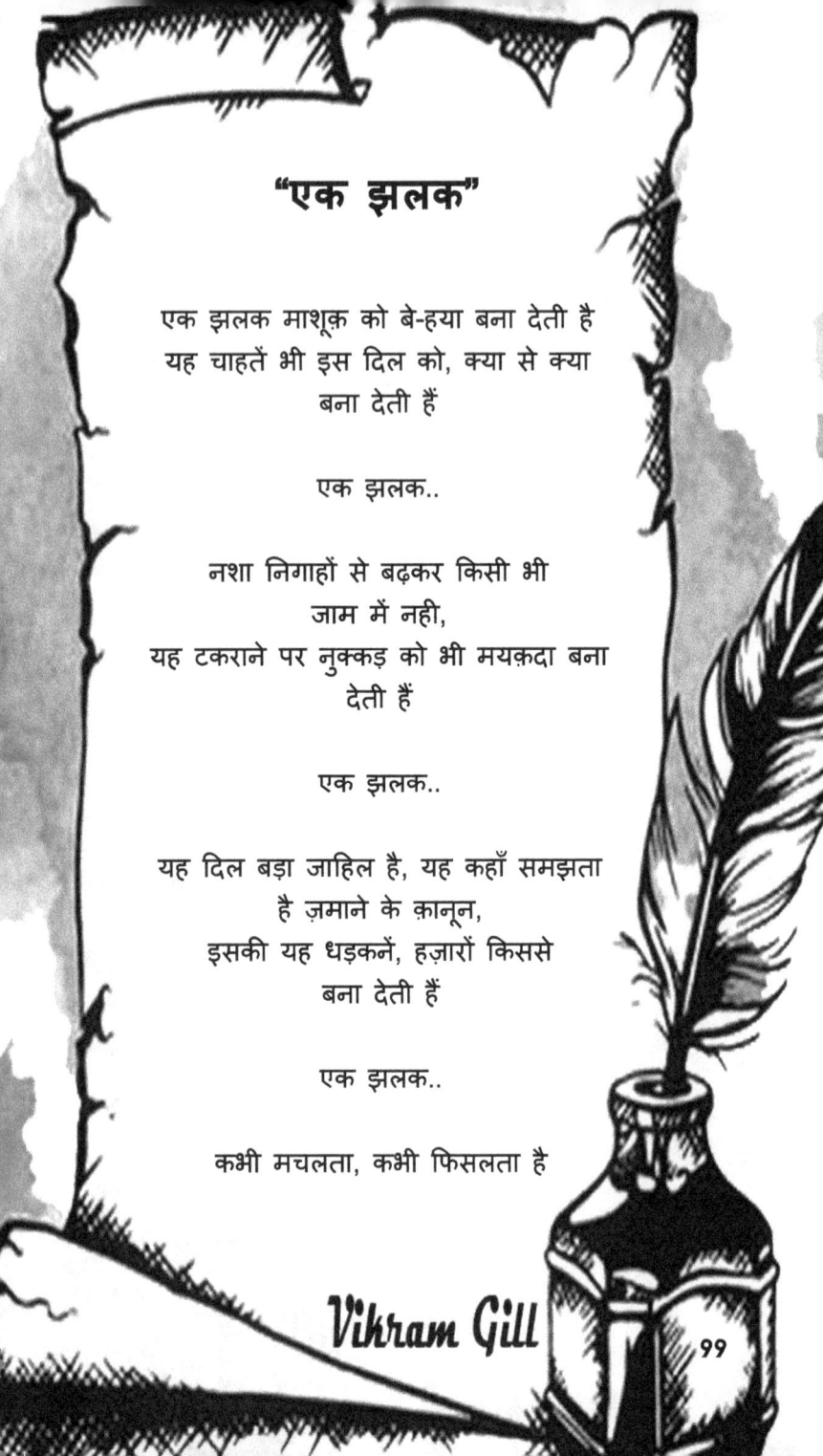

"एक झलक"

एक झलक माशूक़ को बे-हया बना देती है
यह चाहतें भी इस दिल को, क्या से क्या
बना देती हैं

एक झलक..

नशा निगाहों से बढ़कर किसी भी
जाम में नही,
यह टकराने पर नुक्कड़ को भी मयक़दा बना
देती हैं

एक झलक..

यह दिल बड़ा जाहिल है, यह कहाँ समझता
है ज़माने के क़ानून,
इसकी यह धड़कनें, हज़ारों किससे
बना देती हैं

एक झलक..

कभी मचलता, कभी फिसलता है

Vikram Gill

आज कल दिल मेरा,
जब भी कुछ यादें, सीने से लगा लेती हैं

एक झलक माशूक़ को बे-हया बना देती है
यह चाहतें भी इस दिल को, क्या से क्या
बना देती हैं

Vikram Gill

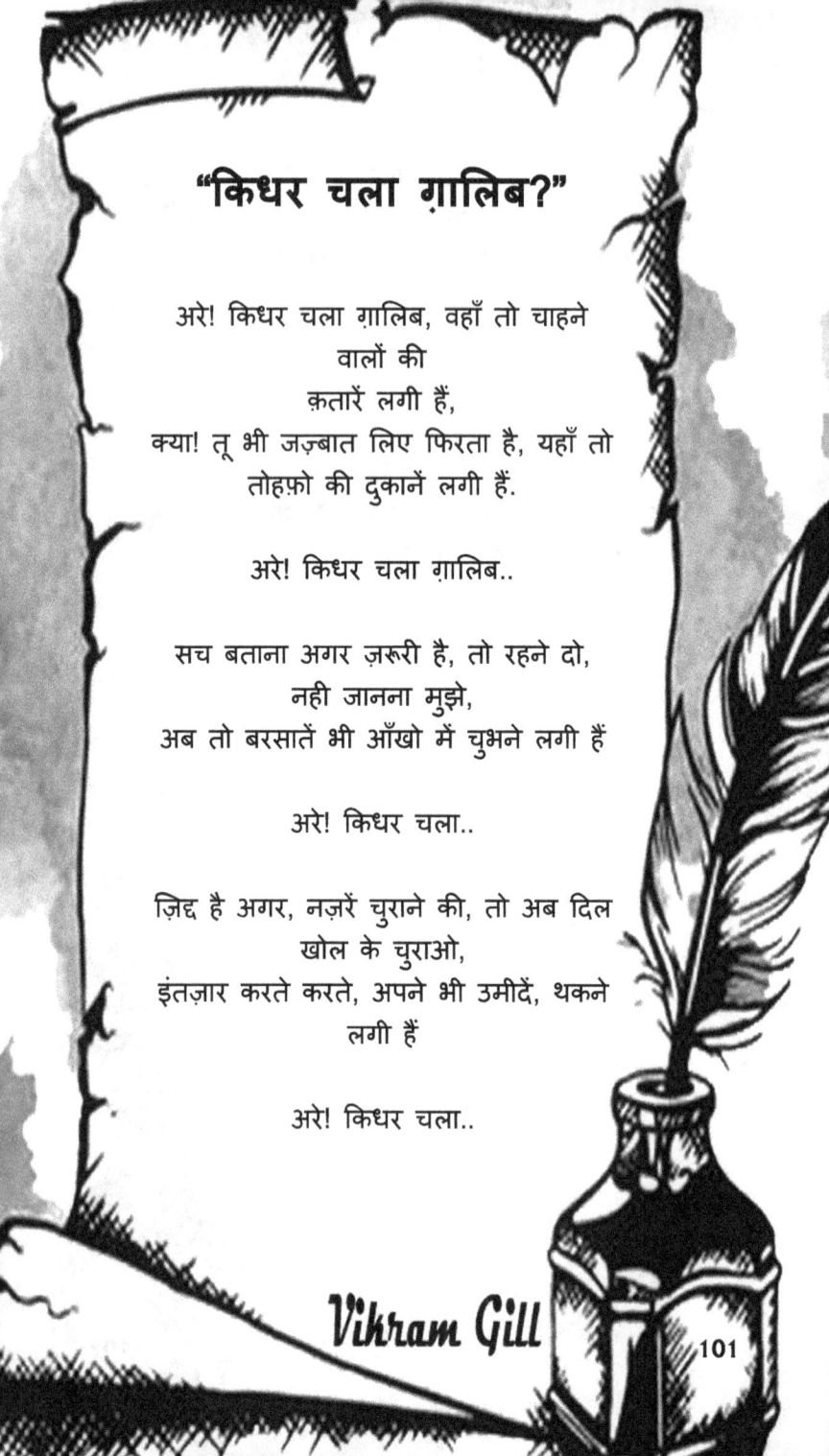

"किधर चला ग़ालिब?"

अरे! किधर चला ग़ालिब, वहाँ तो चाहने
वालों की
क़तारें लगी हैं,
क्या! तू भी जज़्बात लिए फिरता है, यहाँ तो
तोहफ़ो की दुकानें लगी हैं.

अरे! किधर चला ग़ालिब..

सच बताना अगर ज़रूरी है, तो रहने दो,
नही जानना मुझे,
अब तो बरसातें भी आँखो में चुभने लगी हैं

अरे! किधर चला..

ज़िद्द है अगर, नज़रें चुराने की, तो अब दिल
खोल के चुराओ,
इंतज़ार करते करते, अपने भी उमीदें, थकने
लगी हैं

अरे! किधर चला..

Vikram Gill

101

भरोसा बहुत है, मगर ख़्याल ही अजीब से आते हैं,
दम तोड़ चुकी अंदर की जलन, अब फिर से साँस लेने लगी है

अरे! किधर चला ग़ालिब, वहाँ तो चाहने वालों की
क़तारें लगी हैं,
क्या! तू भी जज़्बात लिए फिरता है, यहाँ तो तोहफ़ो की दुकानें लगी हैं.

Vikram Gill

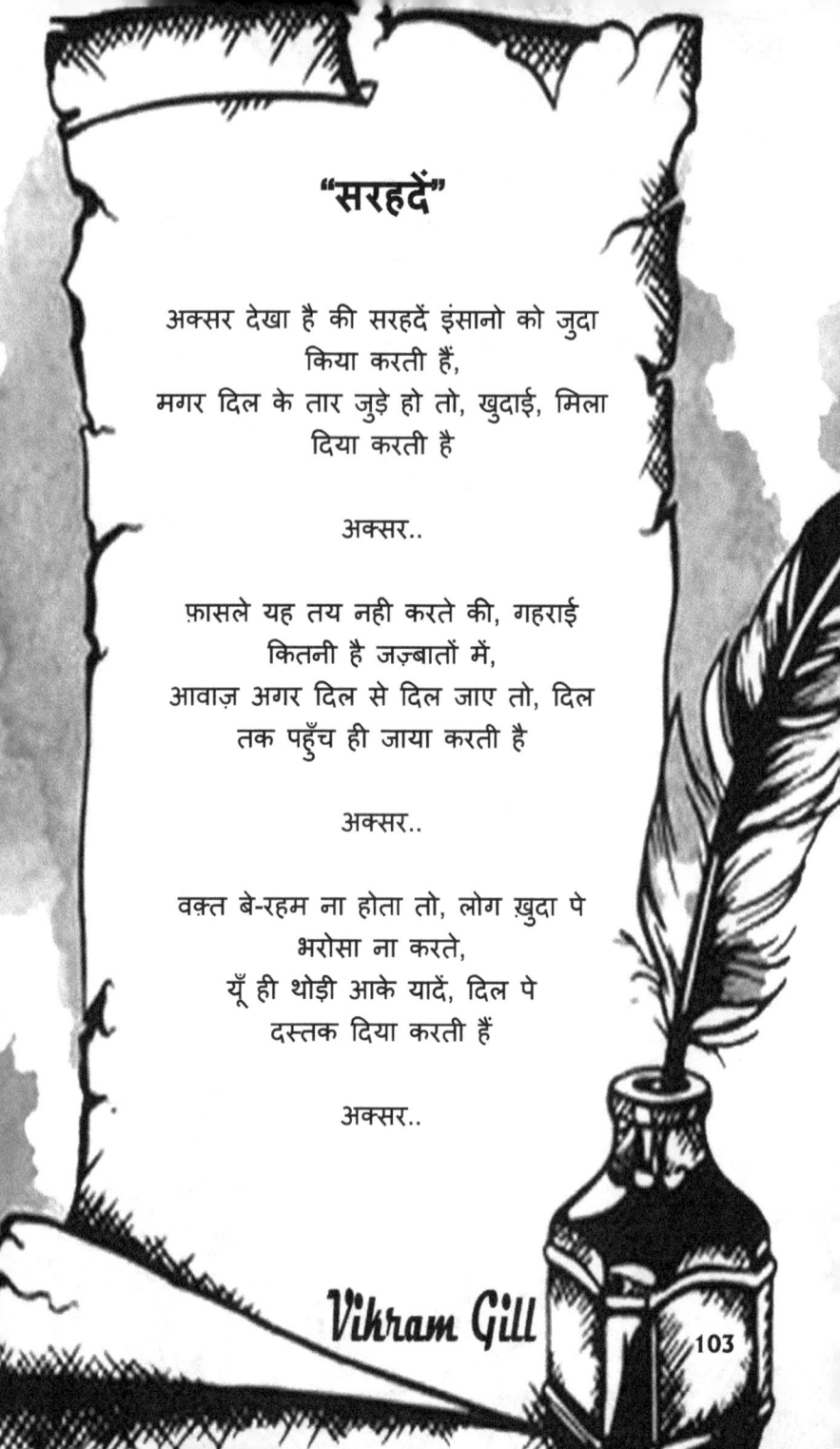

"सरहदें"

अक्सर देखा है की सरहदें इंसानो को जुदा
किया करती हैं,
मगर दिल के तार जुड़े हो तो, खुदाई, मिला
दिया करती है

अक्सर..

फ़ासले यह तय नही करते की, गहराई
कितनी है जज़्बातों में,
आवाज़ अगर दिल से दिल जाए तो, दिल
तक पहुँच ही जाया करती है

अक्सर..

वक़्त बे-रहम ना होता तो, लोग ख़ुदा पे
भरोसा ना करते,
यूँ ही थोड़ी आके यादें, दिल पे
दस्तक दिया करती हैं

अक्सर..

Vikram Gill

ख्यालों में ही सही, कुछ बक्से संभाले तो हैं,
जो रातें बिताई दरवाज़े पे, वो आज भी
मुस्कुराहटें दिया करती हैं

अक्सर देखा है की सरहदें इंसानो को जुदा
किया करती हैं,
मगर दिल के तार जुड़े हो तो, खुदाई, मिला
दिया करती है

Vikram Gill

"ज़िंदगी की किताब"

ज़िंदगी की किताब लिख रहा हूँ, थोड़ी
मोहलत तो दीजिए,
अभी कई किससे लिखने बाकी है, इंतेज़ार
का लुत्फ़ लीजिए

ज़िंदगी की..

शुरू से शुरू करता हूँ, वक़्त निकाल के
सुनना,
बड़ी दिलचस्प कहानियाँ है सुनने को, ज़रा
इरशाद कीजिए

ज़िंदगी की..

बचपन से लड़कपन का और फिर सफेदी का
सफ़र मानो दो दिन का था,
हर सफ़र के हमसफ़र और हमराज़, दोस्त
रहे हैं, आप भी दोस्ती कीजिए

ज़िंदगी की..

Vikram Gill

रिश्ते, ताउम्र, कभी तलवार, कभी कच्चे धागे
से लगे हमको,
सभी इंसान, अपने ही तो हैं, अपनाइए या
ठुकरा दीजिए

ज़िंदगी की..

यह ग़ज़ल मेरी नहीं, यह दुनिया ने लिखवाई
है,
यह मेरे तजुर्बे और बाकी सभी के किससे हैं,
थोड़ी वाह वाह तो कीजिए

ज़िंदगी की किताब लिख रहा हूँ, थोड़ी
मोहलत तो दीजिए,
अभी कई किससे लिखने बाकी है, इंतेज़ार
का लुत्फ़ लीजिए

Vikram Gill

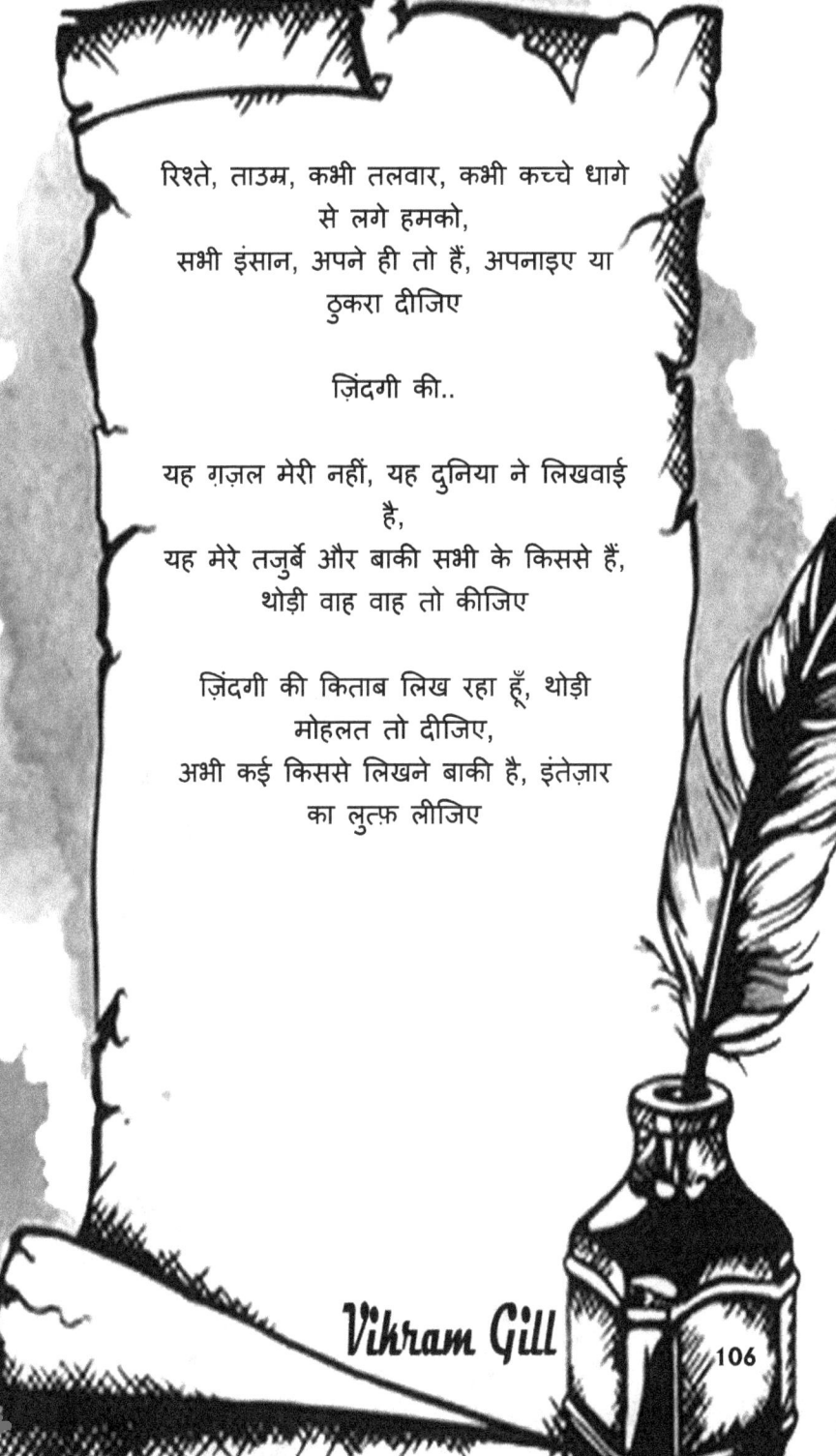

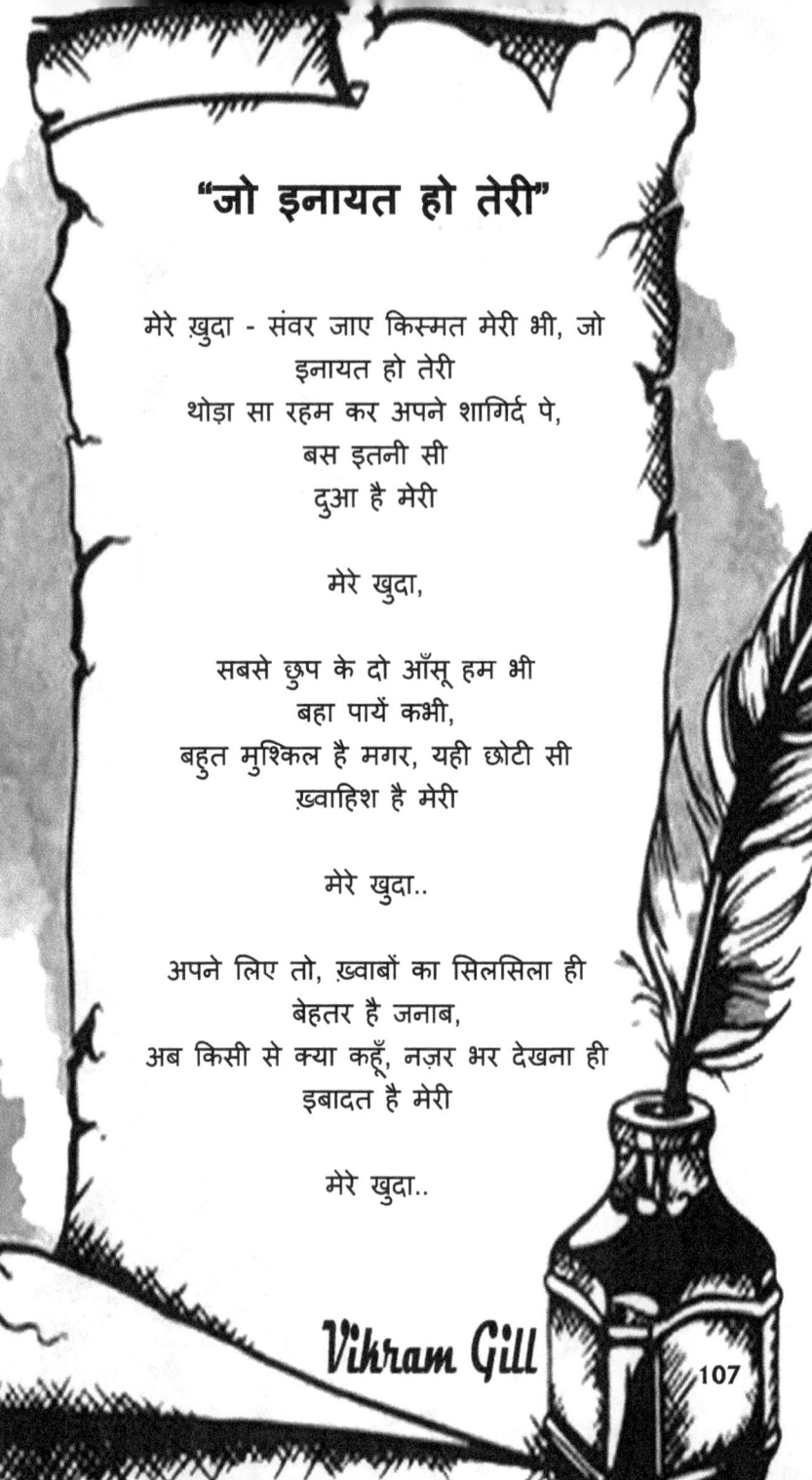

"जो इनायत हो तेरी"

मेरे ख़ुदा - संवर जाए किस्मत मेरी भी, जो
इनायत हो तेरी
थोड़ा सा रहम कर अपने शागिर्द पे,
बस इतनी सी
दुआ है मेरी

मेरे खुदा,

सबसे छुप के दो आँसू हम भी
बहा पायें कभी,
बहुत मुश्किल है मगर, यही छोटी सी
ख़्वाहिश है मेरी

मेरे खुदा..

अपने लिए तो, ख़्वाबों का सिलसिला ही
बेहतर है जनाब,
अब किसी से क्या कहूँ, नज़र भर देखना ही
इबादत है मेरी

मेरे खुदा..

Vikram Gill

107

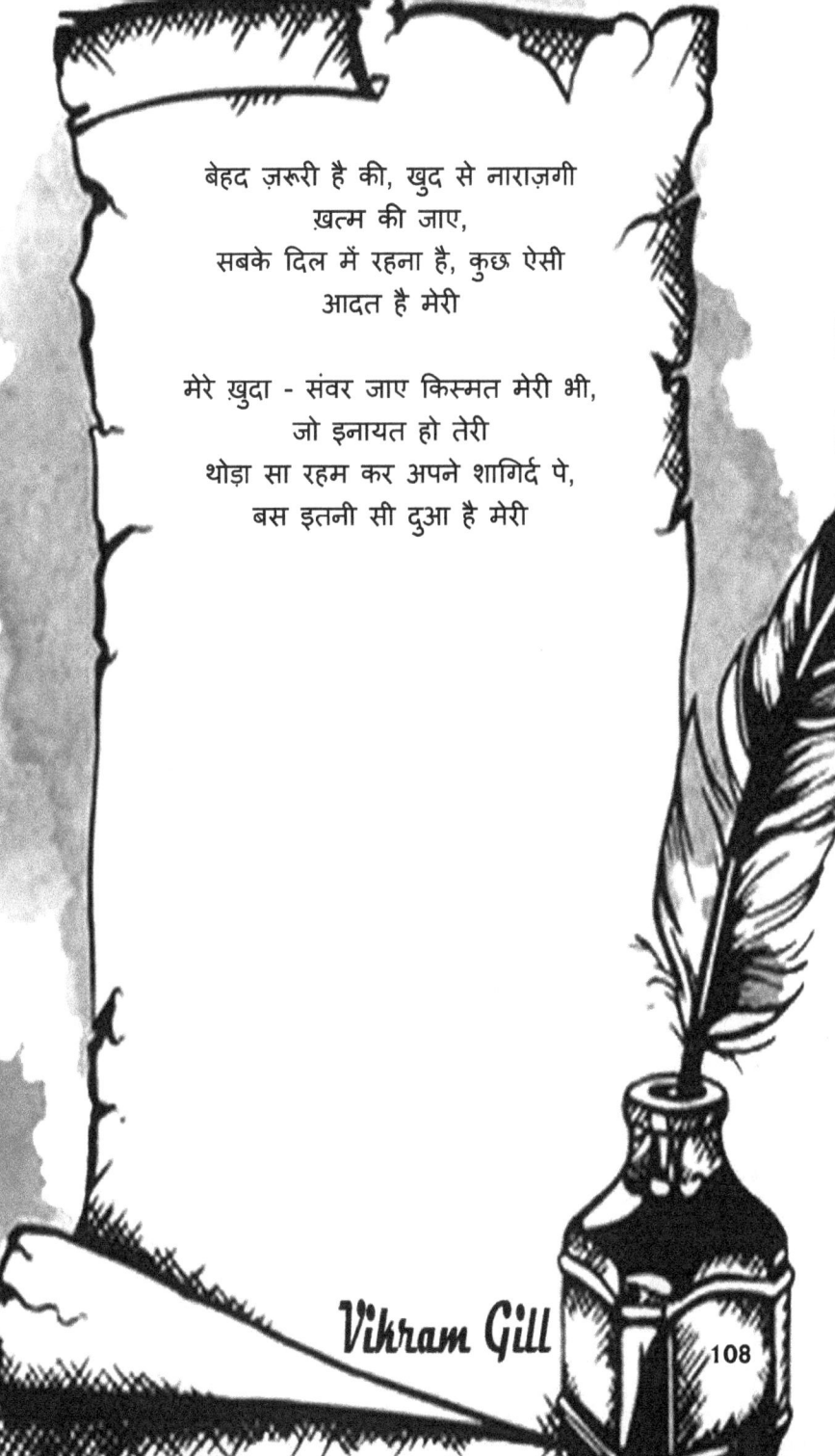

बेहद ज़रूरी है की, खुद से नाराज़गी
ख़त्म की जाए,
सबके दिल में रहना है, कुछ ऐसी
आदत है मेरी

मेरे ख़ुदा - संवर जाए किस्मत मेरी भी,
जो इनायत हो तेरी
थोड़ा सा रहम कर अपने शागिर्द पे,
बस इतनी सी दुआ है मेरी

Vikram Gill

"अपने लिए क्या जीना"

ख़ुदा का बंदा हूँ, उसके इशारों पे
चलना आता है,
अपने लिए क्या जीना, मुझे औरों के लिए
जीना आता है

ख़ुदा का..

नामुमकिन तो तब होता जब मैंने किया
ही ना होता,
जब अपना कुछ था ही नही, तो खोने
में क्या जाता है?

ख़ुदा का..

किसी की परेशानी आज भी देखी
नही जाती मुझसे,
कभी कोशिश करना
ख़ुश रहने से ज़्यादा, किसी को
ख़ुश करने में सुकून आता है

ख़ुदा का..

Vikram Gill

आज़माइशें, बड़ा कुछ सीख़ा के गयीं हमको,
बताने से नही, किसी को दिल से अपनाने में
मज़ा आता है

ख़ुदा का बंदा हूँ, उसके इशारों पे चलना
आता है,
अपने लिए क्या जीना, मुझे औरों के लिए
जीना आता है

Vikram Gill

"चल हिसाब करें ज़िंदगी"

कोई शिक़ायत नही तुझसे, तूने बहुत कुछ
सिखाया है,
"चल हिसाब करें ज़िंदगी" किसके हिस्से
क्या आया है

कोई शिक़ायत..

माना फ़ैसले मेरे थे, मगर इशारे तेरे भी थे,
देख ले खुद ही, तेरी मान के, मैंने क्या क्या
गंवाया है

कोई शिक़ायत..

मैं मानता हूँ की मेरी नज़रों का कसूर है
सारा,
तूने भी तो पिछले कितने सालों में, कैसा
कैसा वक़्त
दिखाया है

कोई शिक़ायत..

Vikram Gill

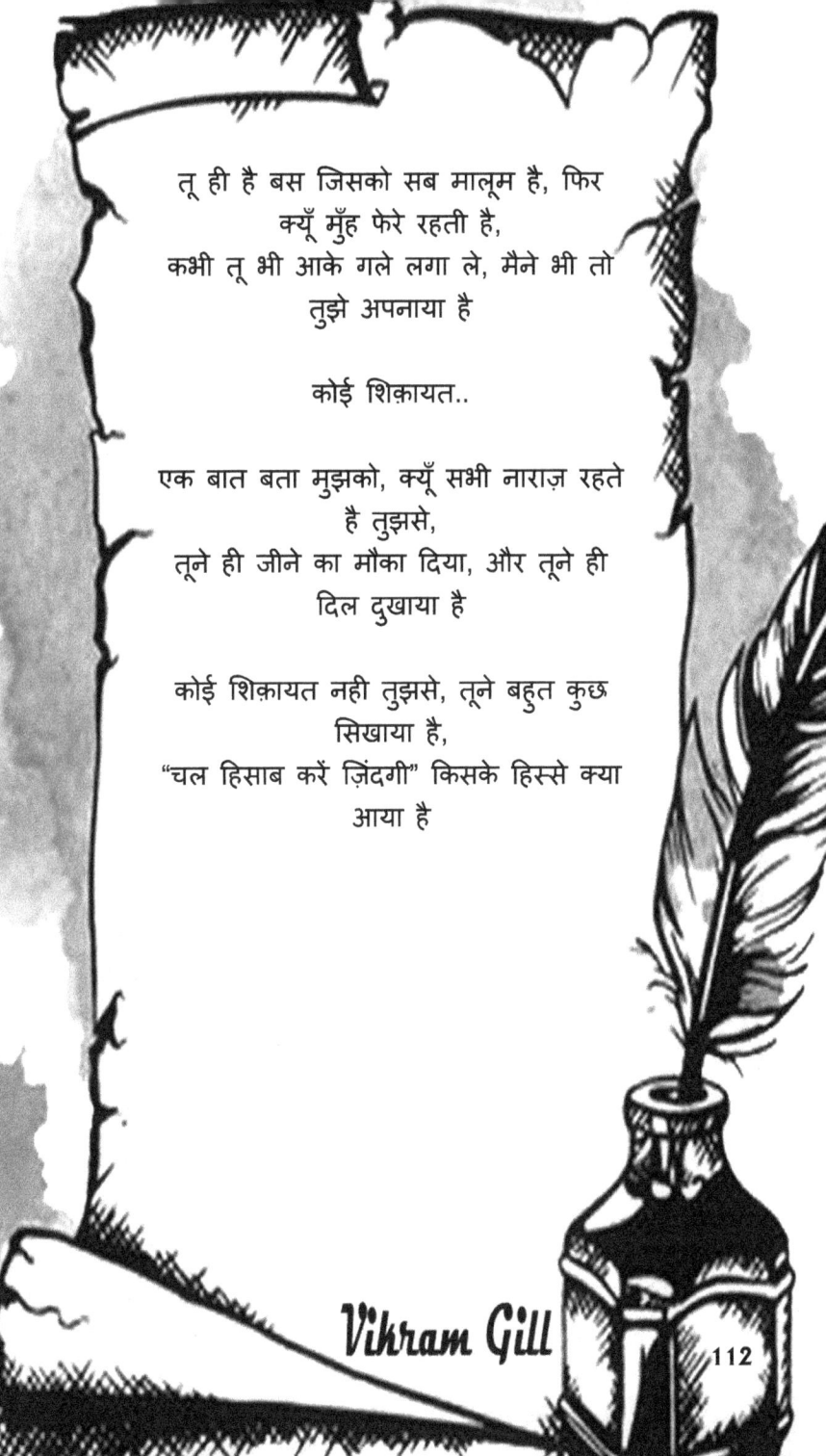

तू ही है बस जिसको सब मालूम है, फिर
क्यूँ मुँह फेरे रहती है,
कभी तू भी आके गले लगा ले, मैंने भी तो
तुझे अपनाया है

कोई शिक़ायत..

एक बात बता मुझको, क्यूँ सभी नाराज़ रहते
है तुझसे,
तूने ही जीने का मौका दिया, और तूने ही
दिल दुखाया है

कोई शिक़ायत नही तुझसे, तूने बहुत कुछ
सिखाया है,
“चल हिसाब करें ज़िंदगी” किसके हिस्से क्या
आया है

Vikram Gill

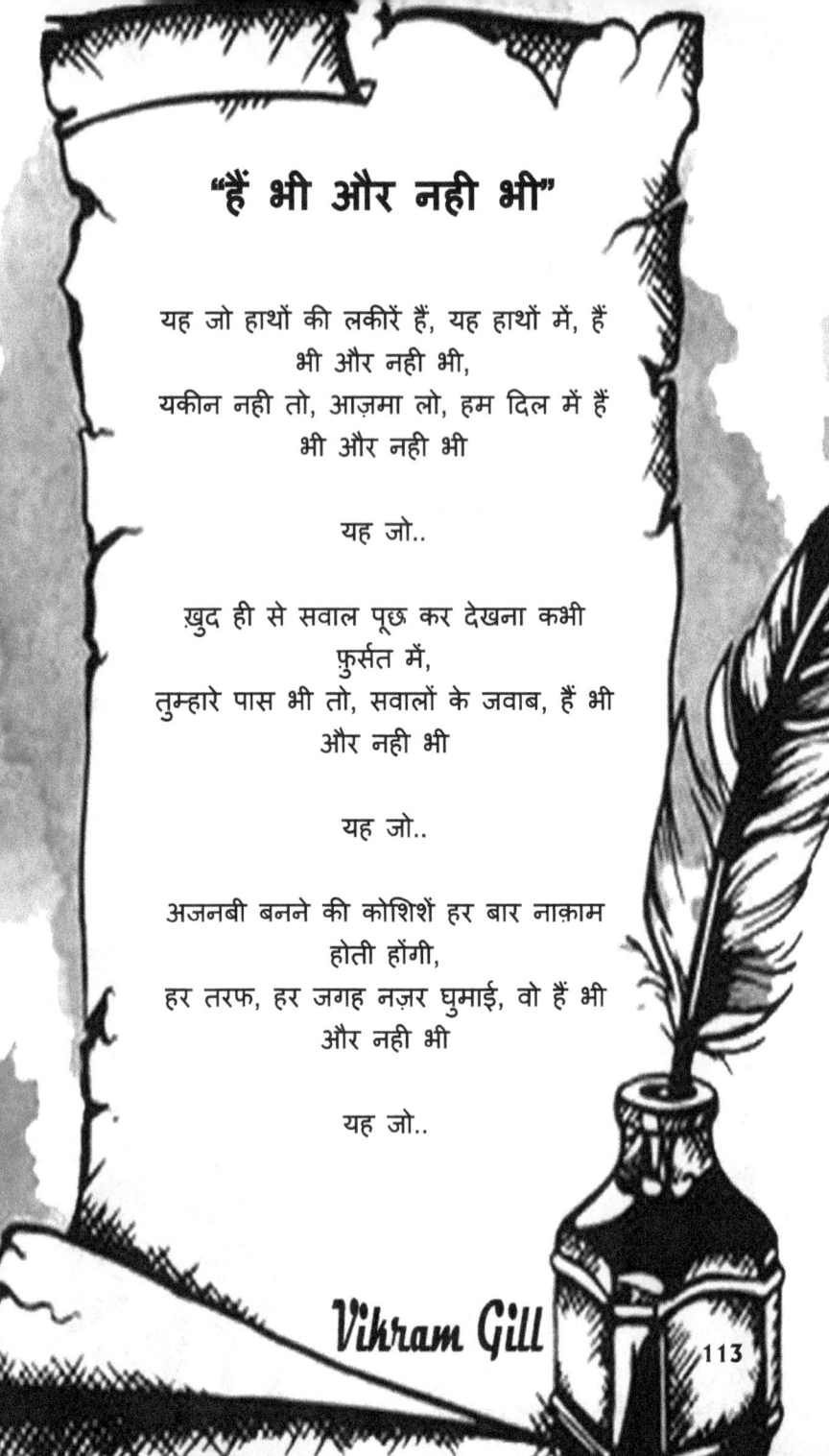

"हैं भी और नही भी"

यह जो हाथों की लकीरें हैं, यह हाथों में, हैं
भी और नही भी,
यकीन नही तो, आज़मा लो, हम दिल में हैं
भी और नही भी

यह जो..

ख़ुद ही से सवाल पूछ कर देखना कभी
फ़ुर्सत में,
तुम्हारे पास भी तो, सवालों के जवाब, हैं भी
और नही भी

यह जो..

अजनबी बनने की कोशिशें हर बार नाक़ाम
होती होंगी,
हर तरफ, हर जगह नज़र घुमाई, वो हैं भी
और नही भी

यह जो..

Vikram Gill

हमनें शिद्दत से हर एक दरवाज़े को खटखटा
के देखा,
हर बार यही आवाज़ आई के, वो घर पे, हैं
भी और नही भी

यह जो हाथों की लकीरें हैं, यह हाथों में, हैं
भी और नही भी,
यकीन नही तो, आज़मा लो, हम दिल में हैं
भी और नही भी

Vikram Gill

114

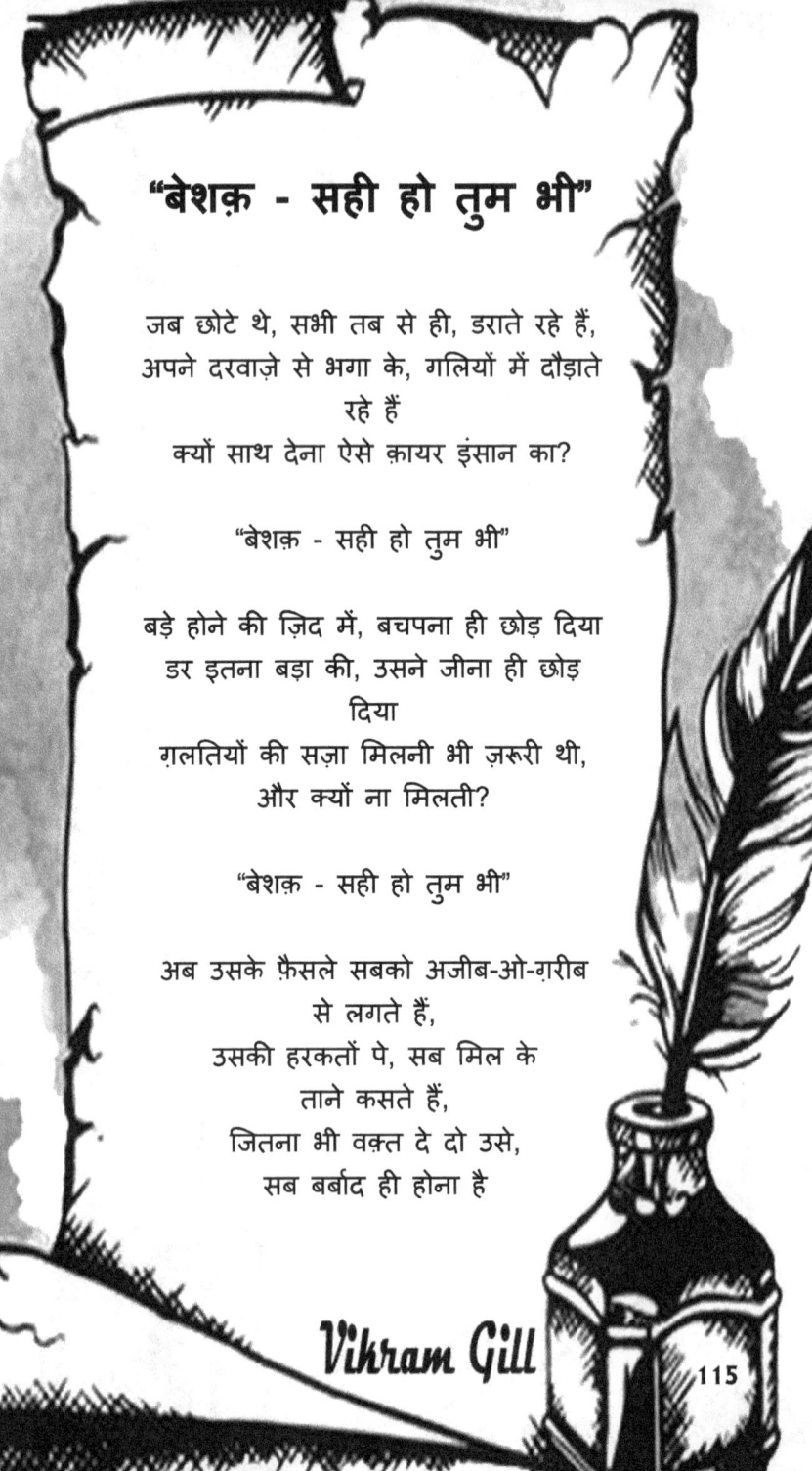

"बेशक़ - सही हो तुम भी"

जब छोटे थे, सभी तब से ही, डराते रहे हैं,
अपने दरवाज़े से भगा के, गलियों में दौड़ाते
रहे हैं
क्यों साथ देना ऐसे क़ायर इंसान का?

"बेशक़ - सही हो तुम भी"

बड़े होने की ज़िद में, बचपना ही छोड़ दिया
डर इतना बड़ा की, उसने जीना ही छोड़
दिया
ग़लतियों की सज़ा मिलनी भी ज़रूरी थी,
और क्यों ना मिलती?

"बेशक़ - सही हो तुम भी"

अब उसके फ़ैसले सबको अजीब-ओ-ग़रीब
से लगते हैं,
उसकी हरकतों पे, सब मिल के
ताने कसते हैं,
जितना भी वक़्त दे दो उसे,
सब बर्बाद ही होना है

Vikram Gill

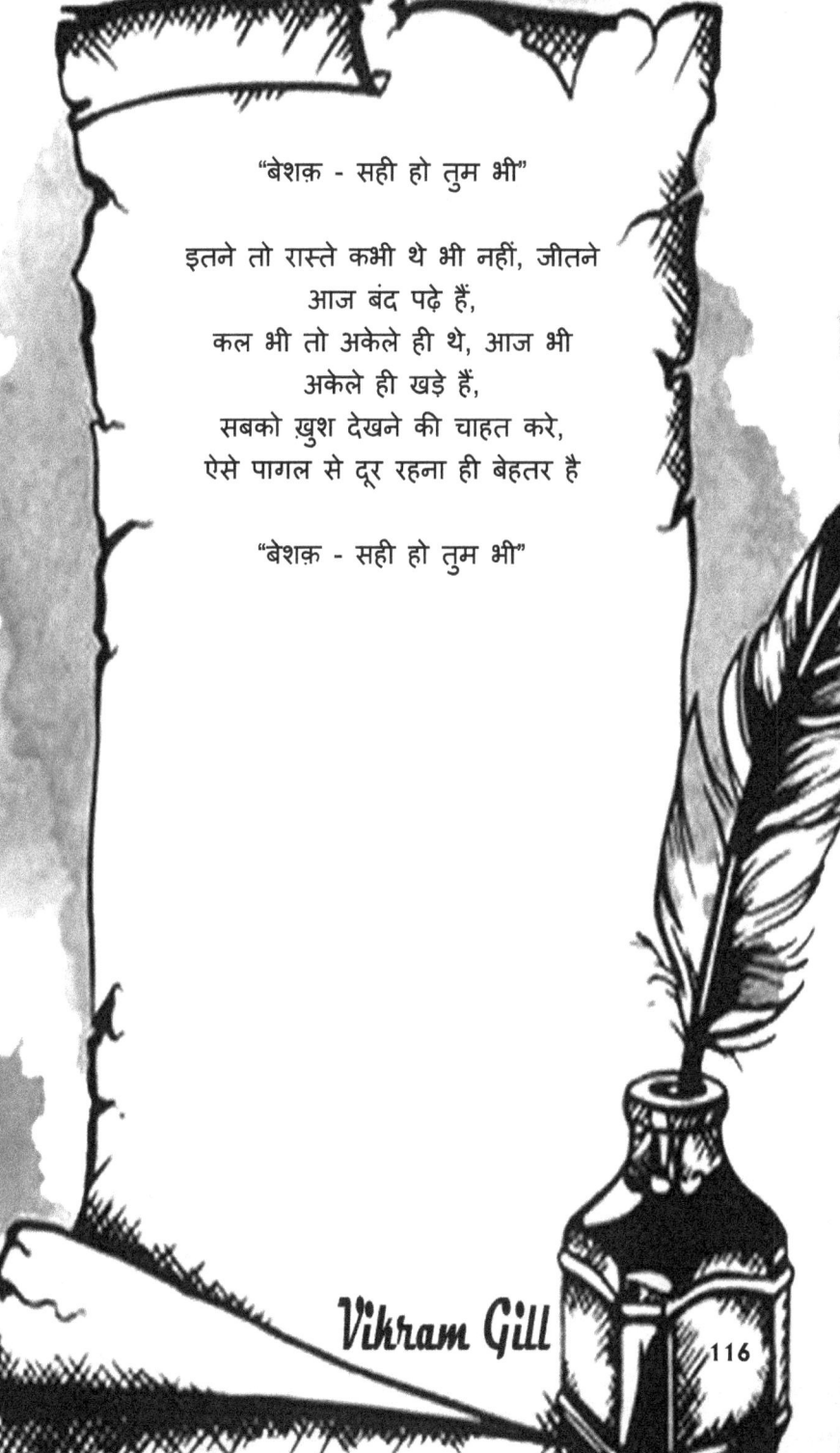

"बेशक़ - सही हो तुम भी"

इतने तो रास्ते कभी थे भी नहीं, जीतने
आज बंद पढ़े हैं,
कल भी तो अकेले ही थे, आज भी
अकेले ही खड़े हैं,
सबको ख़ुश देखने की चाहत करे,
ऐसे पागल से दूर रहना ही बेहतर है

"बेशक़ - सही हो तुम भी"

Vikram Gill

116

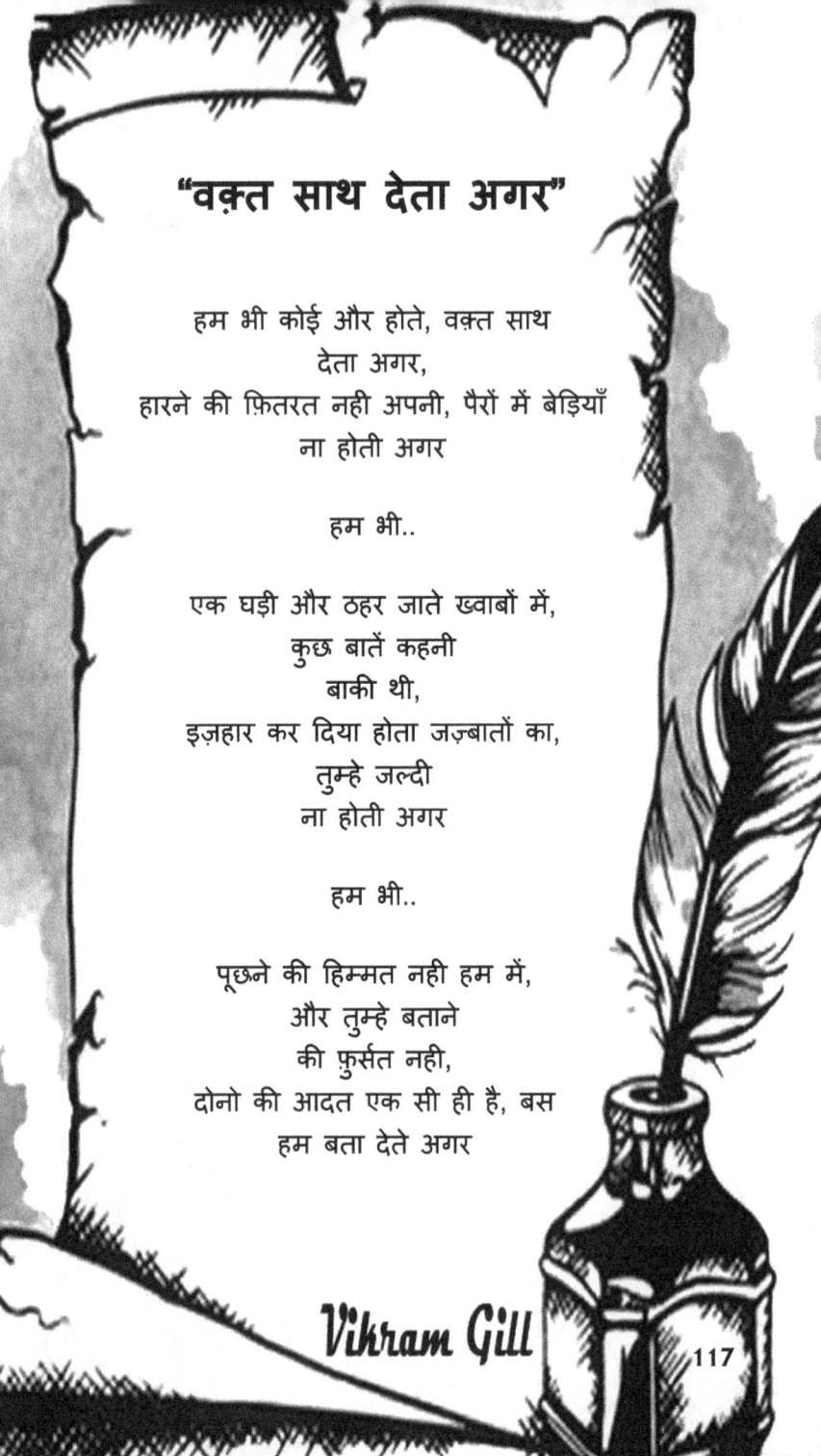

"वक़्त साथ देता अगर"

हम भी कोई और होते, वक़्त साथ
देता अगर,
हारने की फ़ितरत नही अपनी, पैरों में बेड़ियाँ
ना होती अगर

हम भी..

एक घड़ी और ठहर जाते ख्वाबों में,
कुछ बातें कहनी
बाकी थी,
इज़हार कर दिया होता जज़्बातों का,
तुम्हे जल्दी
ना होती अगर

हम भी..

पूछने की हिम्मत नही हम में,
और तुम्हे बताने
की फ़ुर्सत नही,
दोनो की आदत एक सी ही है, बस
हम बता देते अगर

Vikram Gill

117

हम भी..

गैर भी कहते हो मुझे और बे-गैरत भी
बुलाते हो,
अपना कहने की ज़रूरत ही क्या थी, जो
निभा लेते अगर

हम भी कोई और होते, वक़्त साथ देता
अगर,
हारने की फ़ितरत नही अपनी, पैरों में
बेड़ियाँ ना होती अगर

Vikram Gill

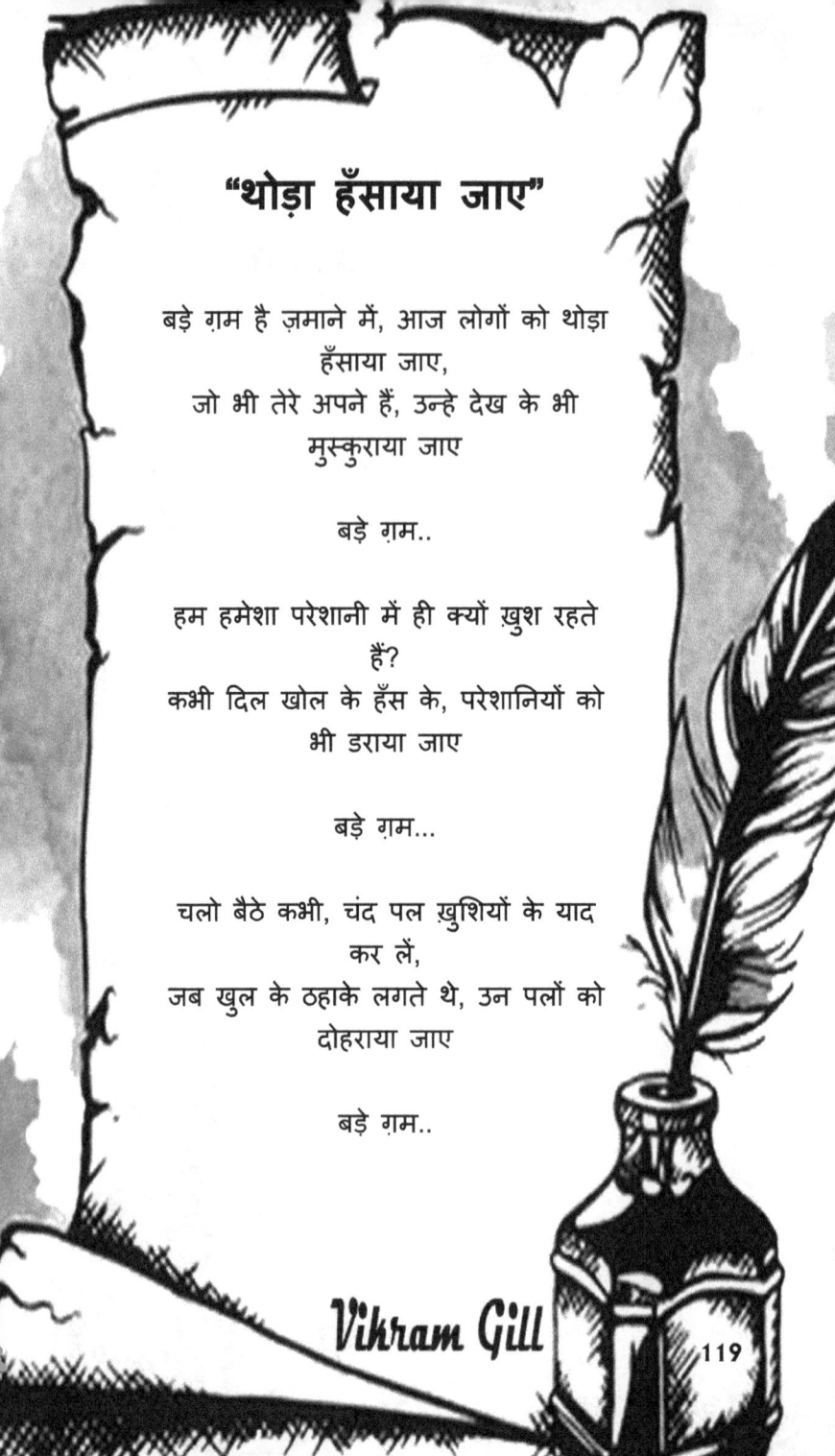

"थोड़ा हँसाया जाए"

बड़े ग़म है ज़माने में, आज लोगों को थोड़ा
हँसाया जाए,
जो भी तेरे अपने हैं, उन्हे देख के भी
मुस्कुराया जाए

बड़े ग़म..

हम हमेशा परेशानी में ही क्यों ख़ुश रहते
हैं?
कभी दिल खोल के हँस के, परेशानियों को
भी डराया जाए

बड़े ग़म...

चलो बैठे कभी, चंद पल ख़ुशियों के याद
कर लें,
जब खुल के ठहाके लगते थे, उन पलों को
दोहराया जाए

बड़े ग़म..

Vikram Gill

119

जो दोस्तियाँ, मोहब्बातों में तब्दील हो चुकी हैं,
फिर से गले लग के, उन दोस्तियों को जगाया जाए

बड़े ग़म है ज़माने में, आज लोगों को थोड़ा हँसाया जाए,
जो भी तेरे अपने हैं, उन्हे देख के भी मुस्कुराया जाए

Vikram Gill

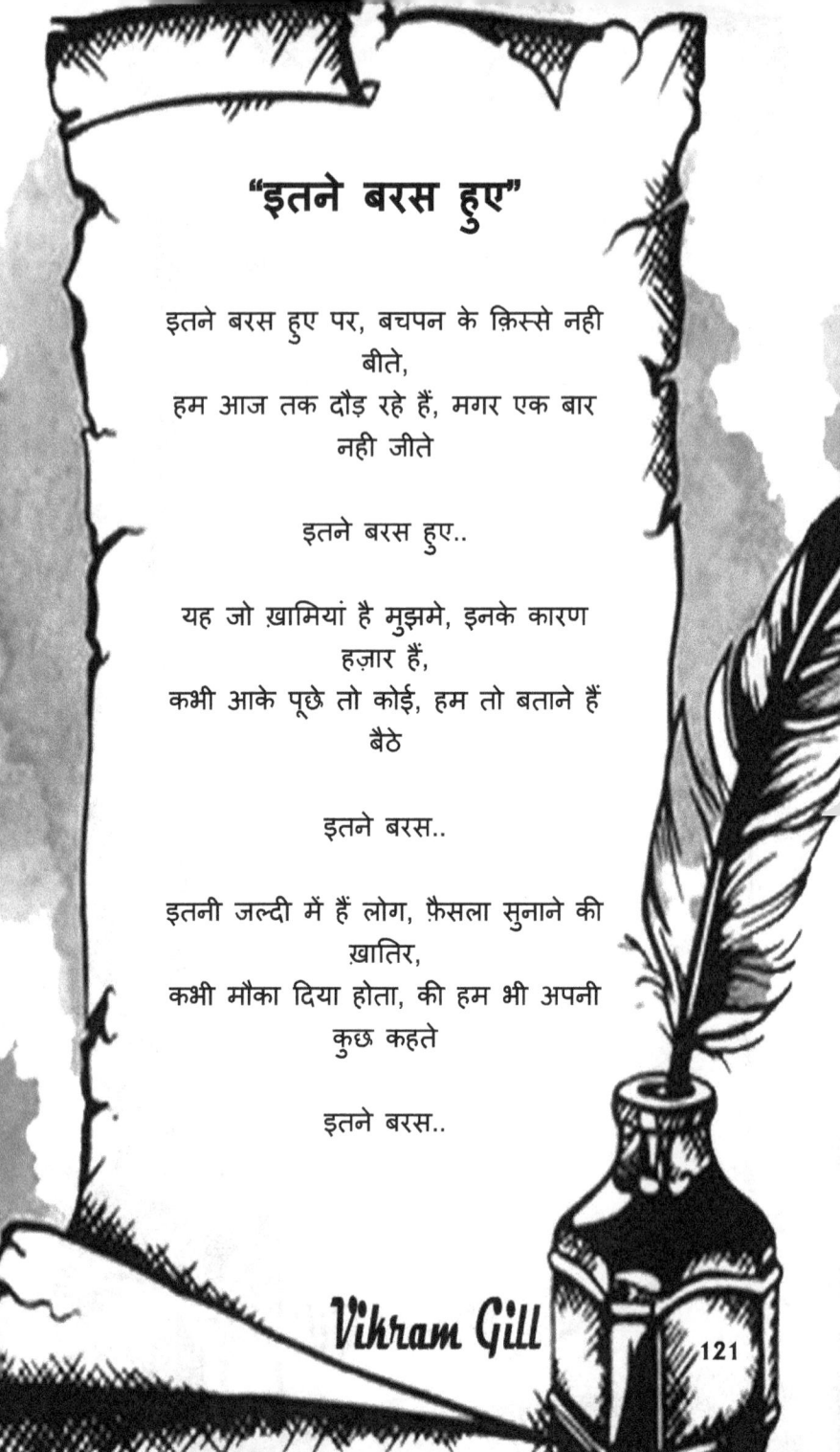

"इतने बरस हुए"

इतने बरस हुए पर, बचपन के क़िस्से नही
बीते,
हम आज तक दौड़ रहे हैं, मगर एक बार
नही जीते

इतने बरस हुए..

यह जो ख़ामियां है मुझमे, इनके कारण
हज़ार हैं,
कभी आके पूछे तो कोई, हम तो बताने हैं
बैठे

इतने बरस..

इतनी जल्दी में हैं लोग, फ़ैसला सुनाने की
ख़ातिर,
कभी मौका दिया होता, की हम भी अपनी
कुछ कहते

इतने बरस..

Vikram Gill

क्यूँ आके कहते हैं सारे, हमेशा साथ
देंगे हम,
जिनसे माफ़ी नही मिलती, वो आके साथ
क्या देते

इतने बरस हुए पर, बचपन के क़िस्से नही
बीते,
हम आज तक दौड़ रहे हैं, मगर एक बार
नही जीते

Vikram Gill

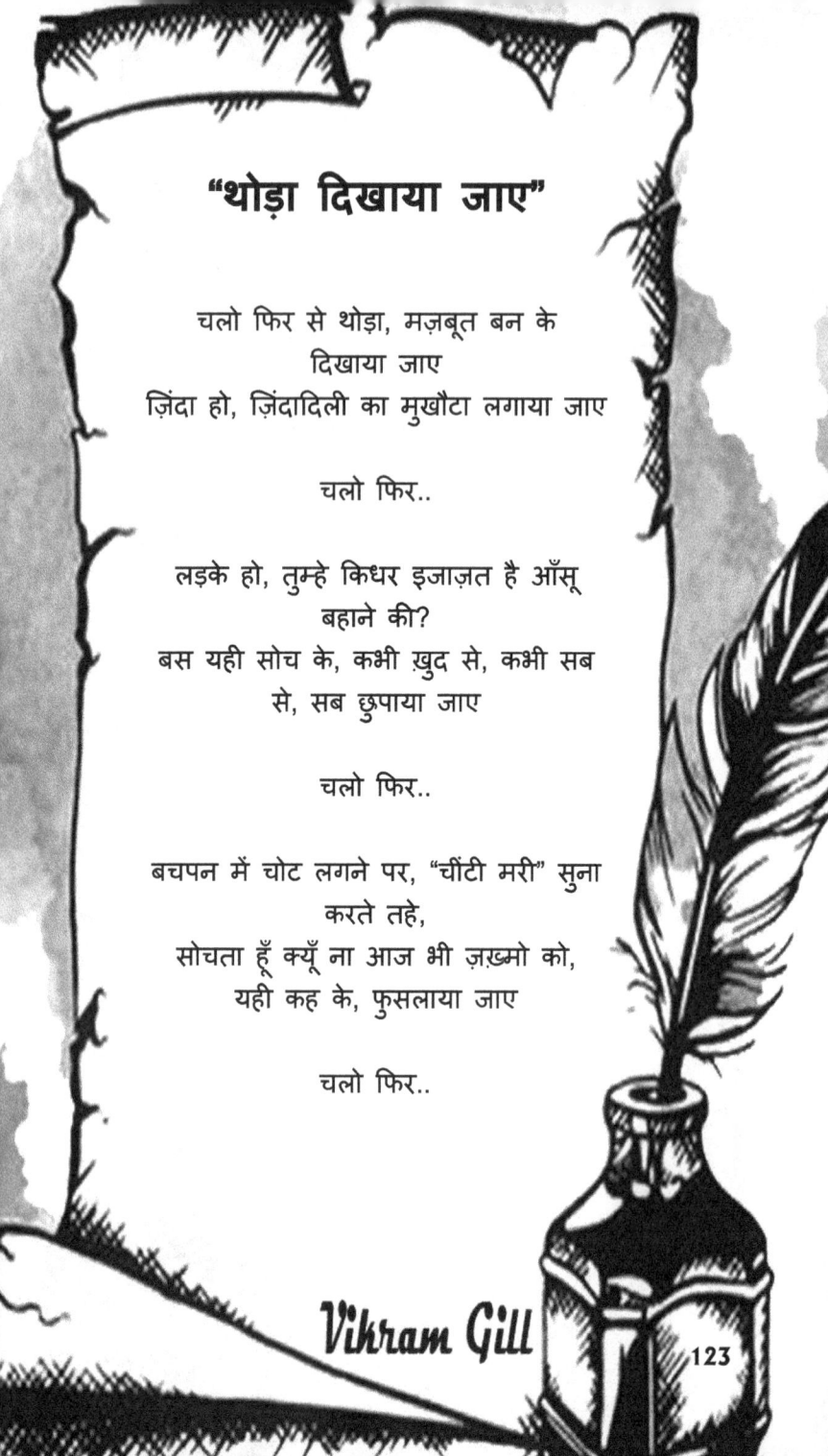

"थोड़ा दिखाया जाए"

चलो फिर से थोड़ा, मज़बूत बन के
दिखाया जाए
ज़िंदा हो, ज़िंदादिली का मुखौटा लगाया जाए

चलो फिर..

लड़के हो, तुम्हे किधर इजाज़त है आँसू
बहाने की?
बस यही सोच के, कभी ख़ुद से, कभी सब
से, सब छुपाया जाए

चलो फिर..

बचपन में चोट लगने पर, "चींटी मरी" सुना
करते तहे,
सोचता हूँ क्यूँ ना आज भी ज़ख्मो को,
यही कह के, फुसलाया जाए

चलो फिर..

Vikram Gill

सभी मिल के, अंदर के बच्चे को
डराते हैं बहुत,
क्यूँ ना बड़ा बॅन कर, दुनिया को डराया जाए

चलो फिर से थोड़ा, मज़बूत बन के दिखाया
जाए
ज़िंदा हो, ज़िंदादिली का मुखौटा लगाया जाए

Vikram Gill

124

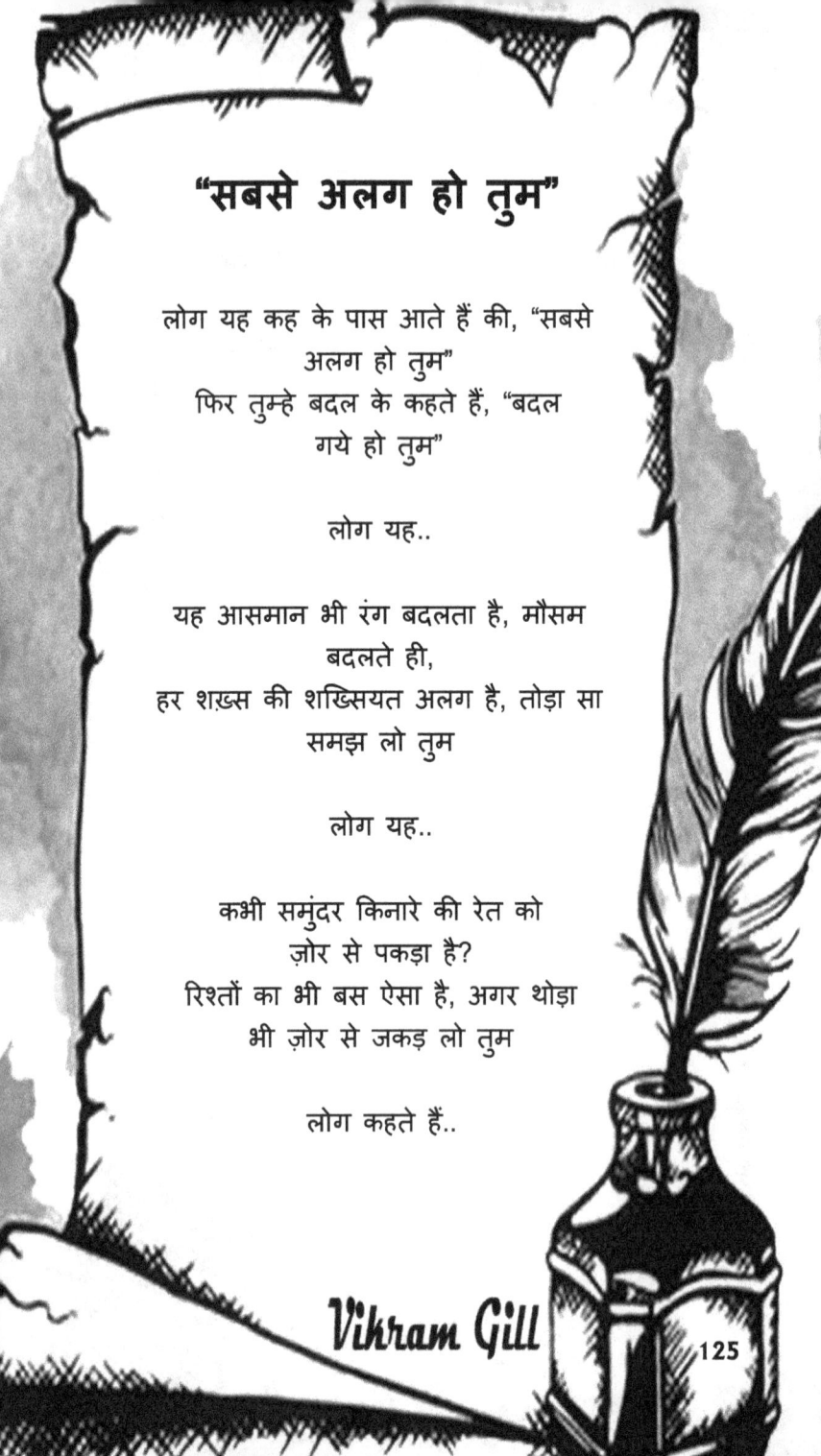

"सबसे अलग हो तुम"

लोग यह कह के पास आते हैं की, "सबसे
अलग हो तुम"
फिर तुम्हे बदल के कहते हैं, "बदल
गये हो तुम"

लोग यह..

यह आसमान भी रंग बदलता है, मौसम
बदलते ही,
हर शख़्स की शख़्सियत अलग है, तोड़ा सा
समझ लो तुम

लोग यह..

कभी समुंदर किनारे की रेत को
ज़ोर से पकड़ा है?
रिश्तों का भी बस ऐसा है, अगर थोड़ा
भी ज़ोर से जकड़ लो तुम

लोग कहते हैं..

Vikram Gill

125

भरोसा जो है, वो बड़ी कच्ची
सी डोर होता है,
कई गिरहों की डोर के साथ, जी रहे हैं हम

लोग यह कह के पास आते हैं की, "सबसे
अलग हो तुम"
फिर तुम्हे बदल के कहते हैं,
"बदल गये हो तुम"

Vikram Gill

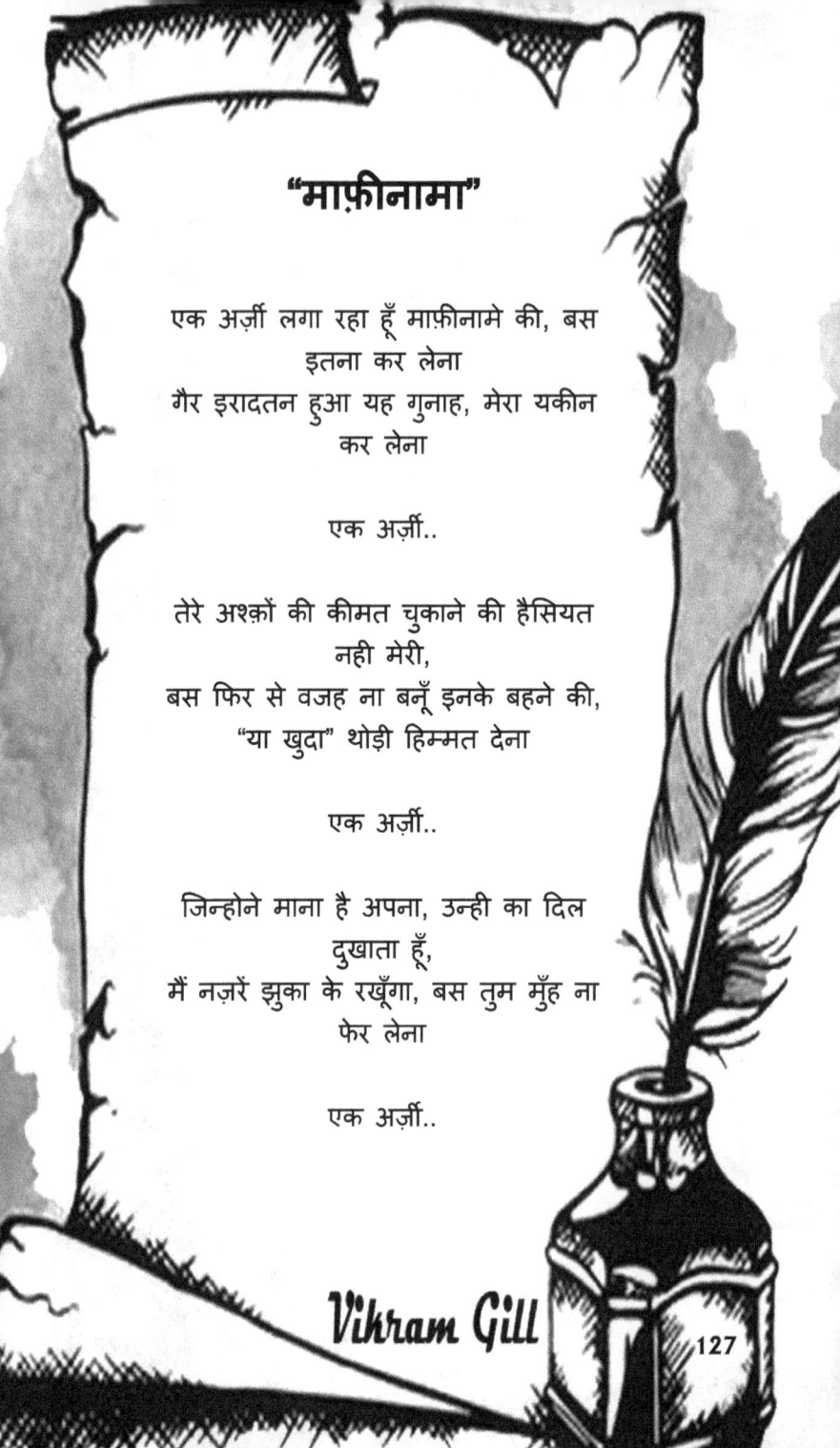

"माफ़ीनामा"

एक अर्ज़ी लगा रहा हूँ माफ़ीनामे की, बस
इतना कर लेना
गैर इरादतन हुआ यह गुनाह, मेरा यकीन
कर लेना

एक अर्ज़ी..

तेरे अश्क़ों की कीमत चुकाने की हैसियत
नही मेरी,
बस फिर से वजह ना बनूँ इनके बहने की,
"या खुदा" थोड़ी हिम्मत देना

एक अर्ज़ी..

जिन्होने माना है अपना, उन्ही का दिल
दुखाता हूँ,
मैं नज़रें झुका के रखूँगा, बस तुम मुँह ना
फेर लेना

एक अर्ज़ी..

Vikram Gill

127

इलतजा करते देखा जब किसी अपने को,
बेहद नफ़रत हुई खुद से,
मुझे क़ुबूल है हर गुनाह, बस तुम खुद को
ना सज़ा देना

एक अर्ज़ी लगा रहा हूँ माफ़ीनामे की, बस
इतना कर लेना
गैर इरादतन हुआ यह गुनाह, मेरा यकीन
कर लेना

Vikram Gill

"शोर-ओ-गुल"

ख़ामोशियों का शोर-ओ-गुल, आसमान तक
सुनाई देता है,
ज़ख़्म कितना भी पुराना हो, निशान आज
भी दिखाई देता है

ख़ामोशियों का..

जितनी तनहा यह रात है, उतने तनहा तुम
और मैं भी नही,
खिड़कियों से बाहर झाँकता हुआ, आज भी
एक क़ैदी दिखाई देता है

ख़ामोशियों का..

आधे अधूरे वादे करने की, बुरी आदत है
मुझ में,
दिल की बात को, दिल से कहो अगर, दिल
तक सुनाई देता है

ख़ामोशियों का..

Vikram Gill

129

एक कारीगर की तलाश में हूँ मैं, जो सब
जोड़ने में माहिर हो,
कहीं टूटा, कहीं बिखरा हुआ, खुद का साया
दिखाई देता है

ख़ामोशियों का शोर-ओ-गुल, आसमान तक
सुनाई देता है,
ज़ख़्म कितना भी पुराना हो, निशान आज
भी दिखाई देता है

Vikram Gill

"तेरा भी अजीब है ज़िंदगी"

तेरा भी अजीब है ज़िंदगी, ना अपनाती है,
ना जाने देती है
यूँ तो अक्सर रूठी रहती है, पर जब मैं
रूठने लगूँ, तो आके माना लेती है

तेरा भी अजीब..

कल तक जो चेहरे हेस्ट मुस्कुराते तहे, आज
उन्ही के आँखों में नाराज़गी दिखती है
जब भी जीने की आदत लगती है, तू क्यूँ
अपना रुख़ मोड़ लेती है

तेरा भी अजीब...

क्यूँ भेजती है अपने लोगों को सवाल पूछने
को, मैने कब तुझसे कुछ छुपाया है?
आ मिला नज़रें मुझसे, मुझे भी बहुत सवाल
करने हैं,
जब यह बोलू तो तू, नज़रें फेर लेती है

तेरा भी अजीब है ज़िंदगी, ना

Vikram Gill

अपनाती है, ना जाने देती है
यूँ तो अक्सर रूठी रहती है,
पर जब मैं रूठने लगूँ, तो आके
माना लेती है

Vikram Gill

"थोड़ी हिम्मत दो"

सभी लड़ रहे हैं यहाँ, कुछ ज़िंदगी से तो
कुछ अपनों से
थोड़ी हिम्मत दो, जिससे भी मिलो, यह सब
लड़ रहे हैं अपने सपनो से

सभी लड़..

जीतने की चाहत सबकी ही होती है,
इस ज़माने में,
थोड़ी हिम्मत दो, गर गिर रहा कोई,
ख़ुद की नज़रों से

सभी लड़..

कोई टूटा है मोहब्बत में, कोई हारा
है रिश्तों से,
थोड़ी हिम्मत दो, गर शिक़ायतें किसी को,
ज़िंदगी से

सभी लड़..

थोड़ी मायूसी, थोड़ी नाराज़गी,
और थोड़ा ख़ुद पे तरस,

Vikram Gill

133

थोड़ी हिम्मत दो, ताकि नज़रें
मिला सकें, इस ख़ुदग़र्ज़
ज़माने से

सभी लड़ रहे हैं यहाँ, कुछ ज़िंदगी से तो
कुछ अपनों से
थोड़ी हिम्मत दो, जिससे भी मिलो, यह सब
लड़ रहे हैं अपने सपनो से

Vikram Gill

“किस्सा दोहराया जाए”

चलो फिर से कोई किस्सा दोहराया जाए,
खोए हुए हैं जो, उनसे दोस्ती का हाथ
मिलाया जाए,
मुस्कुराना मुमकिन है इन हालातों में भी,
कोशिश तो करो,
चलो, किसी छोटे बच्चे के साथ, वक़्त
बिताया जाए

चलो फिर से..

बीते हुए कुछ साल, बड़े ही बे-गैरत निकले,
वक़्त तो गुज़र गया पर, किस्से नही
गुज़र पाए,
मन तो करता की घड़ी के काँटे घुमा
दूँ फिर से,
जो शिक़ायतें हैं ख़ुद से,
उन्हे मिटाया जाए

चलो फिर से..

तमन्नाओ के जंगल में घूम है आसरे
कितने,

Vikram Gill

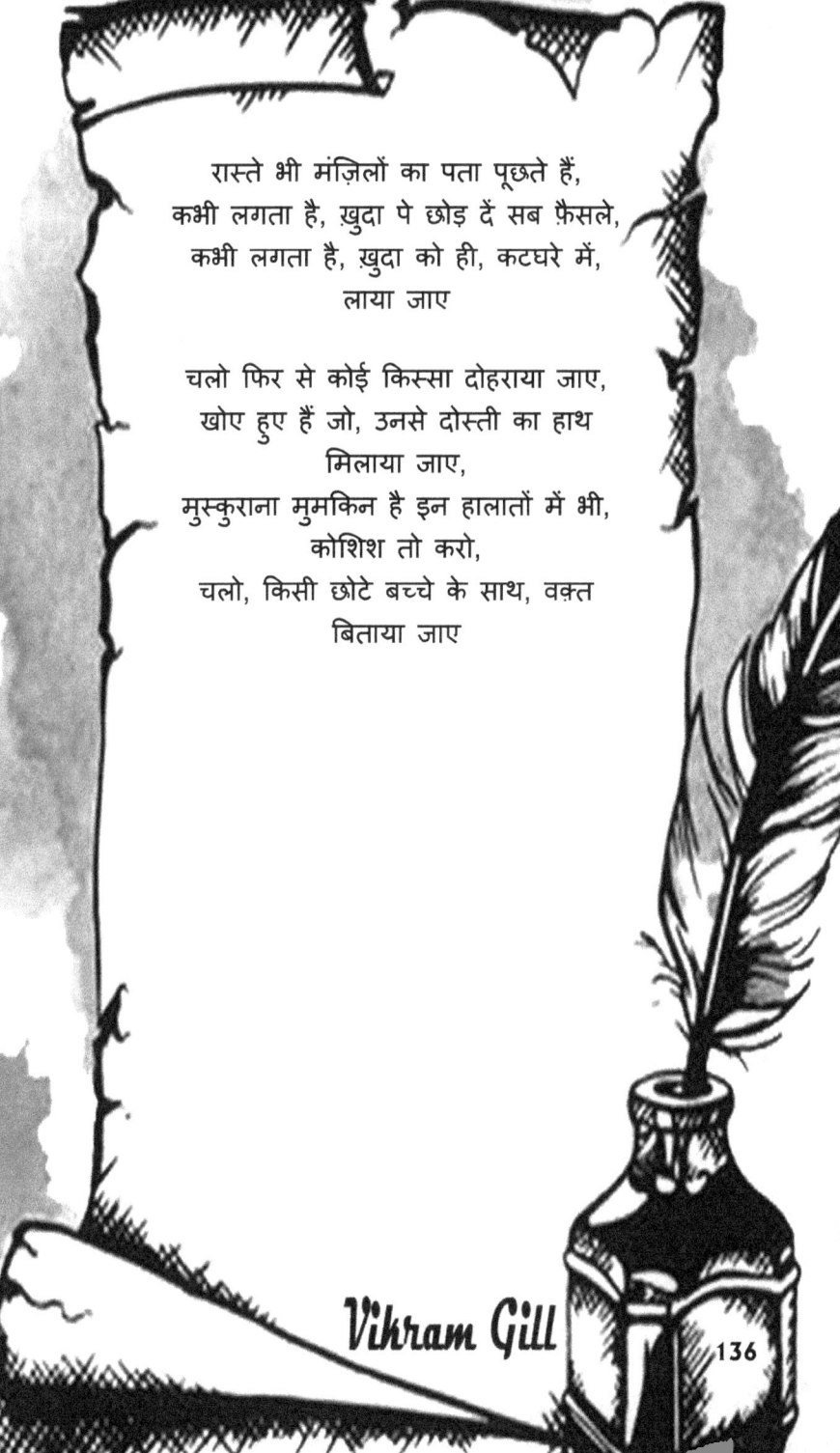

रास्ते भी मंज़िलों का पता पूछते हैं,
कभी लगता है, ख़ुदा पे छोड़ दें सब फ़ैसले,
कभी लगता है, ख़ुदा को ही, कटघरे में,
लाया जाए

चलो फिर से कोई किस्सा दोहराया जाए,
खोए हुए हैं जो, उनसे दोस्ती का हाथ
मिलाया जाए,
मुस्कुराना मुमकिन है इन हालातों में भी,
कोशिश तो करो,
चलो, किसी छोटे बच्चे के साथ, वक़्त
बिताया जाए

Vikram Gill

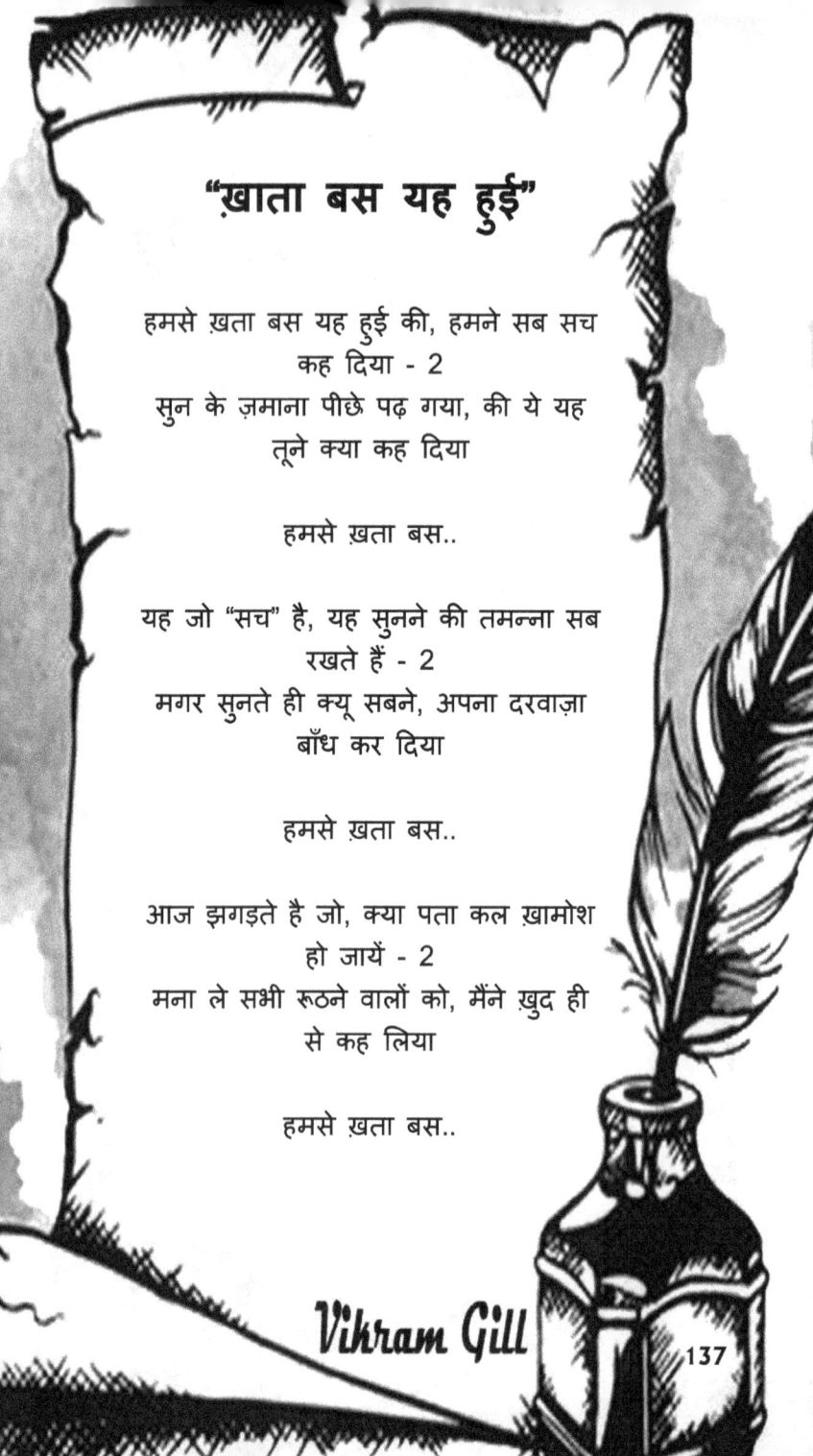

"ख़ाता बस यह हुई"

हमसे ख़ता बस यह हुई की, हमने सब सच
कह दिया - 2
सुन के ज़माना पीछे पढ़ गया, की ये यह
तूने क्या कह दिया

हमसे ख़ता बस..

यह जो "सच" है, यह सुनने की तमन्ना सब
रखते हैं - 2
मगर सुनते ही क्यू सबने, अपना दरवाज़ा
बाँध कर दिया

हमसे ख़ता बस..

आज झगड़ते है जो, क्या पता कल ख़ामोश
हो जायें - 2
मना ले सभी रूठने वालों को, मैंने ख़ुद ही
से कह लिया

हमसे ख़ता बस..

Vikram Gill

137

जनाज़े पे झूठे आँसू, बहाने वाले यह बताते
हैं - 2
इन्हीं ही बदौलत, फ़ना हुए, इन्होंने ही मरने
का कारण दिया

हमसे ख़ता बस यह हुई की, हमने सब सच
कह दिया - 2
सुन के ज़माना पीछे पढ़ गया, की ये यह
तूने क्या कह दिया

Vikram Gill

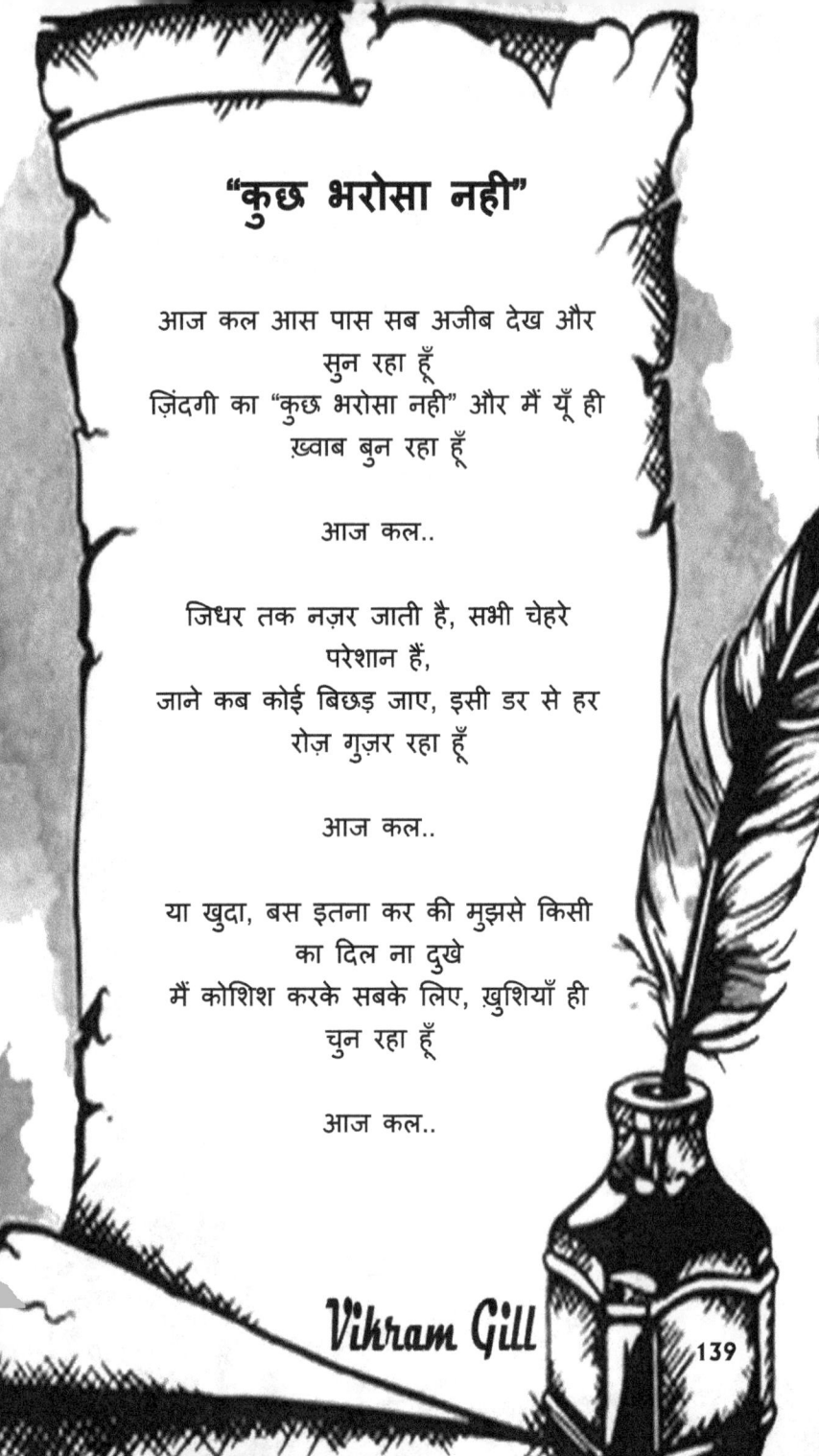

"कुछ भरोसा नही"

आज कल आस पास सब अजीब देख और
सुन रहा हूँ
ज़िंदगी का "कुछ भरोसा नही" और मैं यूँ ही
ख़्वाब बुन रहा हूँ

आज कल..

जिधर तक नज़र जाती है, सभी चेहरे
परेशान हैं,
जाने कब कोई बिछड़ जाए, इसी डर से हर
रोज़ गुज़र रहा हूँ

आज कल..

या खुदा, बस इतना कर की मुझसे किसी
का दिल ना दुखे
मैं कोशिश करके सबके लिए, ख़ुशियाँ ही
चुन रहा हूँ

आज कल..

Vikram Gill

थोड़ी मोहलत और दे देना ऐ किस्मत, अभी
बहुत काम बाकी हैं - 2
काश किसी का कोई अपना ना छूटे, खुदा से
यही दुआ कर रहा हूँ

आज कल आस पास सब अजीब देख और
सुन रहा हूँ
ज़िंदगी का "कुछ भरोसा नही" और मैं यूँ ही
ख़्वाब बुन रहा हूँ

Vikram Gill

140

"कहानी वाले"

हम तो बस कहानी बताने वाले हैं, ना कुछ
दिखाने वाले हैं, ना कुछ जताने वाले हैं

हम तो बस..

गौर से सुनो किस्सा कुछ अपनो का, यह
बादलों में छुपी धूप से होते हैं
अपनी ज़रूरत पे दिखने वाले हैं, तेरी ज़रूरत
पे छुप जाने वाले हैं

हम तो बस..

लो जी यह आया किस्सा, हँसने वालों का,
कुछ हमारे साथ हँसते हैं
कुछ की आदत है हम पर हँसने की,
हम भी बेशर्म ही हैं, उनके साथ ही
मुस्कुराने
वाले हैं

हम तो बस..

Vikram Gill

141

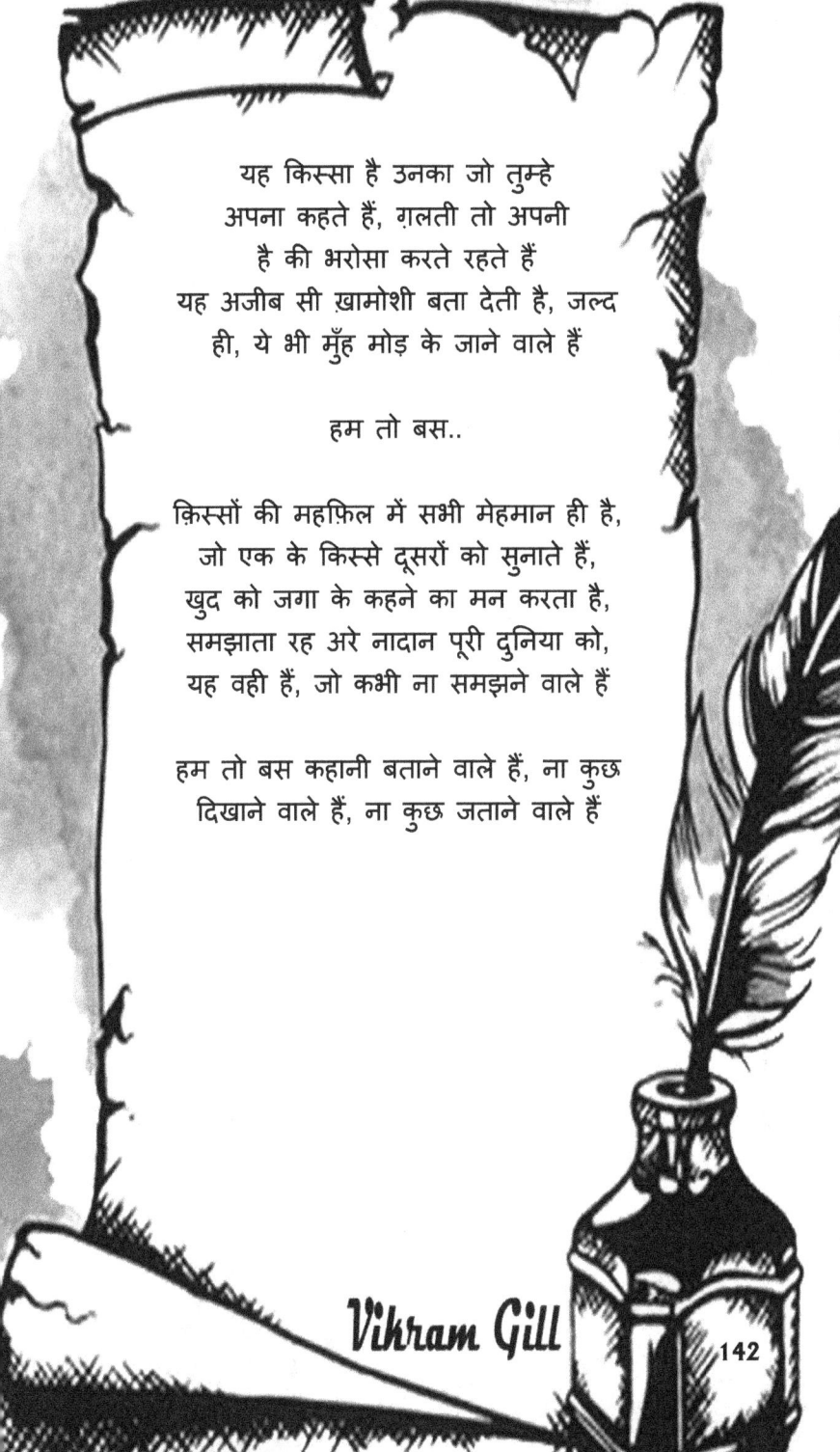

यह किस्सा है उनका जो तुम्हे
अपना कहते हैं, ग़लती तो अपनी
है की भरोसा करते रहते हैं
यह अजीब सी ख़ामोशी बता देती है, जल्द
ही, ये भी मुँह मोड़ के जाने वाले हैं

हम तो बस..

क़िस्सों की महफ़िल में सभी मेहमान ही है,
जो एक के किस्से दूसरों को सुनाते हैं,
खुद को जगा के कहने का मन करता है,
समझाता रह अरे नादान पूरी दुनिया को,
यह वही हैं, जो कभी ना समझने वाले हैं

हम तो बस कहानी बताने वाले हैं, ना कुछ
दिखाने वाले हैं, ना कुछ जताने वाले हैं

Vikram Gill

142

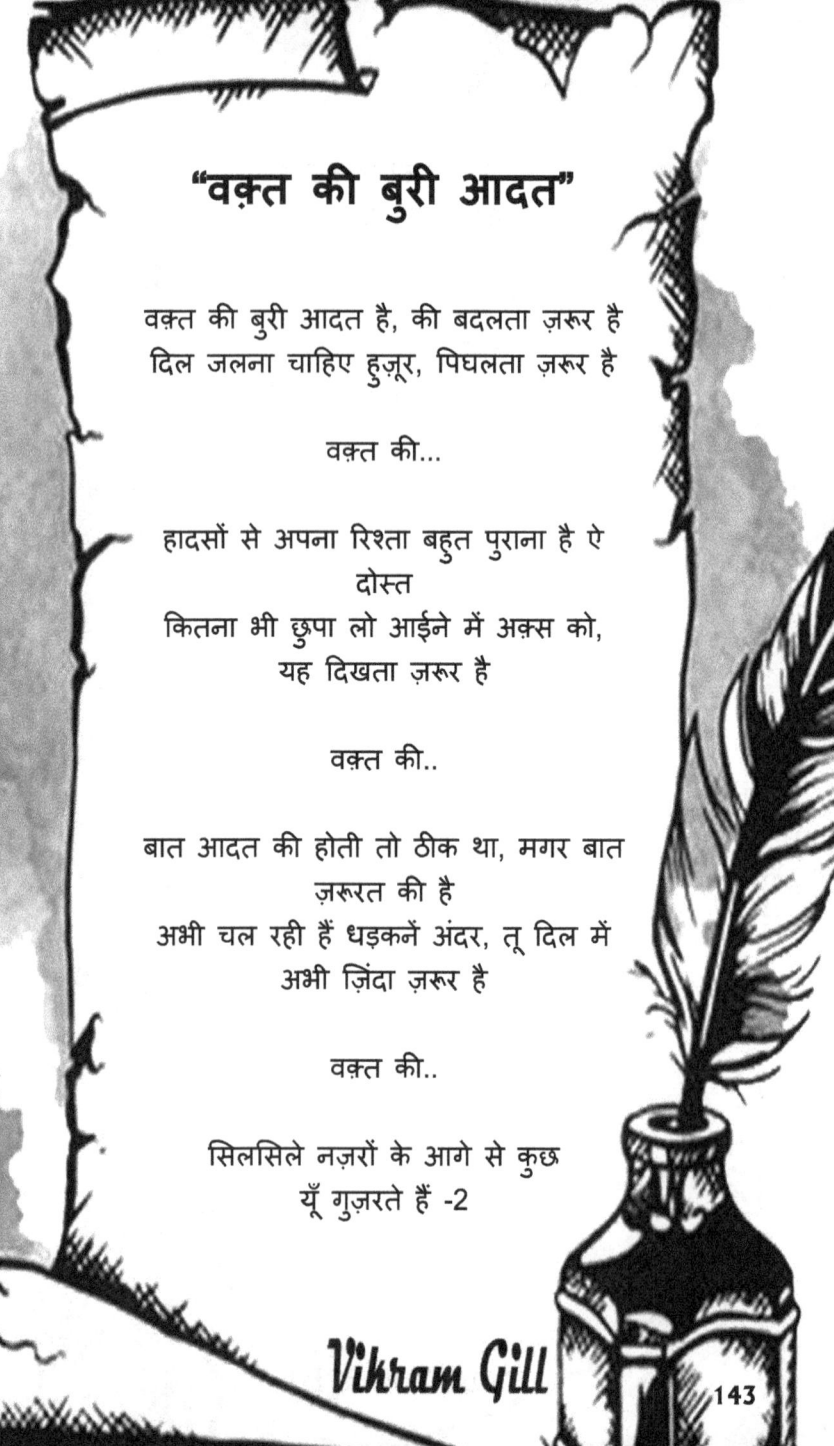

"वक़्त की बुरी आदत"

वक़्त की बुरी आदत है, की बदलता ज़रूर है
दिल जलना चाहिए हुज़ूर, पिघलता ज़रूर है

वक़्त की...

हादसों से अपना रिश्ता बहुत पुराना है ऐ
दोस्त
कितना भी छुपा लो आईने में अक्स को,
यह दिखता ज़रूर है

वक़्त की..

बात आदत की होती तो ठीक था, मगर बात
ज़रूरत की है
अभी चल रही हैं धड़कनें अंदर, तू दिल में
अभी ज़िंदा ज़रूर है

वक़्त की..

सिलसिले नज़रों के आगे से कुछ
यूँ गुज़रते हैं -2

Vikram Gill

143

कभी आँखो से, कभी बातों से तेरा ज़िक्र,
छलकता ज़रूर है

वक़्त की बुरी आदत है, की बदलता
ज़रूर है -2
दिल जलना चाहिए हुज़ूर, पिघलता ज़रूर है

Vikram Gill

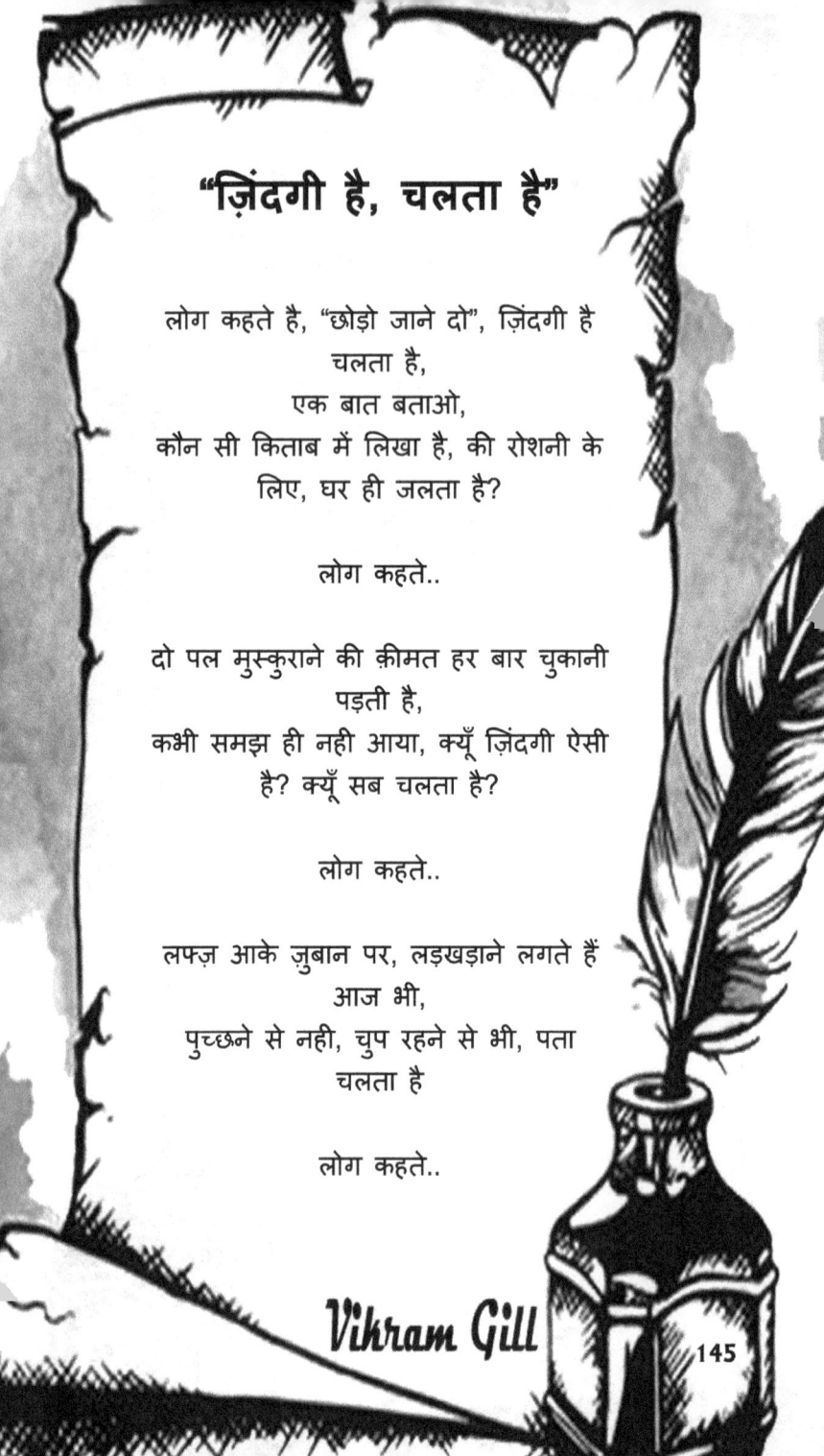

"ज़िंदगी है, चलता है"

लोग कहते है, "छोड़ो जाने दो", ज़िंदगी है
चलता है,
एक बात बताओ,
कौन सी किताब में लिखा है, की रोशनी के
लिए, घर ही जलता है?

लोग कहते..

दो पल मुस्कुराने की क़ीमत हर बार चुकानी
पड़ती है,
कभी समझ ही नही आया, क्यूँ ज़िंदगी ऐसी
है? क्यूँ सब चलता है?

लोग कहते..

लफ्ज़ आके ज़ुबान पर, लड़खड़ाने लगते हैं
आज भी,
पुच्छने से नही, चुप रहने से भी, पता
चलता है

लोग कहते..

Vikram Gill

हम भी गये थे मदरसों में, तालीम
पाने के लिए,
काग़ज़ों की महक ने बताया, वो भी किसी
के कटने से बनता है

लोग कहते है, "छोड़ो जाने दो",
ज़िंदगी है चलता है,
एक बात बताओ,
कौन सी किताब में लिखा है, की
रोशनी के लिए, घर ही जलता है?

Vikram Gill

146

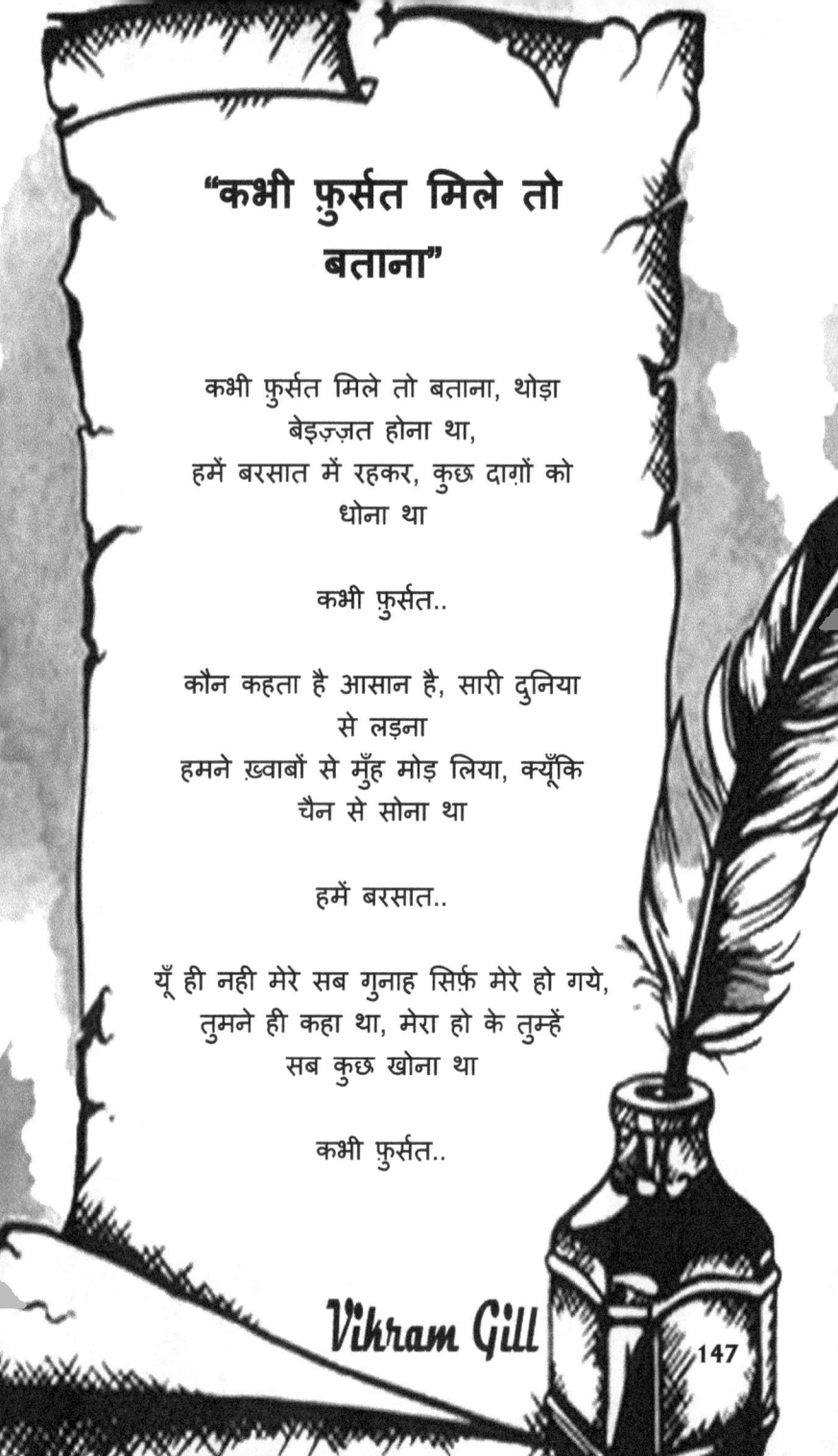

"कभी फ़ुर्सत मिले तो बताना"

कभी फ़ुर्सत मिले तो बताना, थोड़ा
बेइज़्ज़त होना था,
हमें बरसात में रहकर, कुछ दाग़ों को
धोना था

कभी फ़ुर्सत..

कौन कहता है आसान है, सारी दुनिया
से लड़ना
हमने ख़्वाबों से मुँह मोड़ लिया, क्यूँकि
चैन से सोना था

हमें बरसात..

यूँ ही नही मेरे सब गुनाह सिर्फ़ मेरे हो गये,
तुमने ही कहा था, मेरा हो के तुम्हें
सब कुछ खोना था

कभी फ़ुर्सत..

Vikram Gill

ख़ंजर उठाए फिरता हूँ, कुछ नयी लकीरें
बनाने के लिए,
जहाँ पड़ा मिला मेरा बचपन, वो एक
अंधेरा कोना था

कभी फ़ुर्सत मिले तो बताना,
थोड़ा बेइज़्ज़त होना था,
हमें बरसात में रहकर, कुछ दाग़ों
को धोना था

Vikram Gill

"बस मैं मानता नही"

तुझे लगता है मैं कुछ जानता नही? तेरी
   हरकतों को पहचानता नही?
जो तू सोचता है, जो तू कहता है, मेरे बारे
   में दुनिया से,
   सब दिखता है, बस मैं मानता नही

   तुझे लगता..

यह जो बड़े लोगों के छोटे से दिल हैं, इनमें
   जगह ढूँदने की ज़रूरत क्या है?
   हर कोशिश से पहले पता है की, उनका
   जवाब "ना" ही होगा,,
   इस बात से वाकिफ़ हूँ, बस मैं मानता नही

   तुझे लगता..

अरे मेरी कहानी है, मुझे खुद बताने दो,
तुम्हें दुनिया को बताने की ज़रूरत क्या है?
मगर तुझमे हुनर ही गायिकी का है, यह
   जानता हूँ, बस मैं मानता नहीं

Vikram Gill

तुझे लगता..

यह जो झूठ है दरमियान, कभी तुझसे,
कभी मुझसे
लिपटता है,
मैं सब देख के आँखें बंद कर लेता हूँ, सच
मालूम है, बस मैं मानता नही
तुझे लगता है मैं कुछ जानता नही? तेरी
हरकतों को पहचानता नही

Vikram Gill

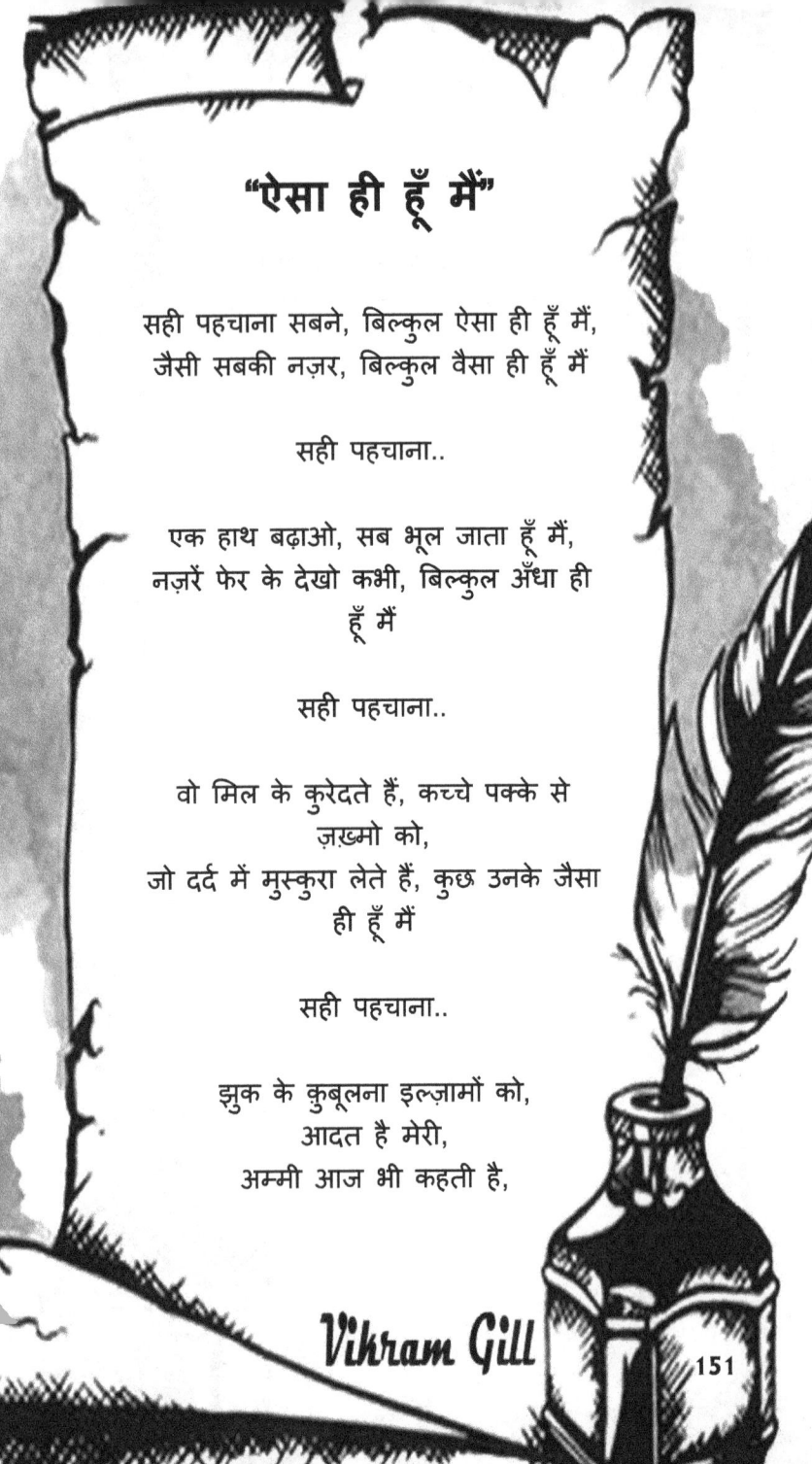

"ऐसा ही हूँ मैं"

सही पहचाना सबने, बिल्कुल ऐसा ही हूँ मैं,
जैसी सबकी नज़र, बिल्कुल वैसा ही हूँ मैं

सही पहचाना..

एक हाथ बढ़ाओ, सब भूल जाता हूँ मैं,
नज़रें फेर के देखो कभी, बिल्कुल अँधा ही हूँ मैं

सही पहचाना..

वो मिल के कुरेदते हैं, कच्चे पक्के से ज़ख़्मो को,
जो दर्द में मुस्कुरा लेते हैं, कुछ उनके जैसा ही हूँ मैं

सही पहचाना..

झुक के क़ुबूलना इल्ज़ामों को,
आदत है मेरी,
अम्मी आज भी कहती है,

Vikram Gill

बड़ा नादान हूँ मैं

सही पहचाना सबने, बिल्कुल ऐसा ही हूँ मैं,
जैसी सबकी नज़र, बिल्कुल वैसा ही हूँ मैं

Vikram Gill

"कम पढ़ ही जाता है"

उम्मीदों पे खरा ना उतर पाओ,
तो रिश्ता मर ही जाता है,
कड़वी है पर सच है - कितना भी
कर लो, "कम पढ़
ही जाता है"

उम्मीदों पे..

मैं खोलने बैठा जब गिरहें, सारे
उलझे रिश्तों की
ज़ोर से कभी खींचा नही, फिर
कैसे सब बिखर ही
जाता है

उम्मीदों पे...

वो भी क्या दौर था जब, लफ़्ज़ों
की ज़रूरत ही ना थी,
वक़्त से क्या शिकायत करूँ, यह भी तो
बदल ही जाता है

Vikram Gill

153

उम्मीदों पे..

शिक़ायत भी है अगर, तो आके मेरे चेहरे पे
करो,
दिल की बातें हैं, दिल में ही रहने दो, इंसान
अक्सर बदल ही जाता है..

उम्मीदों पे खरा ना उतर पाओ, तो रिश्ता
मर ही जाता है,
कड़वी है पर सच है - कितना भी कर लो,
"कम पढ़
ही जाता है"

Vikram Gill

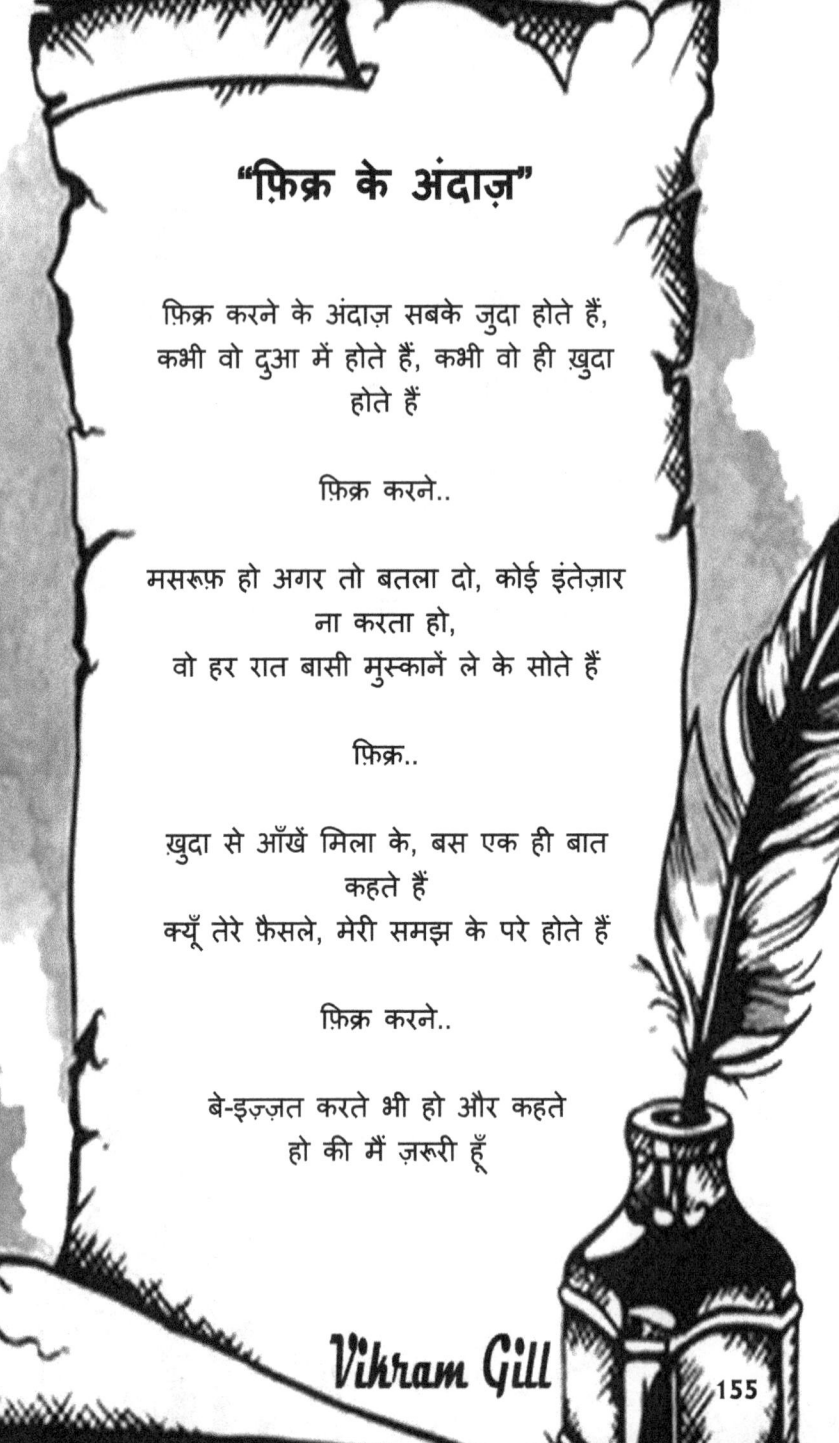

"फ़िक्र के अंदाज़"

फ़िक्र करने के अंदाज़ सबके जुदा होते हैं,
कभी वो दुआ में होते हैं, कभी वो ही ख़ुदा
होते हैं

फ़िक्र करने..

मसरूफ़ हो अगर तो बतला दो, कोई इंतेज़ार
ना करता हो,
वो हर रात बासी मुस्कानें ले के सोते हैं

फ़िक्र..

ख़ुदा से आँखें मिला के, बस एक ही बात
कहते हैं
क्यूँ तेरे फ़ैसले, मेरी समझ के परे होते हैं

फ़िक्र करने..

बे-इज़्ज़त करते भी हो और कहते
हो की मैं ज़रूरी हूँ

Vikram Gill

155

इन लफ़्ज़ों के सच अक्सर, हरक़तों से बयान होते हैं

फ़िक्र करने..

ज़रा सी क़ीमत क्या बताई, कई ख़रीदार आ गये
हम कहाँ बिकाऊ हैं, बस मेरे उसूल नीलाम होते हैं

फ़िक्र करने के अंदाज़ सबके जुदा होते हैं,
कभी वो दुआ में होते हैं, कभी वो ही ख़ुदा होते हैं

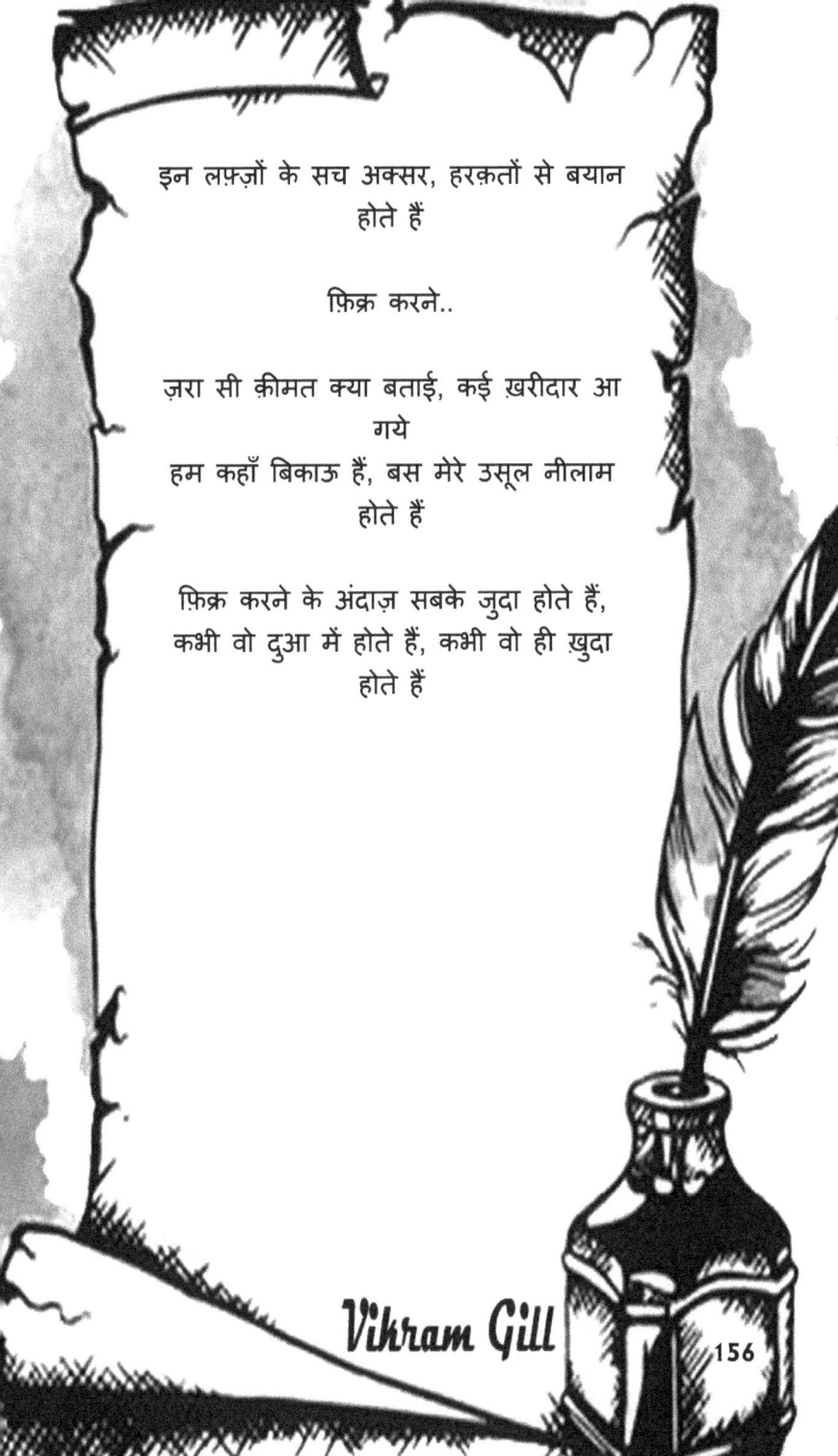

Vikram Gill

156

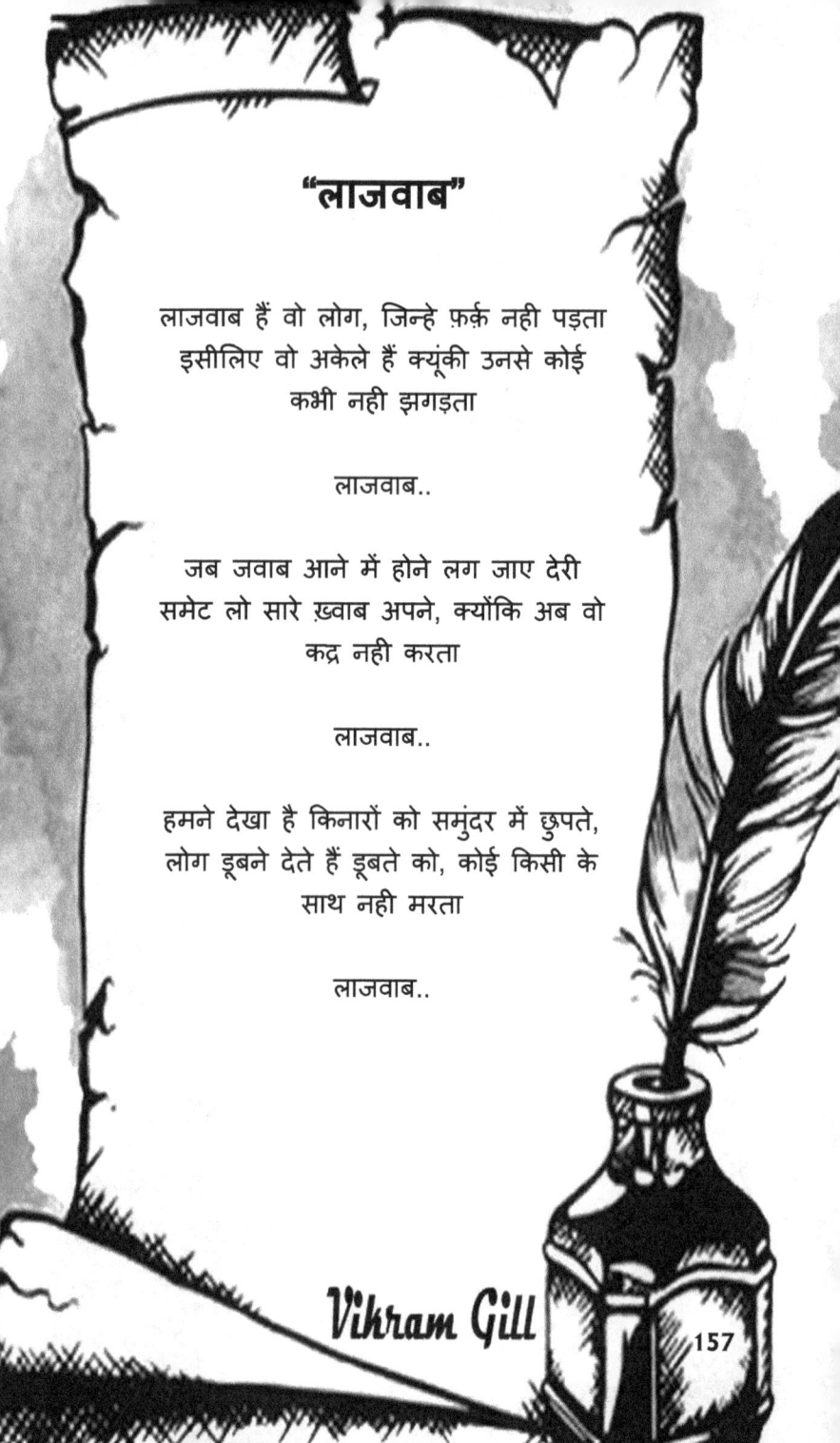

"लाजवाब"

लाजवाब हैं वो लोग, जिन्हे फ़र्क़ नही पड़ता
इसीलिए वो अकेले हैं क्यूंकी उनसे कोई
कभी नही झगड़ता

लाजवाब..

जब जवाब आने में होने लग जाए देरी
समेट लो सारे ख़्वाब अपने, क्योंकि अब वो
कद्र नही करता

लाजवाब..

हमने देखा है किनारों को समुंदर में छुपते,
लोग डूबने देते हैं डूबते को, कोई किसी के
साथ नही मरता

लाजवाब..

Vikram Gill

157

हर दफ़ा नीचा दिखाने को अदा नही कहते
बिख़ेर देता हूँ वजूद के टुकड़े, पर तेरा मन
नही भरता

लाजवाब हैं वो लोग, जिन्हे फ़र्क़ नही पड़ता
इसीलिए वो अकेले हैं क्यूंकी उनसे कोई
कभी नही झगड़ता

Vikram Gill

"रिश्तों का मेला"

जिधर देखो झूठे रिश्तों का, मेला लगा सा है
किसी के दरवाज़े पे अंधेरा है, तो कहीं सब जगमगा सा है

जिधर देखो..

इस मेले में सभी ने अपनी दुकानें लगाई है,
कोई ज़मीर बेचता है, तो किसी ने सबको ठगा सा है

जिधर देखो..

एक दुकान शायर की है, जिसपे सब सच्चाई खरीदते हैं
रात भर पिरोयी थी उसने क़िस्सों की माला, वो अब भी रत जगा सा है

जिधर देखो..

Vikram Gill

159

किसी कोने में बैठा है एक फ़क़ीर भी
अपनी दुकान सजाए
हमने पूछा क्या बेचते हो? बोला
रिश्ते, पर यहा सब बिका
सा है

जिधर देखो झूठे रिश्तों का, मेला लगा सा है
किसी के दरवाज़े पे अंधेरा है, तो कहीं सब
जगमगा सा है

Vikram Gill

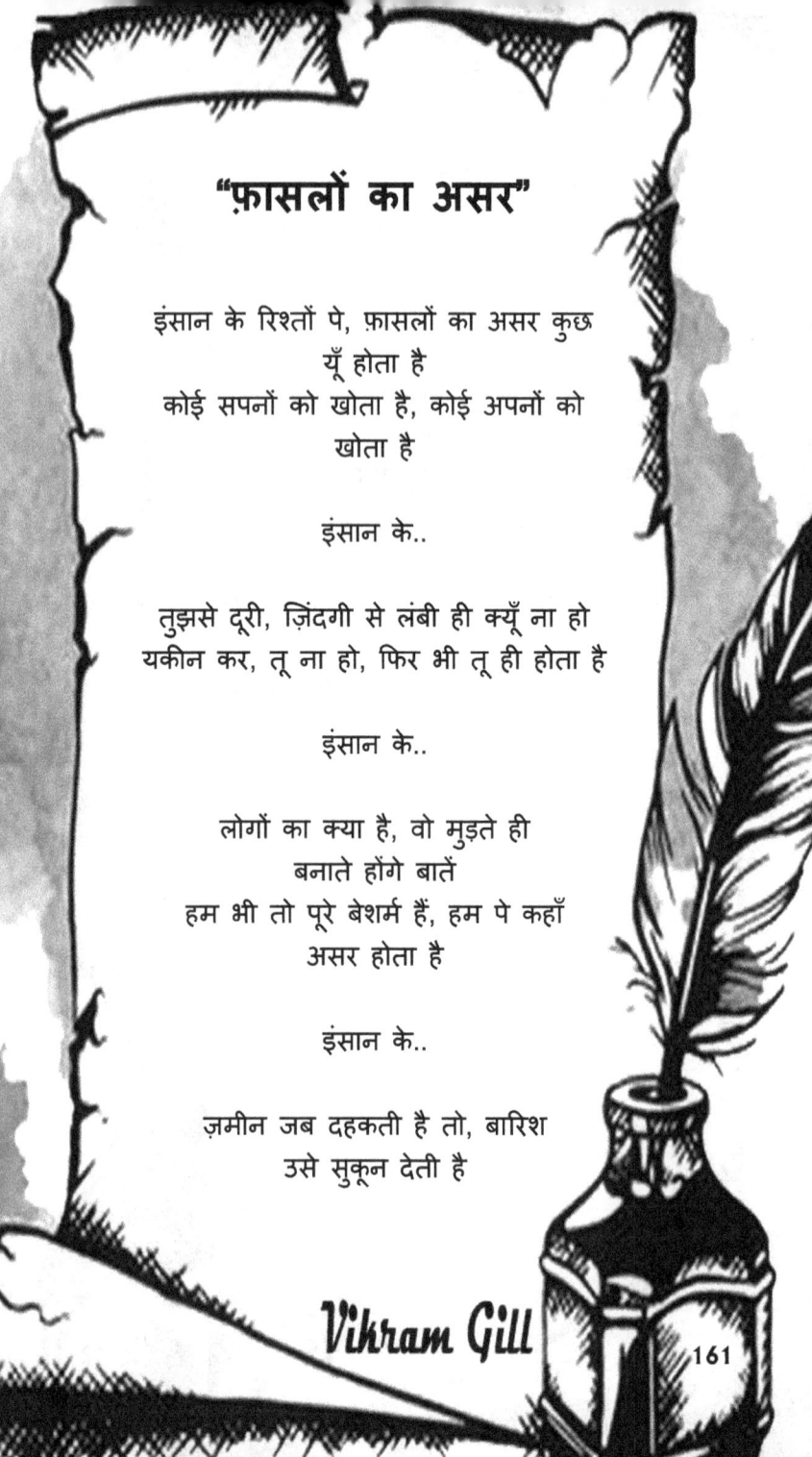

"फ़ासलों का असर"

इंसान के रिश्तों पे, फ़ासलों का असर कुछ
यूँ होता है
कोई सपनों को खोता है, कोई अपनों को
खोता है

इंसान के..

तुझसे दूरी, ज़िंदगी से लंबी ही क्यूँ ना हो
यकीन कर, तू ना हो, फिर भी तू ही होता है

इंसान के..

लोगों का क्या है, वो मुड़ते ही
बनाते होंगे बातें
हम भी तो पूरे बेशर्म हैं, हम पे कहाँ
असर होता है

इंसान के..

ज़मीन जब दहकती है तो, बारिश
उसे सुकून देती है

Vikram Gill

161

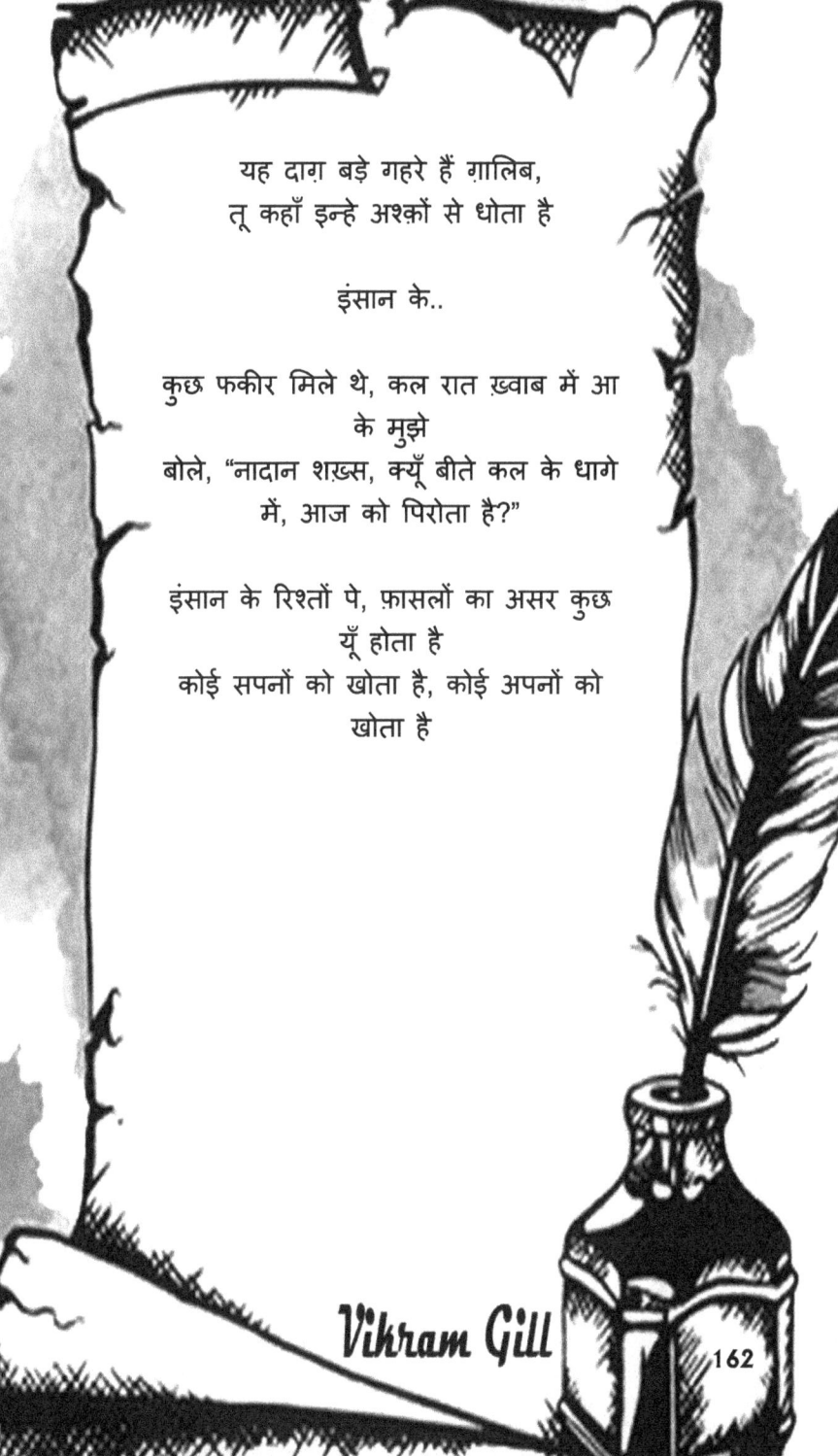

यह दाग़ बड़े गहरे हैं ग़ालिब,
तू कहाँ इन्हे अश्क़ों से धोता है

इंसान के..

कुछ फकीर मिले थे, कल रात ख़्वाब में आ
के मुझे
बोले, "नादान शख़्स, क्यूँ बीते कल के धागे
में, आज को पिरोता है?"

इंसान के रिश्तों पे, फ़ासलों का असर कुछ
यूँ होता है
कोई सपनों को खोता है, कोई अपनों को
खोता है

Vikram Gill

162

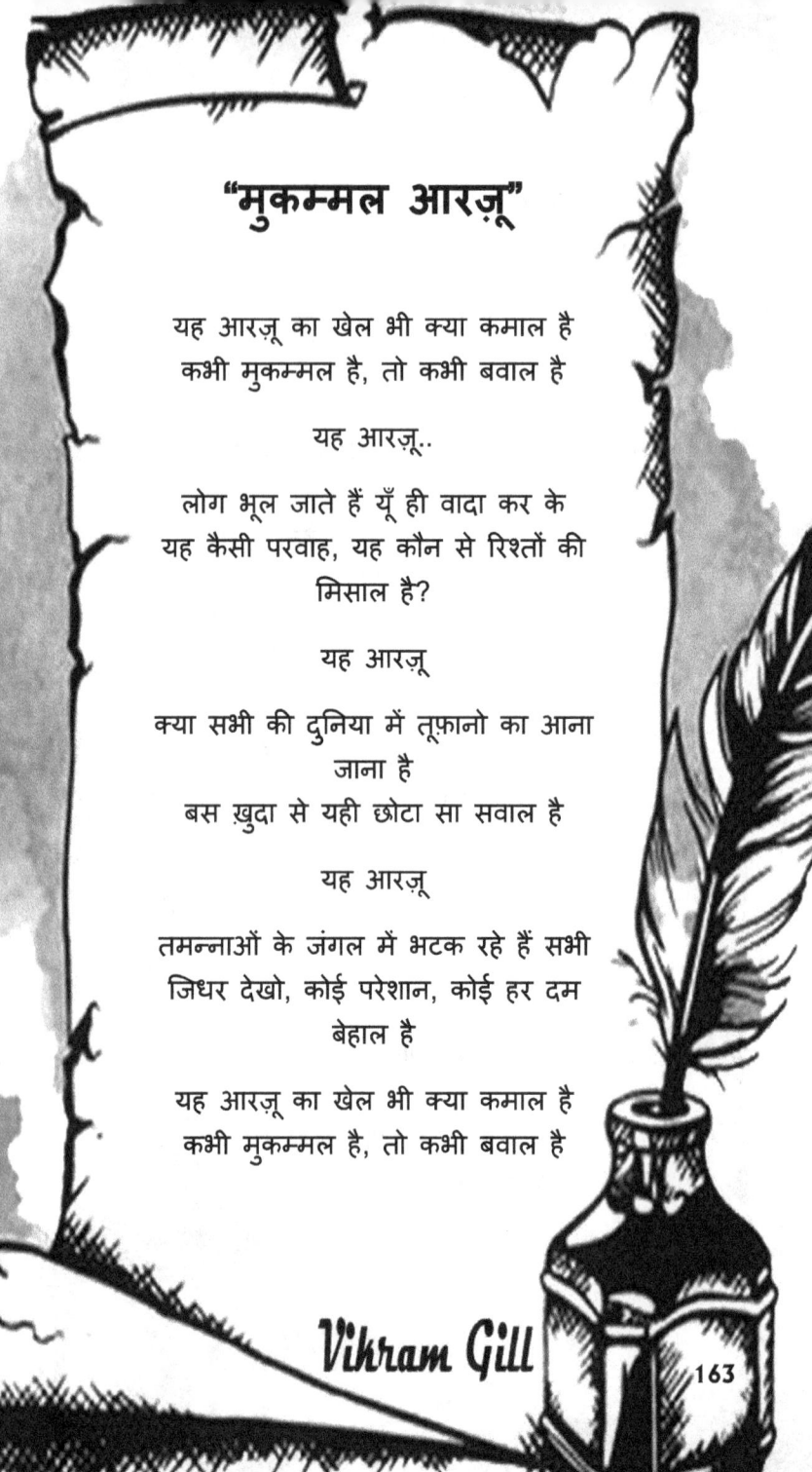

"मुकम्मल आरज़ू"

यह आरज़ू का खेल भी क्या कमाल है
कभी मुकम्मल है, तो कभी बवाल है

यह आरज़ू..

लोग भूल जाते हैं यूँ ही वादा कर के
यह कैसी परवाह, यह कौन से रिश्तों की
मिसाल है?

यह आरज़ू

क्या सभी की दुनिया में तूफ़ानो का आना
जाना है
बस ख़ुदा से यही छोटा सा सवाल है

यह आरज़ू

तमन्नाओं के जंगल में भटक रहे हैं सभी
जिधर देखो, कोई परेशान, कोई हर दम
बेहाल है

यह आरज़ू का खेल भी क्या कमाल है
कभी मुकम्मल है, तो कभी बवाल है

Vikram Gill

163

"बीता हुआ कल"

जब भी लगता है की गुज़र चुका है
सवालों के शक्ल में आ जाता है ये "बीता
हुआ कल"
हम चलना शुरू करते ही है बैसाखियों के
सहारे
मगर हर बार, पैर अड़ा के गिरा देता है ये
"बीता हुआ कल"

जब भी..

कब्र के हालात मुर्दे से बेहतर कौन जान
पाया है भला
हर एक मोड़ पे, दफ़नाने की फिराक़ में,
रहता है ये "बीता हुआ कल"

हम चलना..

अश्क़ों की बारात थी, और जश्न माना रहे
थे हम
हर एक महफ़िल में आके, आग लगा देता है
ये "बीता हुआ कल"

Vikram Gill

जब भी..

मैने तकिये के नीचे ख़्वाबों का एक घोसला बनाया है
हर रात मुझे डरा के जगा देता है ये "बीता हुआ कल"

जब भी लगता है की गुज़र चुका है
सवालों के शक्ल में आ जाता है ये "बीता हुआ कल"
हम चलना शुरू करते ही है बैसाखियों के सहारे
मगर हर बार, पैर अड़ा के गिरा देता है ये "बीता हुआ कल"

Vikram Gill

"चाँद से गुफ्तगू"

मैंने पूछा, "ऐ चाँद" तू इतना अकेला क्यूँ है?
कहता है, तेरे जहाँ में, जज़्बातों का झमेला
क्यूँ है?

मैंने पूछा..

यह इंसानो की दुनिया मतलबी सी
दिखती है मुझे,
मेरे खुल के मुस्कुराने पे, इतना मसला
क्यूँ है?

मैने पूछा..

मुझे मोहब्बत है चाँदनी से, इसलिए
जगमगाता हूँ
नीचे ज़मीन पे, दिल तोड़ने वालों
का मेला क्यूँ है?

मैने पूछा..

Vikram Gill

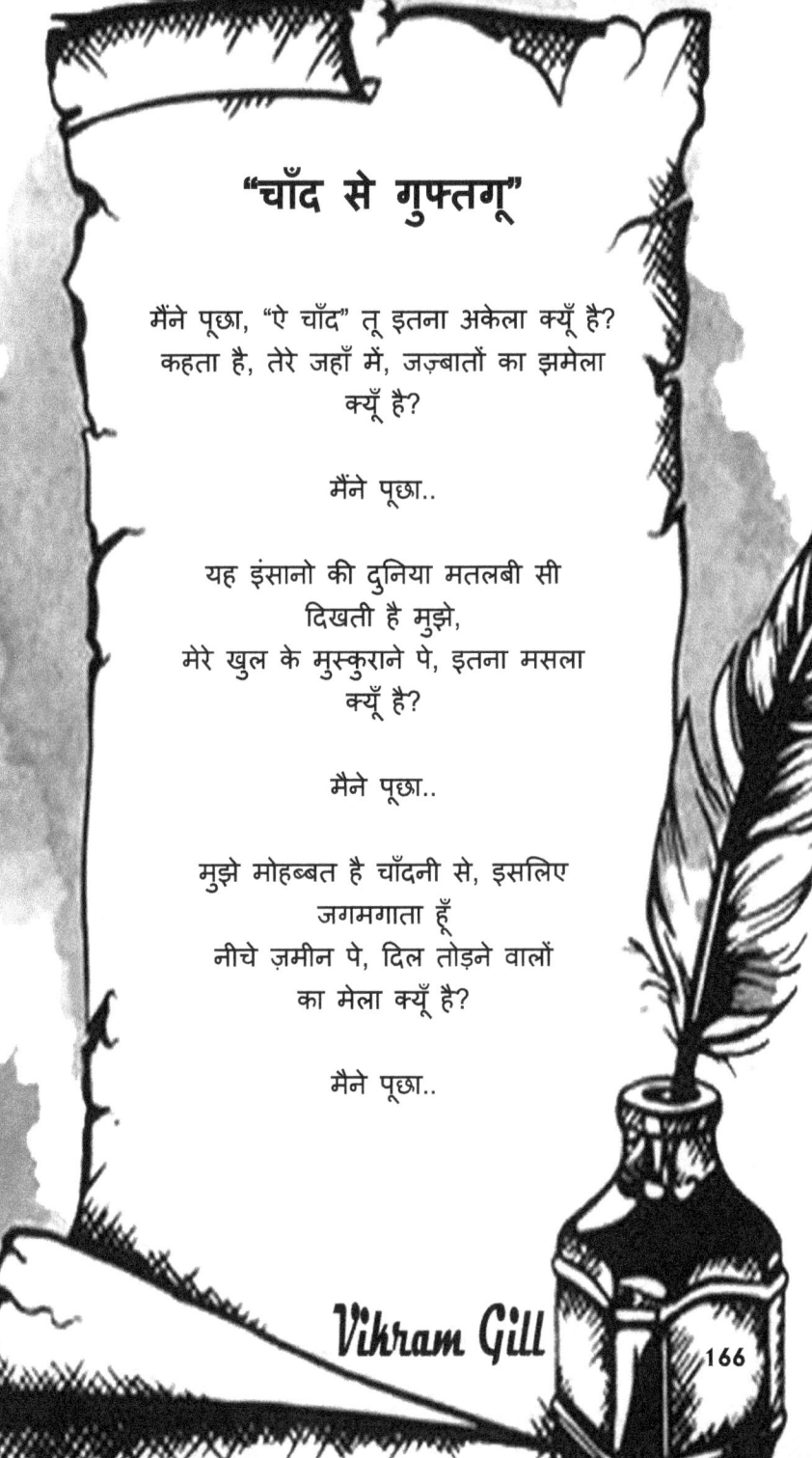

गुफ्तगू मुक़म्मल हुई चाँद के इस सवाल पे,
"हर एक शहर में, मुँह फेरने वालों का
मोहल्ला क्यूँ है?"

मैंने पूछा, "ऐ चाँद तू इतना अकेला क्यूँ है?
कहता है, "तेरे जहाँ में, जज़्बातों का झमेला
क्यूँ है"

Vikram Gill

167

"बा-इज़्ज़त से बे-इज़्ज़त"

जब तलक बा-इज़्ज़त से बे-इज़्ज़त ना हो
जाओ, तब तक प्यार करो
अभी जवाब आने में वक़्त है, अभी थोड़ा
और इंतेज़ार करो

जब तलक..

यह जो बेबाकी से मुझे देख कर मुँह फेरने
की अदा है तेरी
मजबूर करती हैं कहने पे, खुल के नफ़रत
मुझसे बार-बार करो

अभी जवाब..

अरे, मेरे दोस्त हो, ये झूठ भी
क्यूँ कहते हो?
हमें यक़ीन हैं तेरे ना होने पे, तुम
भी एतबार करो

Vikram Gill

जब तलक..

मोहब्बत अगर है तो, चाहतों को
दबा के रखो
ऐसा ना हो के मेरी तरह, गुनाह तुम
भी हर बार करो

जब तलक बा-इज़्ज़त से बे-इज़्ज़त ना हो
जाओ, तब तक प्यार करो
अभी जवाब आने में वक़्त है, अभी थोड़ा
और इंतेज़ार करो

Vikram Gill

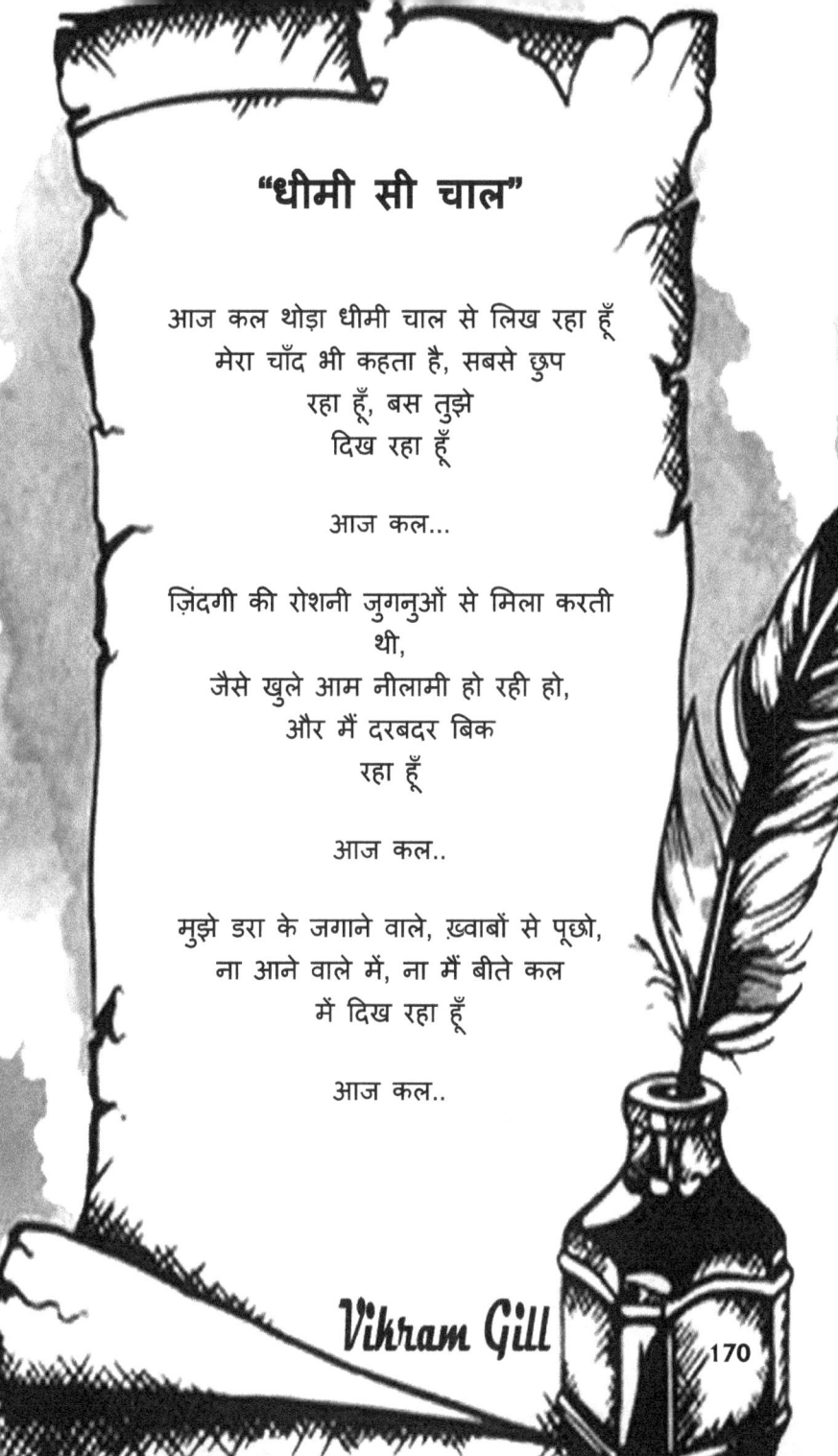

“धीमी सी चाल”

आज कल थोड़ा धीमी चाल से लिख रहा हूँ
मेरा चाँद भी कहता है, सबसे छुप
रहा हूँ, बस तुझे
दिख रहा हूँ

आज कल...

ज़िंदगी की रोशनी जुगनुओं से मिला करती
थी,
जैसे खुले आम नीलामी हो रही हो,
और मैं दरबदर बिक
रहा हूँ

आज कल..

मुझे डरा के जगाने वाले, ख़्वाबों से पूछो,
ना आने वाले में, ना मैं बीते कल
में दिख रहा हूँ

आज कल..

Vikram Gill

एक छोटी सी रोशनी की किरण, रास्ता
जगमगाती है मेरा,
वरना मैं तो जैसे हर रोज़, सड़को
पे फ़िक रहा हूँ

आज कल थोड़ा धीमी चाल से लिख रहा हूँ
मेरा चाँद भी कहता है, सबसे छुप रहा हूँ,
बस तुझे
दिख रहा हूँ

Vikram Gill

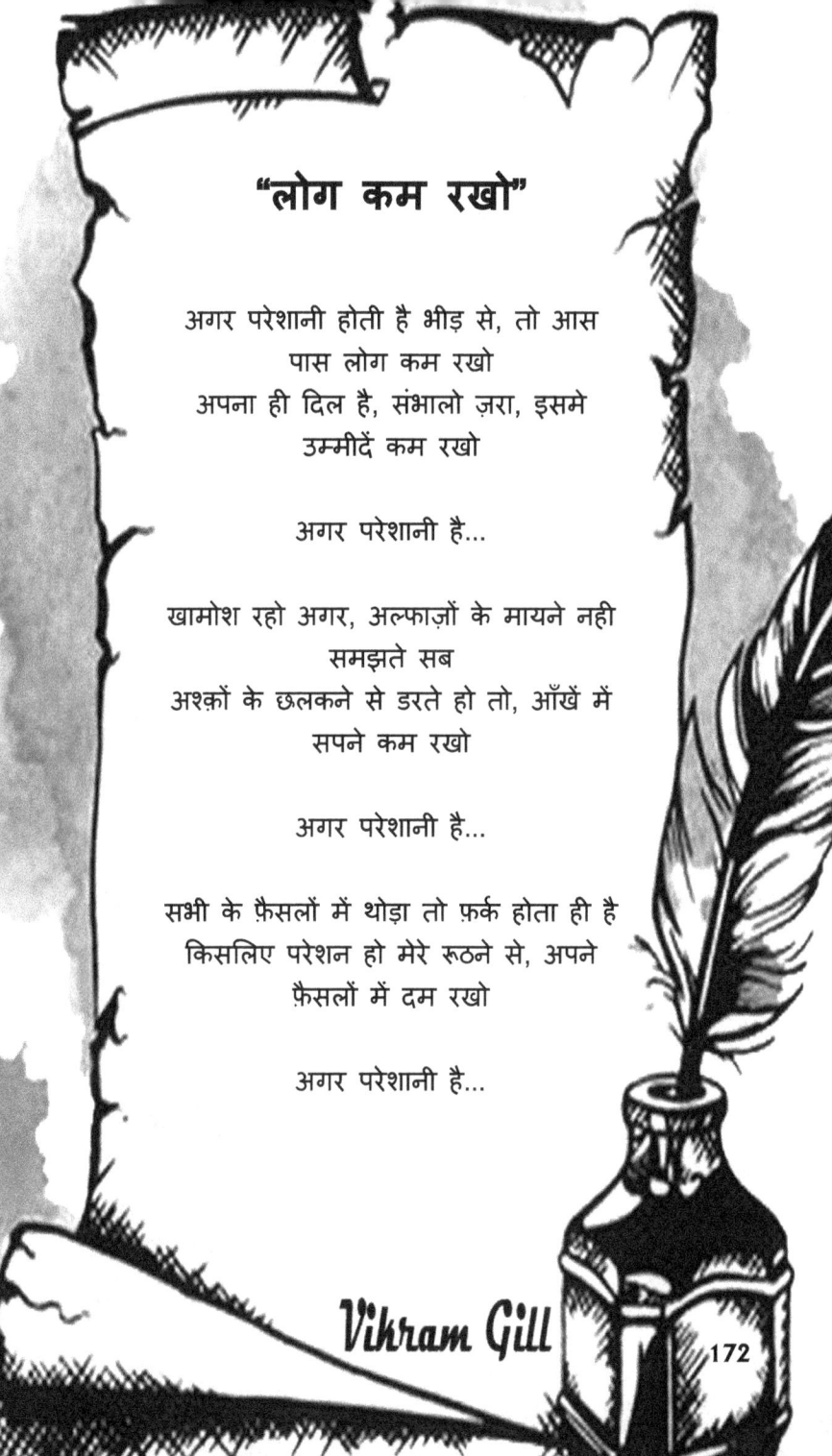

"लोग कम रखो"

अगर परेशानी होती है भीड़ से, तो आस
पास लोग कम रखो
अपना ही दिल है, संभालो ज़रा, इसमे
उम्मीदें कम रखो

अगर परेशानी है...

खामोश रहो अगर, अल्फाज़ों के मायने नही
समझते सब
अश्क़ों के छलकने से डरते हो तो, आँखें में
सपने कम रखो

अगर परेशानी है...

सभी के फ़ैसलों में थोड़ा तो फ़र्क होता ही है
किसलिए परेशन हो मेरे रूठने से, अपने
फ़ैसलों में दम रखो

अगर परेशानी है...

Vikram Gill

यह दुनिया है, यहाँ पे लोगों की नाक बहुत
ऊँची है
बना के फिर बिगाड़ना क्यूँ, बस रिश्ते ही
कम रखो

अगर परेशानी होती है भीड़ से, तो आस
पास लोग कम रखो
अपना ही दिल है, संभालो ज़रा, इसमे
उम्मीदें कम रखो

Vikram Gill

"इंतेज़ार"

इंतेज़ार सभी करते हैं, मगर, बेकरार हर
कोई नही होता,
"हम साथ हैं" सभी कहते है, पर हमसफ़र
हर कोई नही होता

इंतेज़ार..

घड़ी से झगड़ते हुए, जाने कब आँखें मूंद
लेता हूँ,
ख़्वाब आते हैं अब भी, मगर अब
इनका भी असर नही होता

इंतेज़ार..

तमन्नाओ से आँख मिचोली खेलता हूँ, कभी
पकड़ा नहीं जाता,
क्यूँकि जब भी मैं छुपता हूँ, ढूँढने वाला ही
कोई नही होता

इंतेज़ार..

Vikram Gill

174

अभी कहाँ बचपना ख़तम होने की
बात करते हो?
ज़िंदगी दौड़ रही है तेज़, थम के रोने
का भी वक़्त नही होता

इंतेज़ार सभी करते हैं, मगर, बेकरार हर
कोई नही होता,
"हम साथ हैं" सभी कहते है, पर हमसफ़र
हर कोई नही होता

Vikram Gill

"नींद से दुश्मनी"

दुश्मनी नींद से नही, ख़्वाबों से रखा करो,
यह ख़्वाब ही उम्मीदें जगाते हैं, इन्हीं को
दफ़ा करो

दुश्मनी...

हमनें देखा है करीब से, ख़्वाबों को टूटते हुए,
कहा था ख़ुद से भी, की जेब में, गोंद की
डिबिया रखा करो

दुश्मनी..

बड़ी बे-गैरत होती है, यह उम्मीद
की रोशनी भी,
यह अंधेरों में भी कहती हैं, की जला करो

दुश्मनी..

कभी किसी की मईयत पे जाओ, तो
इतना ध्यान रखना,

Vikram Gill

176

दिल में नफ़रत कितनी भी हो,
मगर ज़ुबान पे दुआ रखा करो

दुश्मनी..

इन दिनों, ख़्वाबों ने नींदों पे क़ब्ज़ा कर
रखा है,
मैने कहा उनसे इलतजा करके, थोड़ा सा
फासला रखा करो

दुश्मनी नींद से नही, ख़्वाबों से रखा करो,
यह ख़्वाब ही उम्मीदें जगाते हैं, इन्हीं को
दफ़ा करो

Vikram Gill

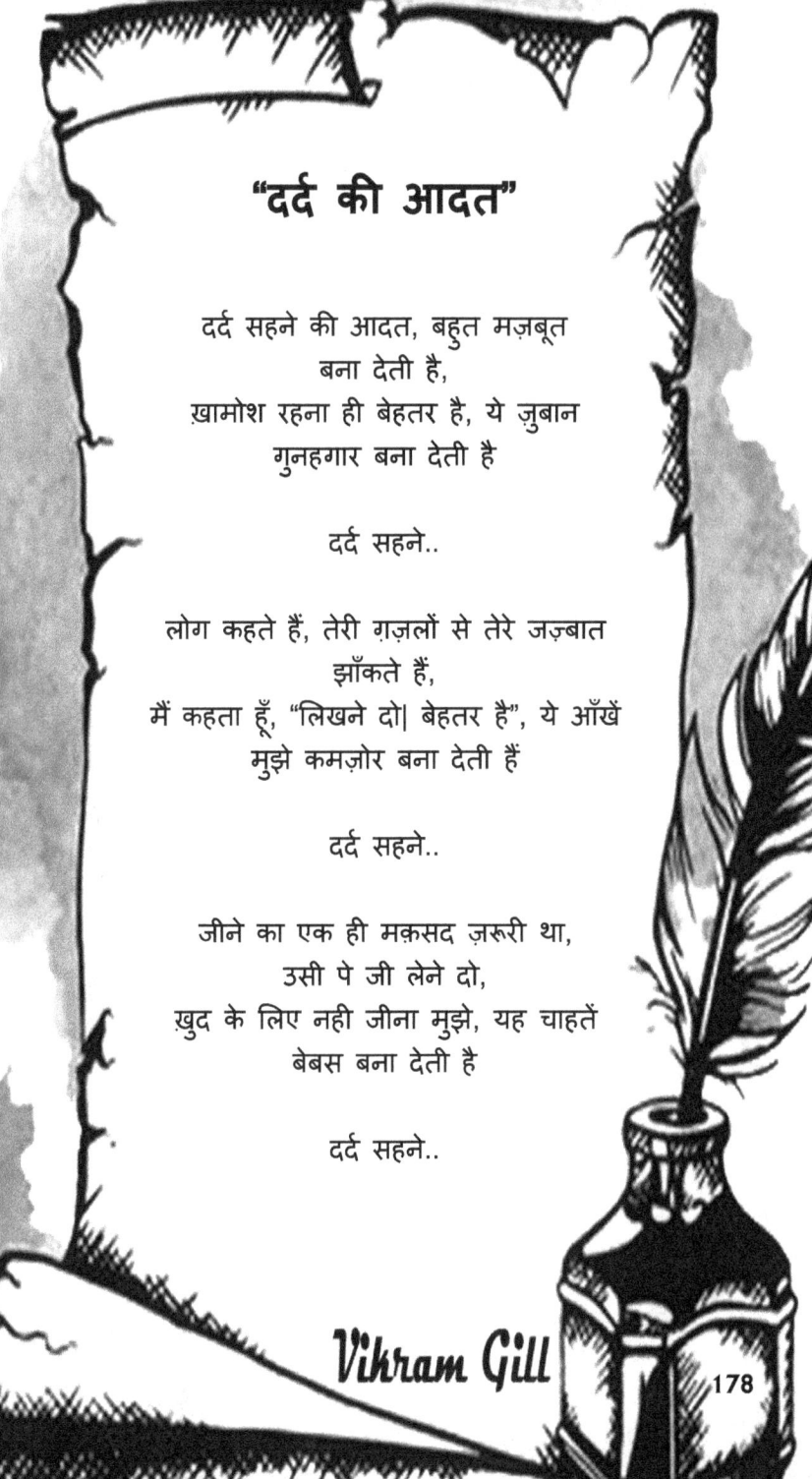

"दर्द की आदत"

दर्द सहने की आदत, बहुत मज़बूत
बना देती है,
ख़ामोश रहना ही बेहतर है, ये ज़ुबान
गुनहगार बना देती है

दर्द सहने..

लोग कहते हैं, तेरी ग़ज़लों से तेरे जज़्बात
झाँकते हैं,
मैं कहता हूँ, "लिखने दो| बेहतर है", ये आँखें
मुझे कमज़ोर बना देती हैं

दर्द सहने..

जीने का एक ही मक़सद ज़रूरी था,
उसी पे जी लेने दो,
ख़ुद के लिए नही जीना मुझे, यह चाहतें
बेबस बना देती है

दर्द सहने..

Vikram Gill

178

आपको जो आदत है, मेरी आदतों से बहुत
जुदा है,
मेरे जहान में, पाने की चाह इंसान को,
ख़ुदग़र्ज़ बना देती है

दर्द सहने की आदत, बहुत मज़बूत
बना देती है,
ख़ामोश रहना ही बेहतर है, ये ज़ुबान
गुनहगार बना देती है

Vikram Gill

179

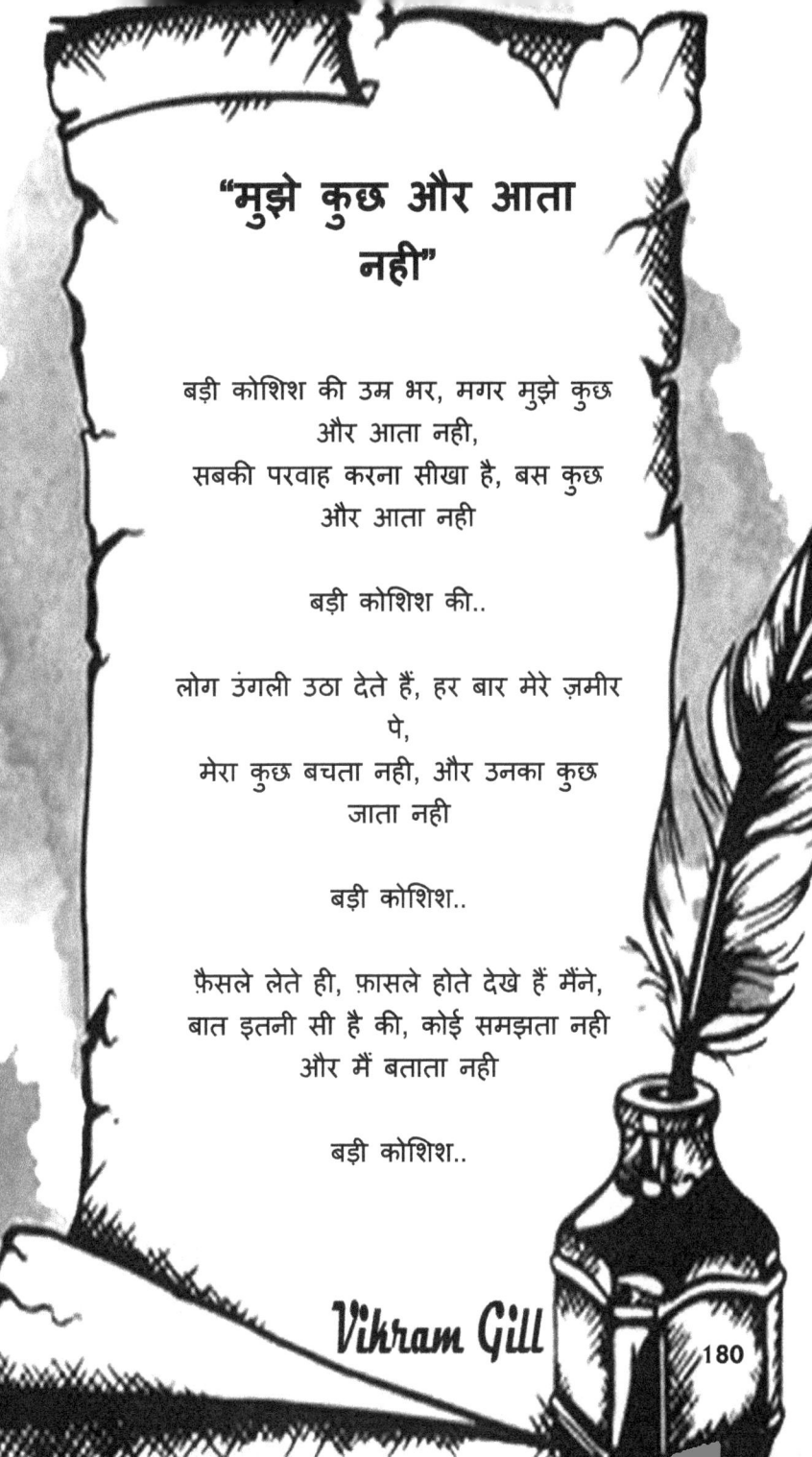

"मुझे कुछ और आता नही"

बड़ी कोशिश की उम्र भर, मगर मुझे कुछ
और आता नही,
सबकी परवाह करना सीखा है, बस कुछ
और आता नही

बड़ी कोशिश की..

लोग उंगली उठा देते हैं, हर बार मेरे ज़मीर
पे,
मेरा कुछ बचता नही, और उनका कुछ
जाता नही

बड़ी कोशिश..

फ़ैसले लेते ही, फ़ासले होते देखे हैं मैंने,
बात इतनी सी है की, कोई समझता नही
और मैं बताता नही

बड़ी कोशिश..

Vikram Gill

कभी सोचता हूँ की क्यूँ बनाया खुदा ने
ऐसा मुझे,
सबको ख़ुशी भी देता हूँ, और बदले
में कुछ भी चाहता नही

बड़ी कोशिश की उम्र भर, मगर मुझे कुछ
और आता नही,
सबकी परवाह करना सीखा है, बस कुछ
और आता नही

Vikram Gill

181

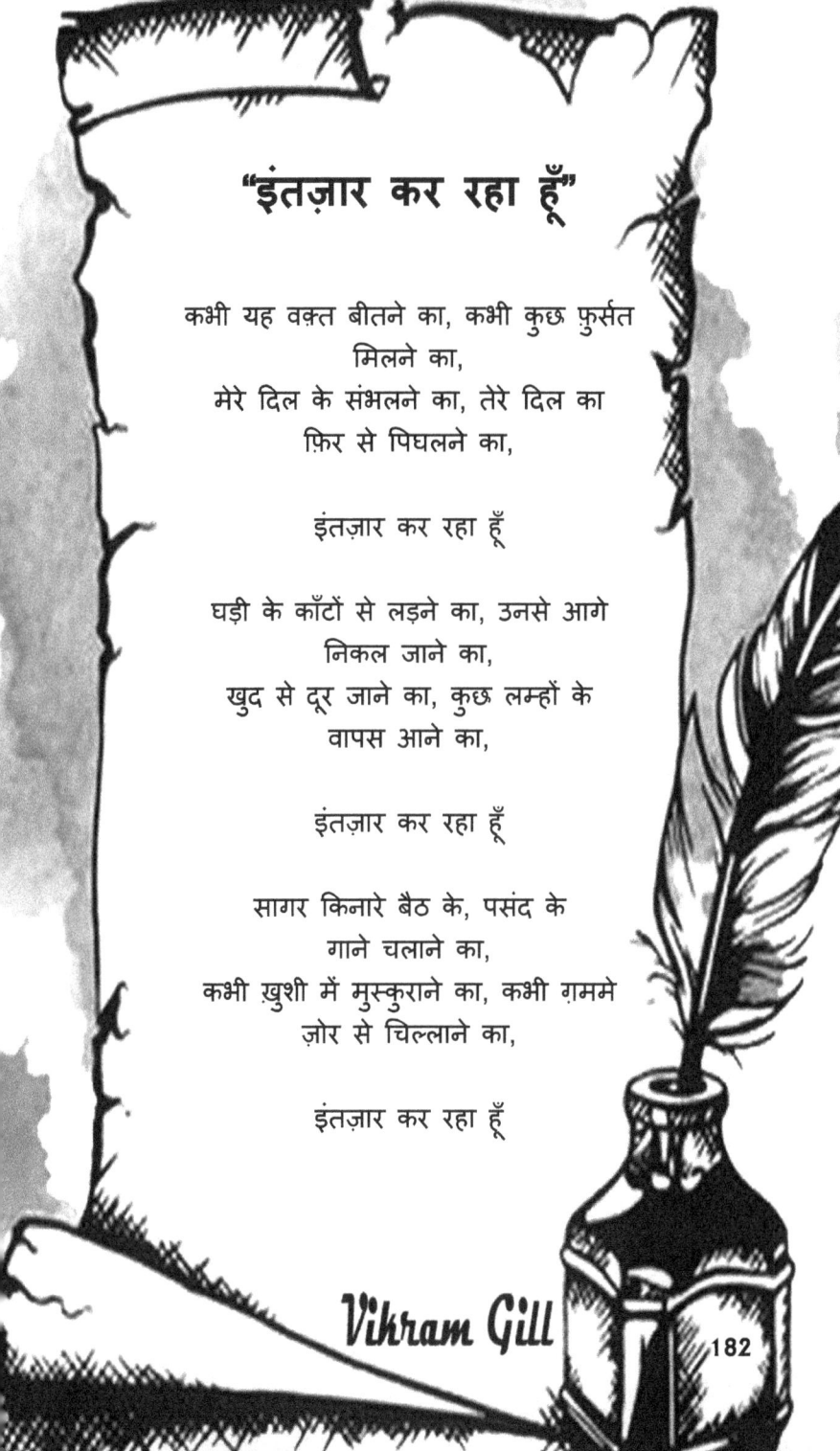

"इंतज़ार कर रहा हूँ"

कभी यह वक़्त बीतने का, कभी कुछ फ़ुर्सत
मिलने का,
मेरे दिल के संभलने का, तेरे दिल का
फ़िर से पिघलने का,

इंतज़ार कर रहा हूँ

घड़ी के काँटों से लड़ने का, उनसे आगे
निकल जाने का,
खुद से दूर जाने का, कुछ लम्हों के
वापस आने का,

इंतज़ार कर रहा हूँ

सागर किनारे बैठ के, पसंद के
गाने चलाने का,
कभी ख़ुशी में मुस्कुराने का, कभी ग़ममे
ज़ोर से चिल्लाने का,

इंतज़ार कर रहा हूँ

Vikram Gill

ज़िंदगी का पटरी पे आने का, फ़िर से
महफ़िलें सजाने का,
बिना बात पे झगड़ने का, झगड़ के फिर
ख़ुद ही मनाने का

इंतज़ार कर रहा हूँ - इंतज़ार कर रहा हूँ

Vikram Gill

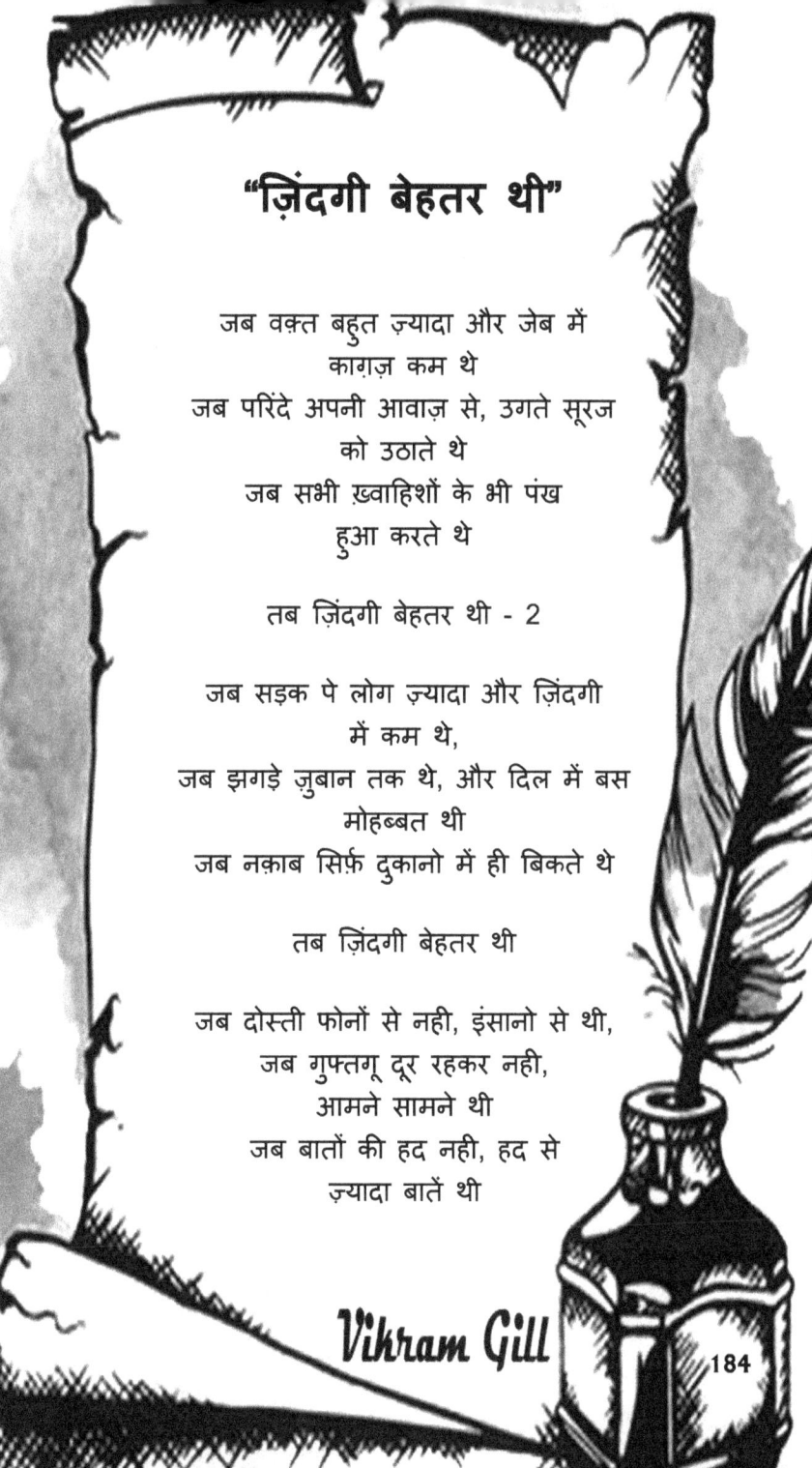

"ज़िंदगी बेहतर थी"

जब वक़्त बहुत ज़्यादा और जेब में
कागज़ कम थे
जब परिंदे अपनी आवाज़ से, उगते सूरज
को उठाते थे
जब सभी ख़्वाहिशों के भी पंख
हुआ करते थे

तब ज़िंदगी बेहतर थी - 2

जब सड़क पे लोग ज़्यादा और ज़िंदगी
में कम थे,
जब झगड़े ज़ुबान तक थे, और दिल में बस
मोहब्बत थी
जब नक़ाब सिर्फ़ दुकानो में ही बिकते थे

तब ज़िंदगी बेहतर थी

जब दोस्ती फोनों से नही, इंसानो से थी,
जब गुफ्तगू दूर रहकर नही,
आमने सामने थी
जब बातों की हद नही, हद से
ज़्यादा बातें थी

Vikram Gill

तब ज़िंदगी बेहतर थी

जब लोग सिर्फ़ जानते नही,
पहचानते भी थे,
जब इम्तिहान बस तीन घंटे के ही होते थे
जब ज़ख़्म दिखते भी थे, और भरते भी थे

तब ज़िंदगी बेहतर थी - तब ज़िंदगी
बेहतर थी

Vikram Gill

"हुनर"

गिर के संभालने का हुनर, हर किसी के
पास नहीं होता
दिल तो सबके पास होते हैं, पर एहसास
नही होता

गिर के..

अभी आज़माइश का दौर चल रहा है, तुम
भी आज़मा लो,
वक़्त बदलेगा जब, हम भी कह देंगे, हमें
विश्वास नही होता

गिर के..

फिर से एक बच्चे की तरह जीने
का मन करता है,
कभी चोट भी लगे, तो उनका मन उदास
नही होता

दिल सबके..

Vikram Gill

186

मुझे लड़ने की आदत है, अब तो ज़माना
भी वाकिफ़ हैं,
गैर तो गैर है, यहाँ तो अपना भी कोई
साथ नही देता

गिर के संभालने का हुनर, हर किसी के
पास नहीं होता
दिल तो सबके पास होते हैं, पर एहसास
नही होता

Vikram Gill

187

"माँ"

यह ग़ज़ल ज़िंदगी देने वाली के
नाम कर रहा हूँ,
खुदा नाराज़ हो जाए शायद, पर मैं उससे
उपर, माँ का नाम लिख रहा हूँ

यह ग़ज़ल...

तक़लीफ़ में पहला शब्द हमेशा माँ ही
निकलता है,
आज कल दिन रात बस उसी को
याद कर रहा हूँ

यह ग़ज़ल..

बचपन की यादें आज भी छपी हैं
मेरे ज़हन पे,
लड़खड़ा के आज भी गिरता हूँ मगर,
उसकी दी हिम्मत है जो आज भी
चल रहा हूँ

खुदा नाराज़..

Vikram Gill

188

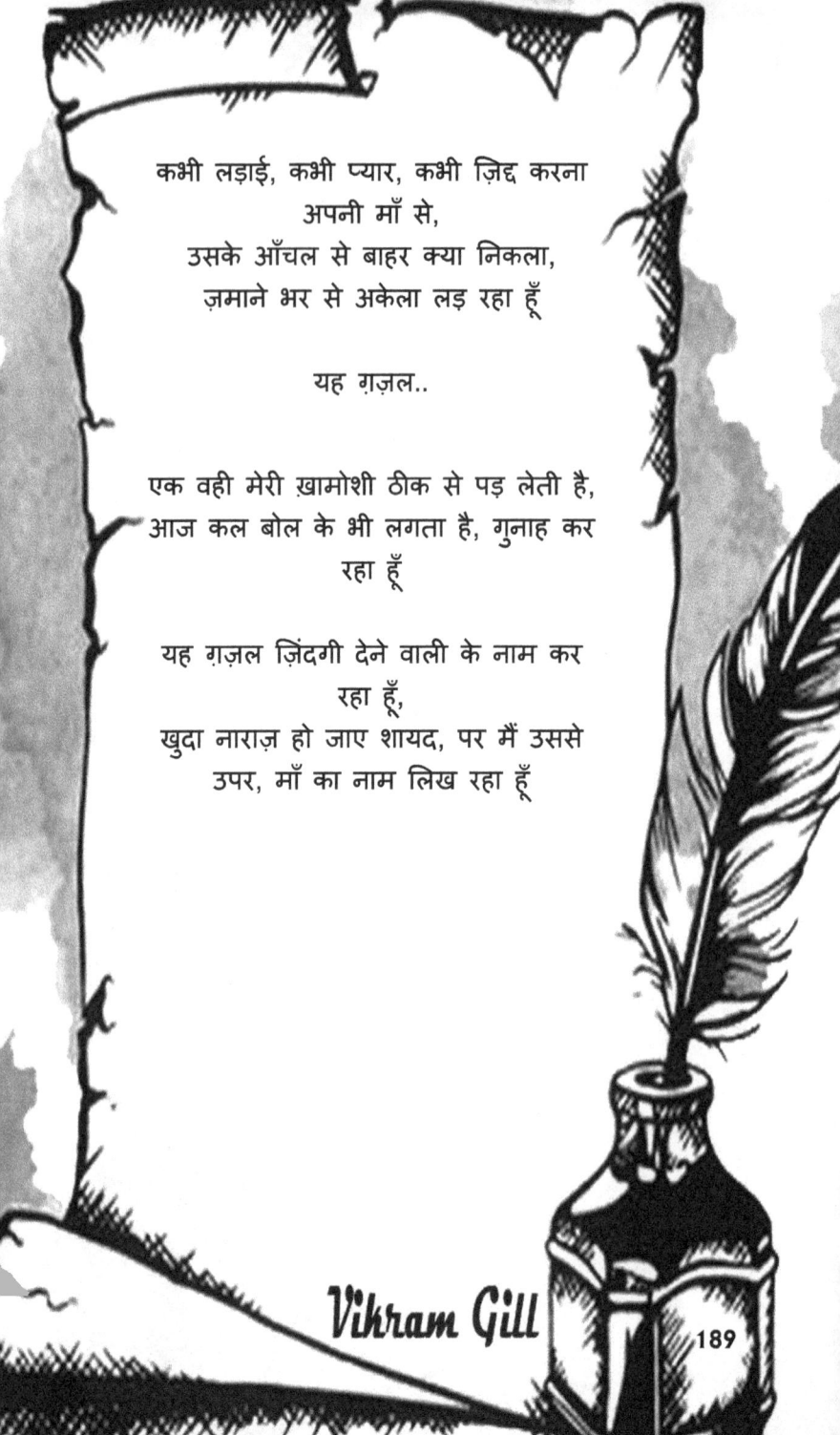

कभी लड़ाई, कभी प्यार, कभी ज़िद्द करना
अपनी माँ से,
उसके आँचल से बाहर क्या निकला,
ज़माने भर से अकेला लड़ रहा हूँ

यह ग़ज़ल..

एक वही मेरी ख़ामोशी ठीक से पढ़ लेती है,
आज कल बोल के भी लगता है, गुनाह कर
रहा हूँ

यह ग़ज़ल ज़िंदगी देने वाली के नाम कर
रहा हूँ,
खुदा नाराज़ हो जाए शायद, पर मैं उससे
उपर, माँ का नाम लिख रहा हूँ

Vikram Gill

"झूठ"

इतनी शिददत से झूठ बोला उसने, की
सबने मान लिया,
मेरे तनहा रहने की आदत को, मेरी बेरूख़ी
मान लिया

इतनी शिददत..

इतने मिले हैं, की यह इल्ज़ाम भी सुना
सुना सा लगता है,
चल, तू कहता है मई बेवफा, तो मैने मान
लिया

मेरे तनहा..

सोचता हूँ चुप रहूँ और नज़रें झुकी रहने दूँ
दुख बस इतना है की सबकी तरह, तूने भी
ग़लत मान लिया

इतनी शिददत..

Vikram Gill

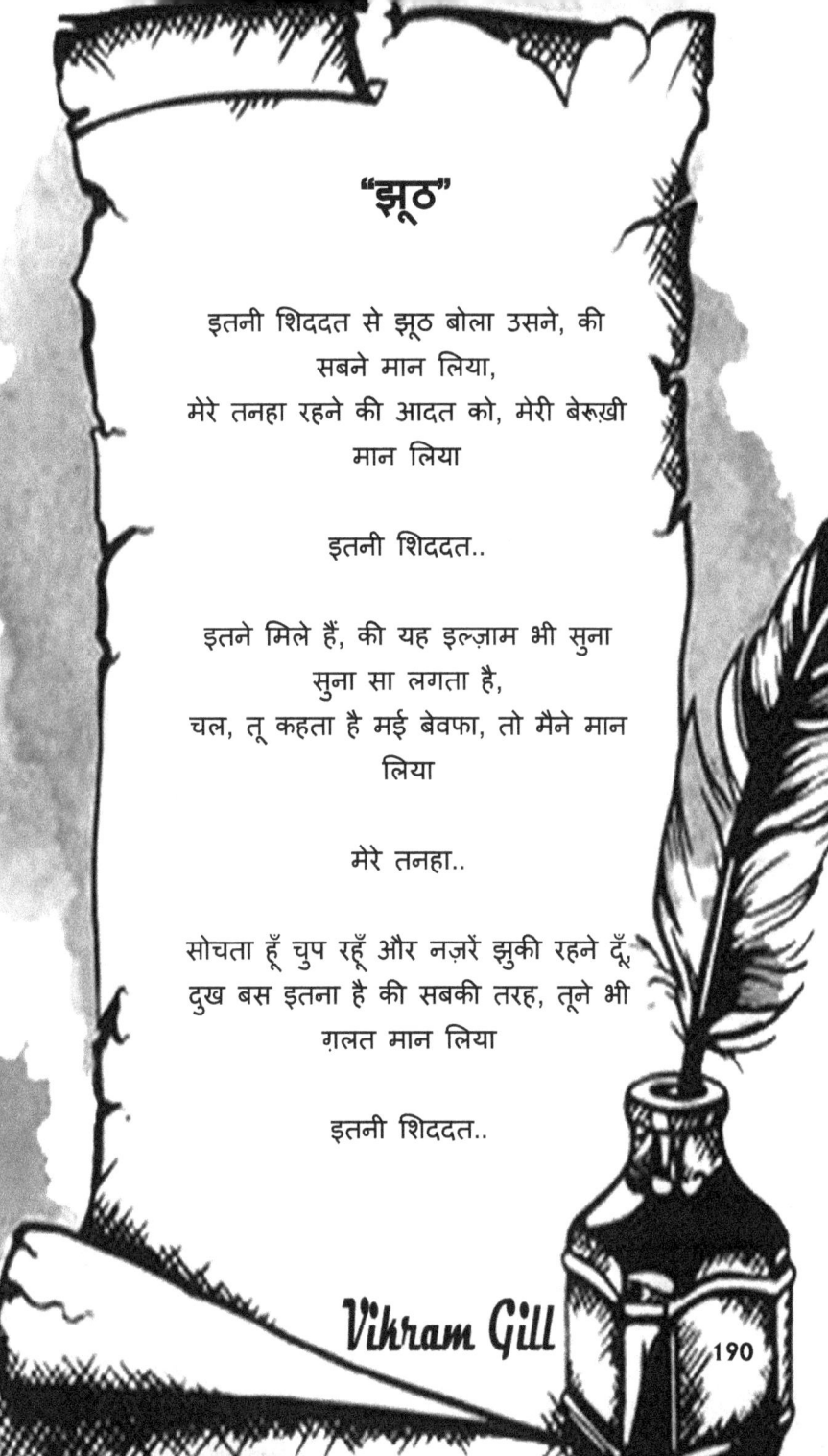

सभी करते हैं दावा, दुनिया से
अलग होने का,
तू भी दुनिया का ही हिस्सा है मैने
जान लिया

इतनी शिददत..

एक पल लगता है यकीन का घर
ढहने में - 2
मुझे यक़ीन है है तूने हर झूठ को सच
मान लिया

इतनी शिददत से झूठ बोला उसने, की
सबने मान लिया,
मेरे तनहा रहने की आदत को, मेरी बेरूख़ी
मान लिया

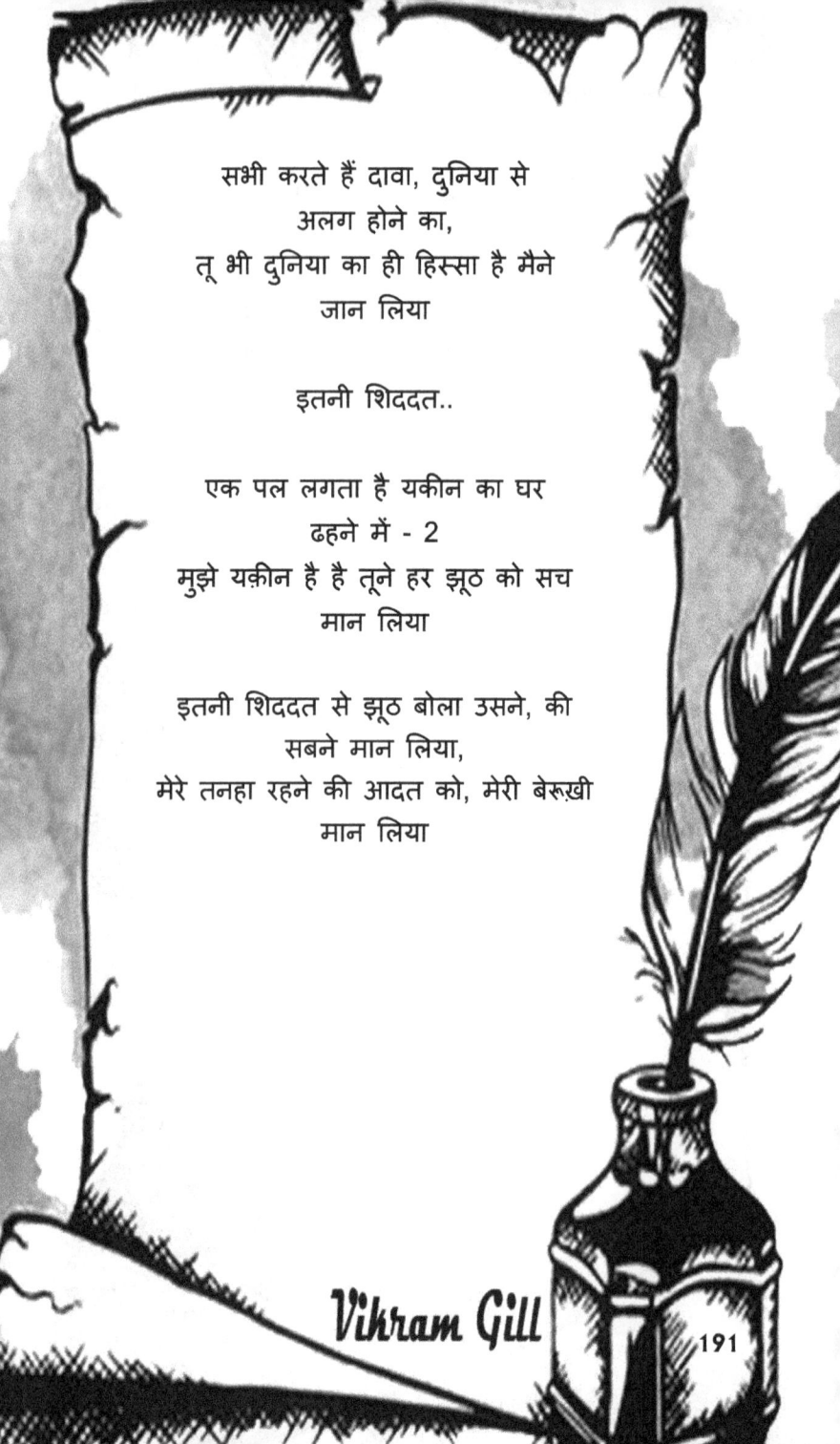

Vikram Gill

191

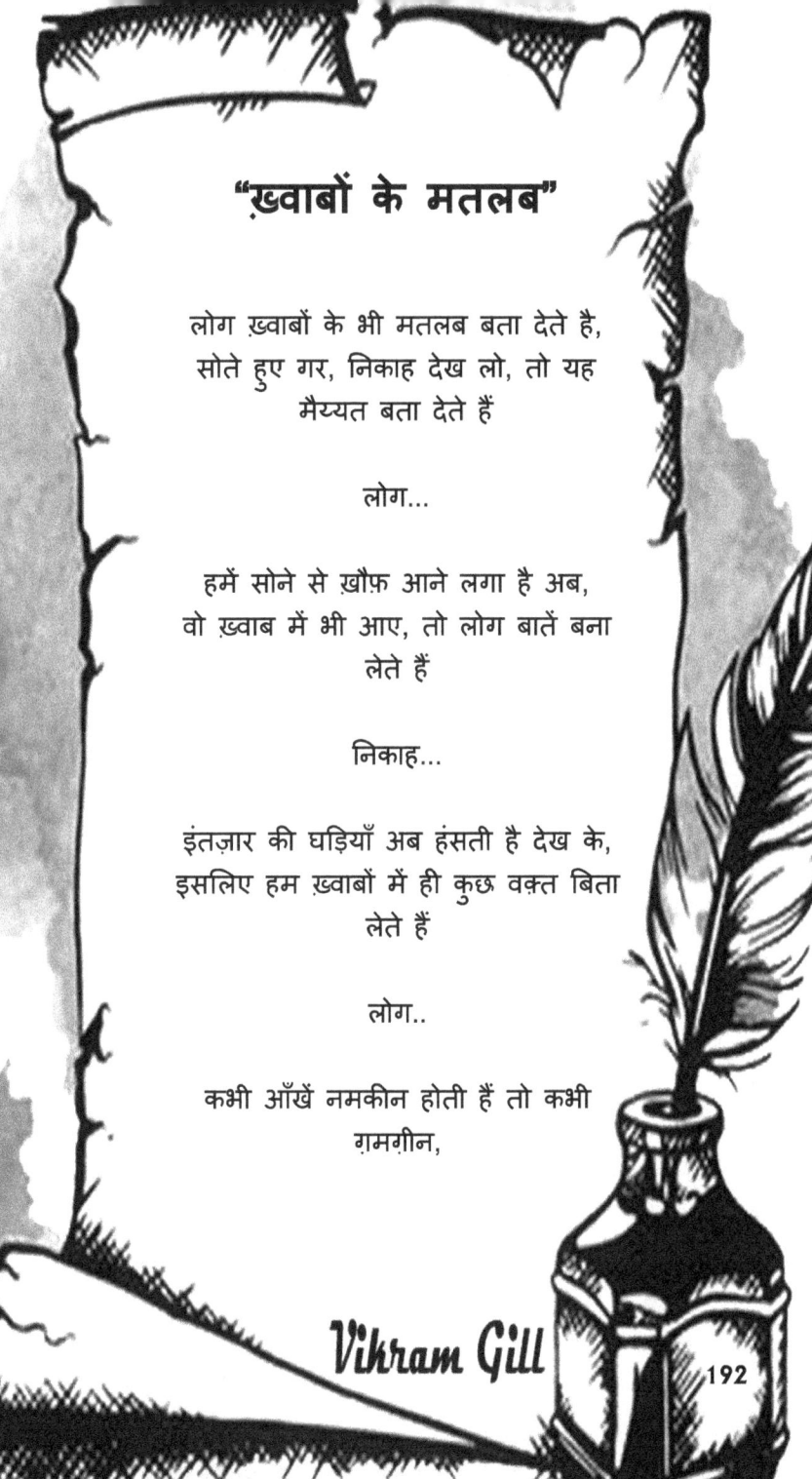

"ख़्वाबों के मतलब"

लोग ख़्वाबों के भी मतलब बता देते है,
सोते हुए गर, निकाह देख लो, तो यह
मैय्यत बता देते हैं

लोग...

हमें सोने से ख़ौफ़ आने लगा है अब,
वो ख़्वाब में भी आए, तो लोग बातें बना
लेते हैं

निकाह...

इंतज़ार की घड़ियाँ अब हंसती है देख के,
इसलिए हम ख़्वाबों में ही कुछ वक़्त बिता
लेते हैं

लोग..

कभी आँखें नमकीन होती हैं तो कभी
ग़मग़ीन,

Vikram Gill

यहा तो लोग अश्क़ों की भी कीमत
लगा लेते हैं

लोग ख़्वाबों के भी मतलब बता देते है,
सोते हुए गर, निकाह देख लो, तो यह
मैय्यत बता देते हैं

Vikram Gill

193

"अधूरा ही सही"

बेशक़ मुकम्मल नही पर वो जुनून-ए-इश्क़
मेरा तो था?
अब जब मैं अपना ना रहा, तो समझ
आया, सब तेरा ही था

बेशक़...

आईने में झाँकता हूँ तो वो कहता है,
तू- तू नहीं कोई और है, वो चेहरा तो
मुस्कुराता भी था

बेशक़..

तमन्ना मचलती होगी उधर भी, कहीं
टकराने की,
शायद उसकी यादों पे कभी, मेरा
पहरा ही था

बेशक़...

Vikram Gill

194

झूठ ही कह दे कभी आके की, खुश है तू
भी मेरी तरह,
आधा अधूरा ही सही, पर वो प्यार,
गहरा ही था..

बेशक़ मुकम्मल नही पर वो जुनून-ए-इश्क़
मेरा तो था?
अब जब मैं अपना ना रहा, तो समझ
आया, सब तेरा ही था

Vikram Gill

"मोहब्बत और नफ़रत"

मोहब्बत और नफ़रत उतनी करो, जितनी
संभल जाए,
ख़ुद को किसी के लिए इतना मत गिराओ,
की लोग ही बदल जायें

मोहब्बत..

मसला यह नही की गुफ्तगू पे लगाम लग
गयी है,
चाहत कुछ ऐसी है की, कुछ ऐसा हो की
वो पिघल जायें

मोहब्बत...

कभी आके खुद ही पता कर ले हाल-ए-दिल
मेरा,
रूह कंपकपा रही है, जाने कब जिस्म से
निकल जाए

मोहब्बत..

Vikram Gill

अब मिलने के बहाने भी दम तोड़ने लगे हैं,
जाने कैसा आलम होगा, अगर ग़लती से
कभी मिल जायें

मोहब्बत और नफ़रत उतनी करो, जितनी
संभल जाए,
ख़ुद को किसी के लिए इतना मत गिराओ,
की लोग ही बदल जायें

Vikram Gill

"शामें"

यह शामें भी आज कल परेशान दिखने
लगी हैं
कभी यहाँ पंछी भी मुस्कुराते थे, अब
बारिशें भी रोने लगी हैं

यह शामें..

कुछ वक़्त पहले तक, हूमें डूबता सूरज भी
रूमानी लगता था,
आज बरसती बूँदें भी आँखो में चुभने
लगी हैं

यह शामें..

मुस्कुराहटों से आँखो तक का फ़ैसला तय
नही होता
घड़ी की भी सुइयां बड़ी तेज़ी से पीछे
भागने लगी हैं

यह शामें..

Vikram Gill

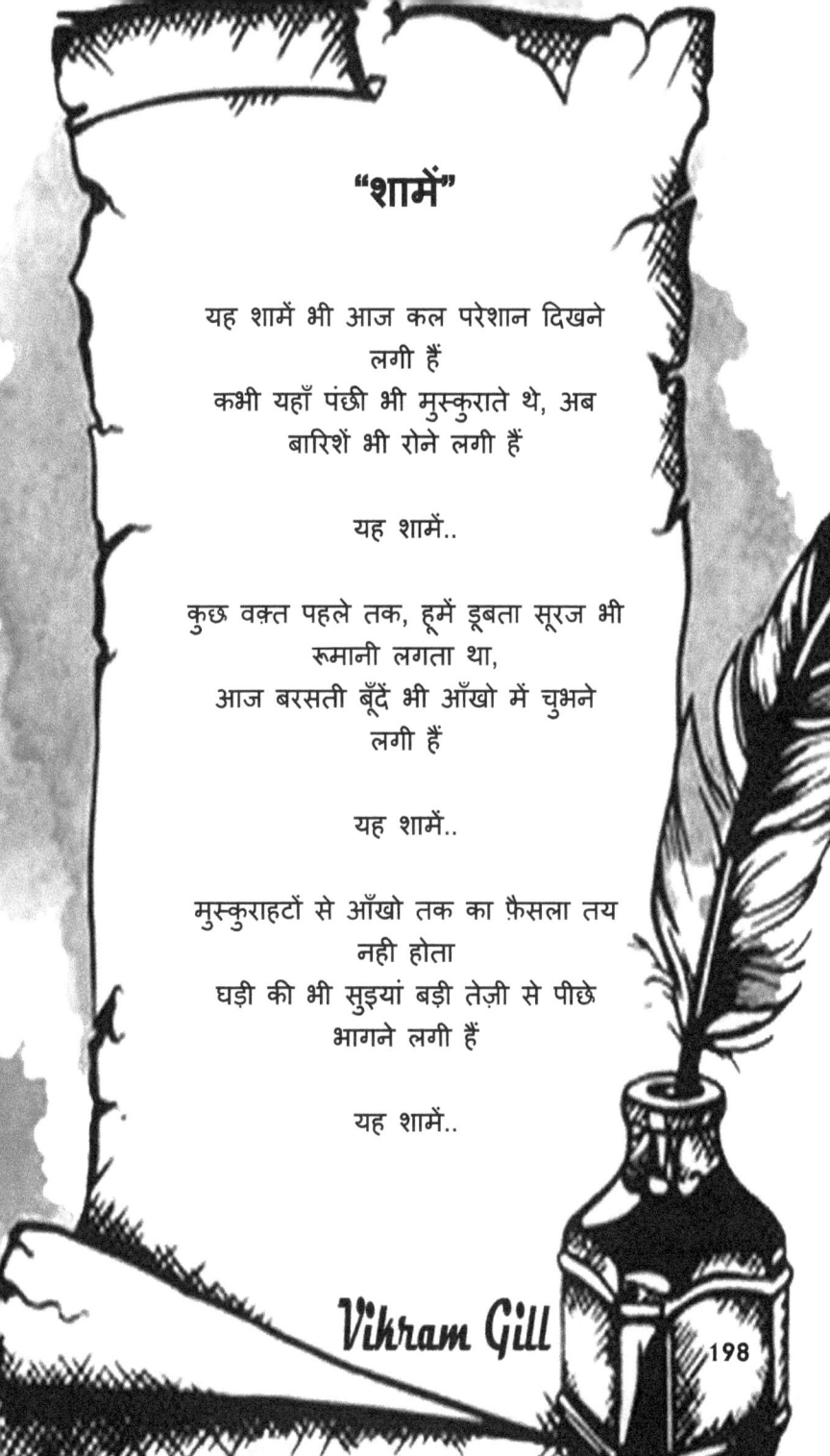

आज भी सड़कों पे हर जगह लोग
दिखाई देते हैं,
शायद हमें ही भीड़ से बच के चलने की
आदत होने लगी है

यह शामें भी आज कल परेशान दिखने
लगी हैं
कभी यहाँ पंछी भी मुस्कुराते थे, अब
बारिशें भी रोने लगी हैं

Vikram Gill

199

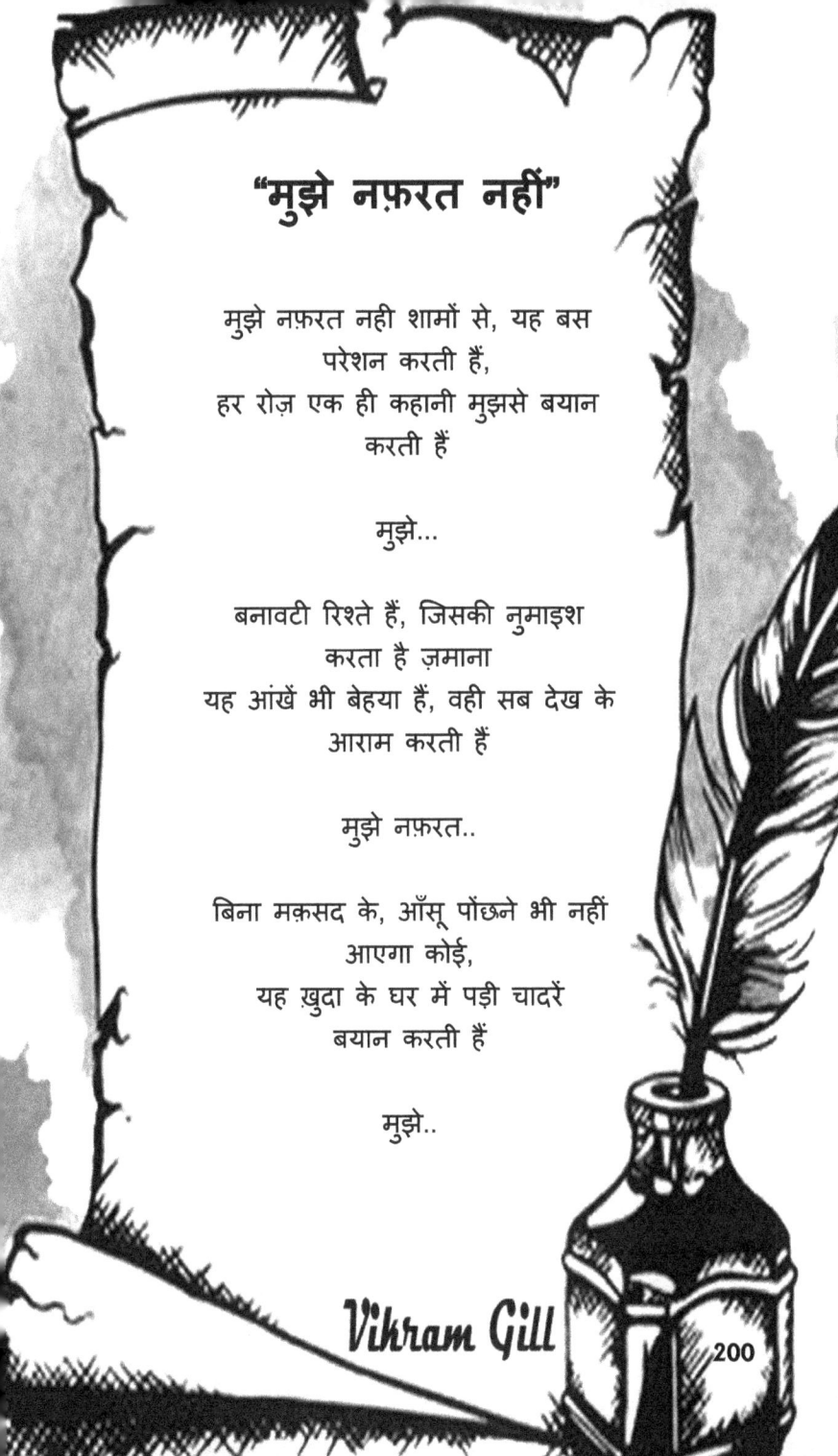

"मुझे नफ़रत नहीं"

मुझे नफ़रत नही शामों से, यह बस
परेशन करती हैं,
हर रोज़ एक ही कहानी मुझसे बयान
करती हैं

मुझे...

बनावटी रिश्ते हैं, जिसकी नुमाइश
करता है ज़माना
यह आंखें भी बेहया हैं, वही सब देख के
आराम करती हैं

मुझे नफ़रत..

बिना मक़सद के, आँसू पोंछने भी नहीं
आएगा कोई,
यह ख़ुदा के घर में पड़ी चादरें
बयान करती हैं

मुझे..

Vikram Gill

200

दिल कभी टूटता नहीं, बस हमारी उम्मीदें
दम तोड़ती है,
अक्सर मोहब्बत की आरज़ू, महफिलें
वीरान करती हैं

मुझे नफ़रत नही शामों से, यह बस
परेशन करती हैं,
हर रोज़ एक ही कहानी मुझसे बयान
करती हैं

Vikram Gill

"यह ज़रूरी नही"

यह ज़रूरी नही की हर लड़ाई जीती जाए,
कभी चुप रह कर हार जाने में भी
जीत होती है

यह..

हर बार गहरी साँसों का सबब
मोहब्बत ही नही,
अक्सर सैलाब के बाद ही खामोशी होती है

कभी..

फ़ैसले समझने और सिर्फ़ मान लेने
में फ़र्क़ होता है,
जो बस मान लेते हैं, उन्हें अक्सर शिक़ायतें
ही होती है

यह..

तुम अपनी इज़्ज़त अपने हाथों में रख लो,
अपना क्या है, हर एक बाज़ार में नीलाम
होती है

Vikram Gill

यह ज़रूरी नही की हर लड़ाई जीती जाए,
कभी चुप रह कर हार जाने में भी जीत
होती है

Vikram Gill

"जाम भरता हूँ"

चंद बातें पीने वालों के नाम करता हूँ,
कब से ख़ाली पड़े हैं, सोचा कुछ जाम
भरता हूँ

चंद बातें..

बैठती होंगी आज भी महफिलें मयकदों में
मैं तन्हाई में पी कर, दोस्तों को याद
करता हूँ

चंद बातें..

काँच टकराने की धुन, कब से कानो तक
आई नही,
मैं पुरानी तस्वीरों से बातें हज़ार करता हूँ

चंद बातें..

मोहब्बत करनी है तो, शराब की बोतल
से करो,
जब नशे में आता हूँ, फिर मैं किस्से हज़ार
करता हूँ

Vikram Gill

204

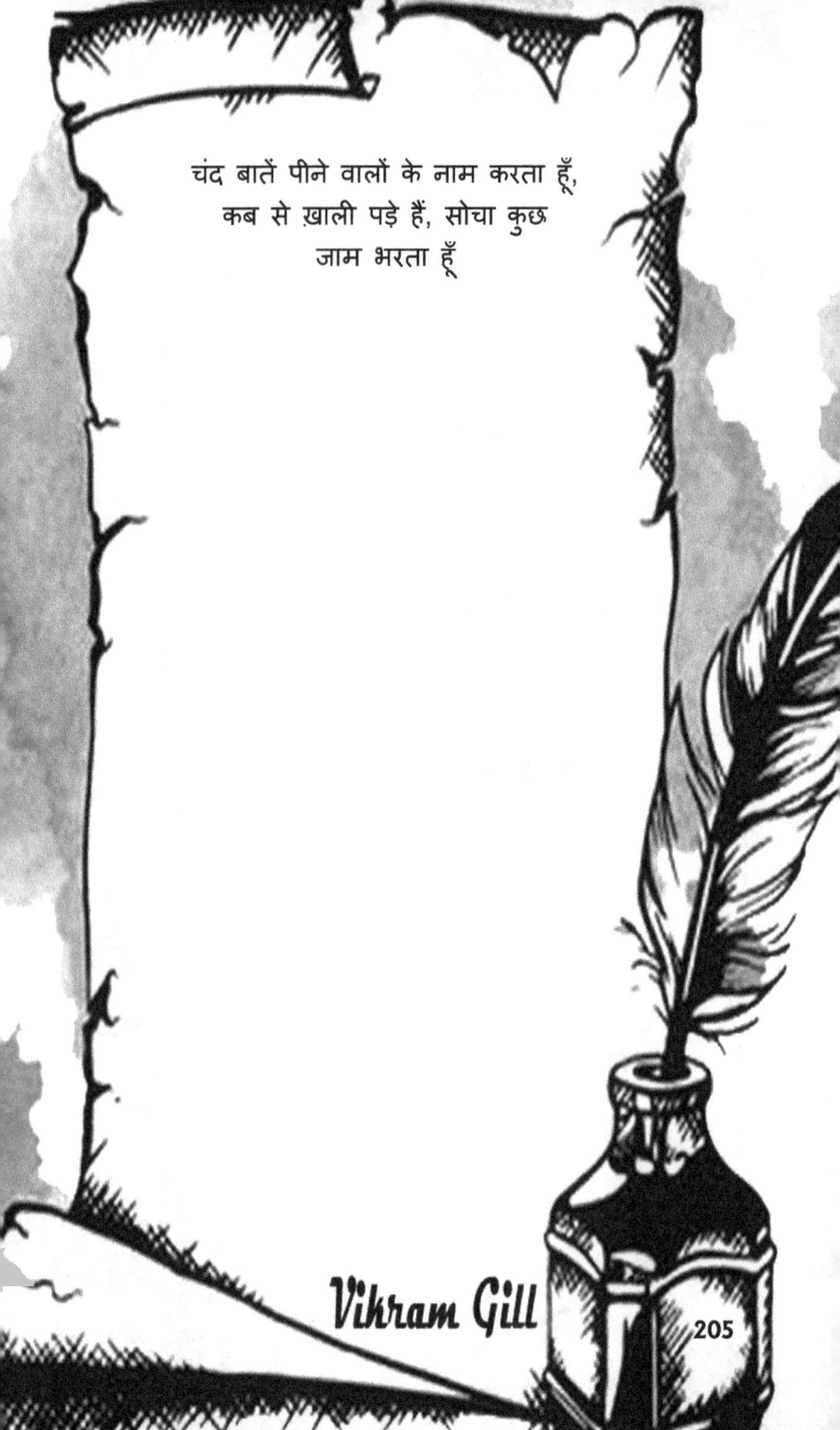

चंद बातें पीने वालों के नाम करता हूँ,
कब से ख़ाली पड़े हैं, सोचा कुछ
जाम भरता हूँ

Vikram Gill

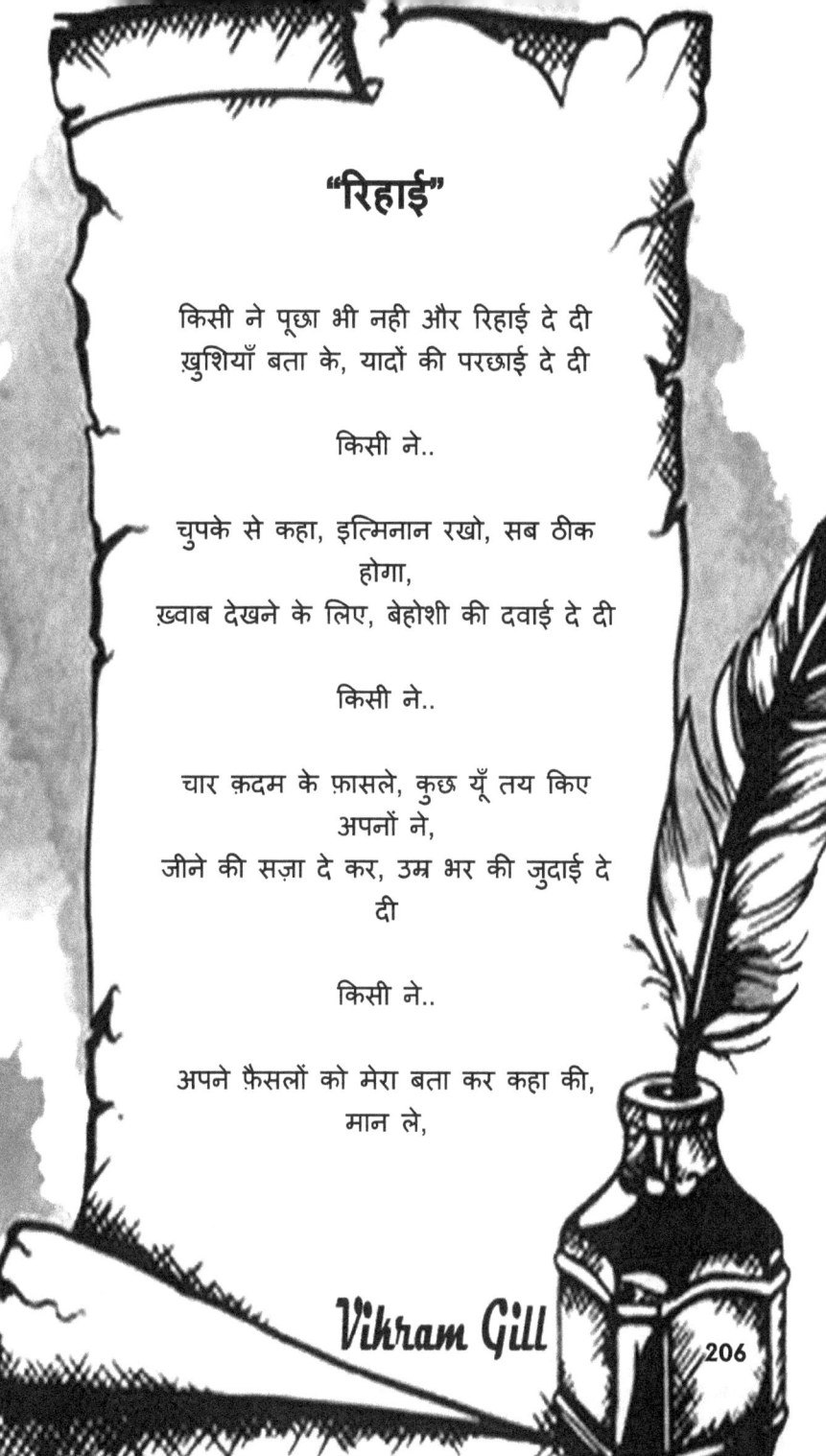

"रिहाई"

किसी ने पूछा भी नही और रिहाई दे दी
ख़ुशियाँ बता के, यादों की परछाई दे दी

किसी ने..

चुपके से कहा, इत्मिनान रखो, सब ठीक
होगा,
ख़्वाब देखने के लिए, बेहोशी की दवाई दे दी

किसी ने..

चार क़दम के फ़ासले, कुछ यूँ तय किए
अपनों ने,
जीने की सज़ा दे कर, उम्र भर की जुदाई दे
दी

किसी ने..

अपने फ़ैसलों को मेरा बता कर कहा की,
मान ले,

Vikram Gill

206

चुपके से मुस्कुराहटें चुरा कर, बदले में
खामोशी दे दी

किसी ने पूछा भी नही और रिहाई दे दी
ख़ुशियाँ बता के, यादों की परछाई दे दी

Vikram Gill

"कहानी"

हर एक इंसान की कोई ना कोई
कहानी होती है,
किसी की समझनी होती है, कहीं पे
बेज़ुबानी होती है

हर एक...

हमें सफ़र में मिले कितने ही शख्स
बताने वाले,
कि वक़्त के साथ चल के ही ज़िंदगी
बितानी होती है

हर एक...

कहीं नीम से कड़वे तजुर्बे, कहीं शहद से
मीठे किस्से,
कोई लिपटा बबूल में, तो कहीं किताबें
पुरानी होती हैं

हर एक..

Vikram Gill

अब खिड़कियों के उस पार, सब धुँधला सा
दिखता है,
कोई जा के समझाए की नज़रों पर
से भी धूल हटानी होती है

हर एक इंसान की कोई ना कोई
कहानी होती है,
किसी की समझनी होती है, कहीं पे
बेज़ुबानी होती है

Vikram Gill

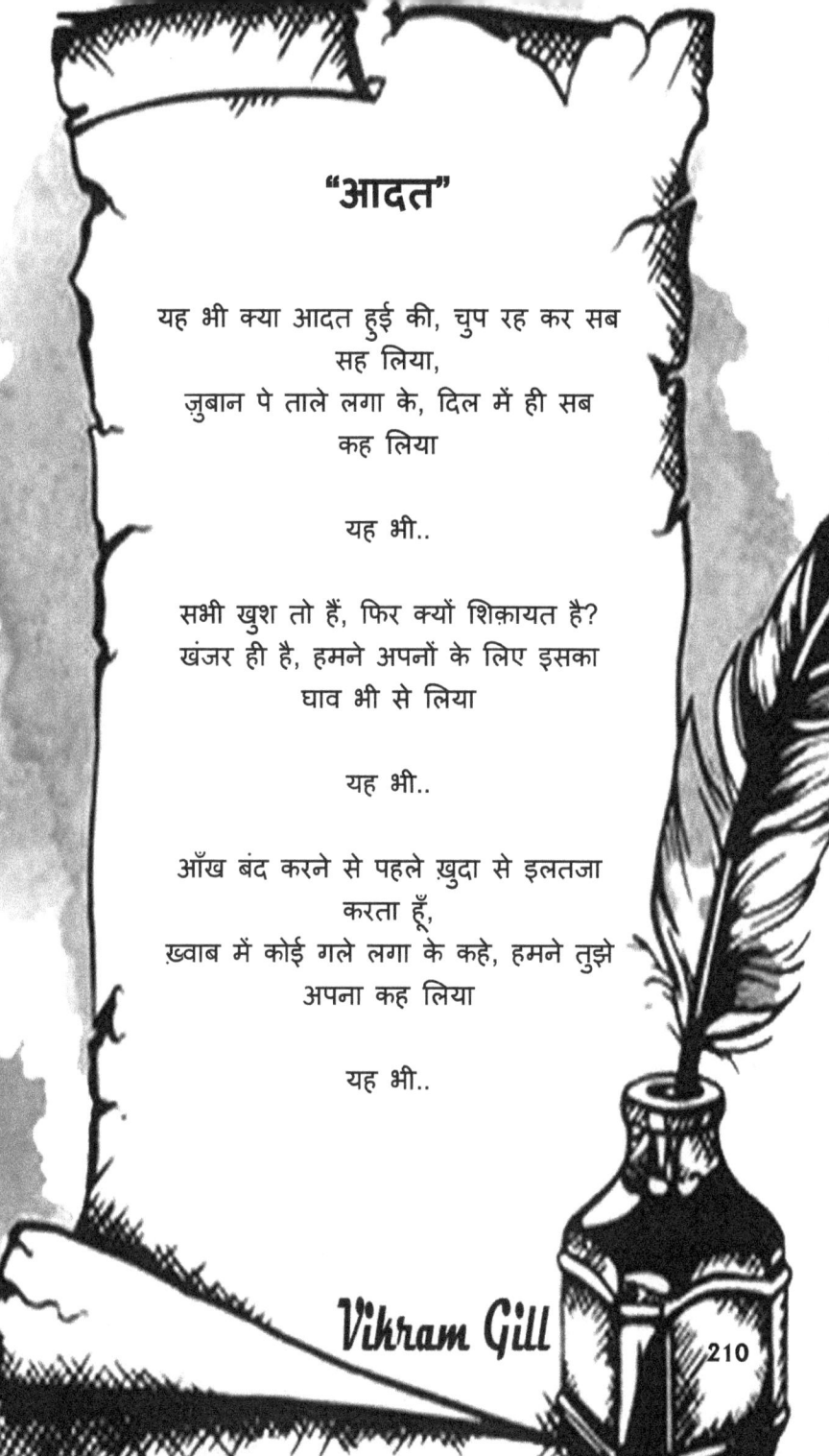

"आदत"

यह भी क्या आदत हुई की, चुप रह कर सब
सह लिया,
ज़ुबान पे ताले लगा के, दिल में ही सब
कह लिया

यह भी..

सभी खुश तो हैं, फिर क्यों शिक़ायत है?
खंजर ही है, हमने अपनों के लिए इसका
घाव भी से लिया

यह भी..

आँख बंद करने से पहले ख़ुदा से इलतजा
करता हूँ,
ख़्वाब में कोई गले लगा के कहे, हमने तुझे
अपना कह लिया

यह भी..

Vikram Gill

210

मुद्दा यह नही की, किसी ने कभी
समझा नही,
शिक़ायत यह है, अपनो के भी हमें
गैर कह दिया

यह भी क्या आदत हुई की, चुप रह
कर सब सह लिया,
ज़ुबान पे ताले लगा के, दिल में ही
सब कह लिया

Vikram Gill

"कैसा होता अगर"

"कैसा होता अगर" हम दिल की हर बात
समझ पाते,
ना तू होता, ना मैं होता, सारे मुद्दे बस "हम
और हमारा" कह के सुलझ जाते

कैसा होता अगर..

बिना अश्क़ों के यह ज़िंदगी सहरा सी
लगती है,
कैसा होता अगर वो सवालों के बादल
बरस जाते

ना तू होता...

अब सिर्फ़ रातें नही, दिन भी खामोश
रहते हैं,
कैसा होता अगर, सबकी चाहतों को भी पर
मिल पाते

ना तू होता..

Vikram Gill

212

कुछ कहानियाँ रेल की पटरी सी होती हैं,
कैसा होता अगर, सिर्फ़ साथ चलते नही,
किसी मोड़ पर बस मिल जाते

"कैसा होता अगर" हम दिल की हर बात
समझ पाते,
ना तू होता, ना मैं होता, सारे मुद्दे बस "हम
और हमारा" कह के सुलझ जाते

Vikram Gill

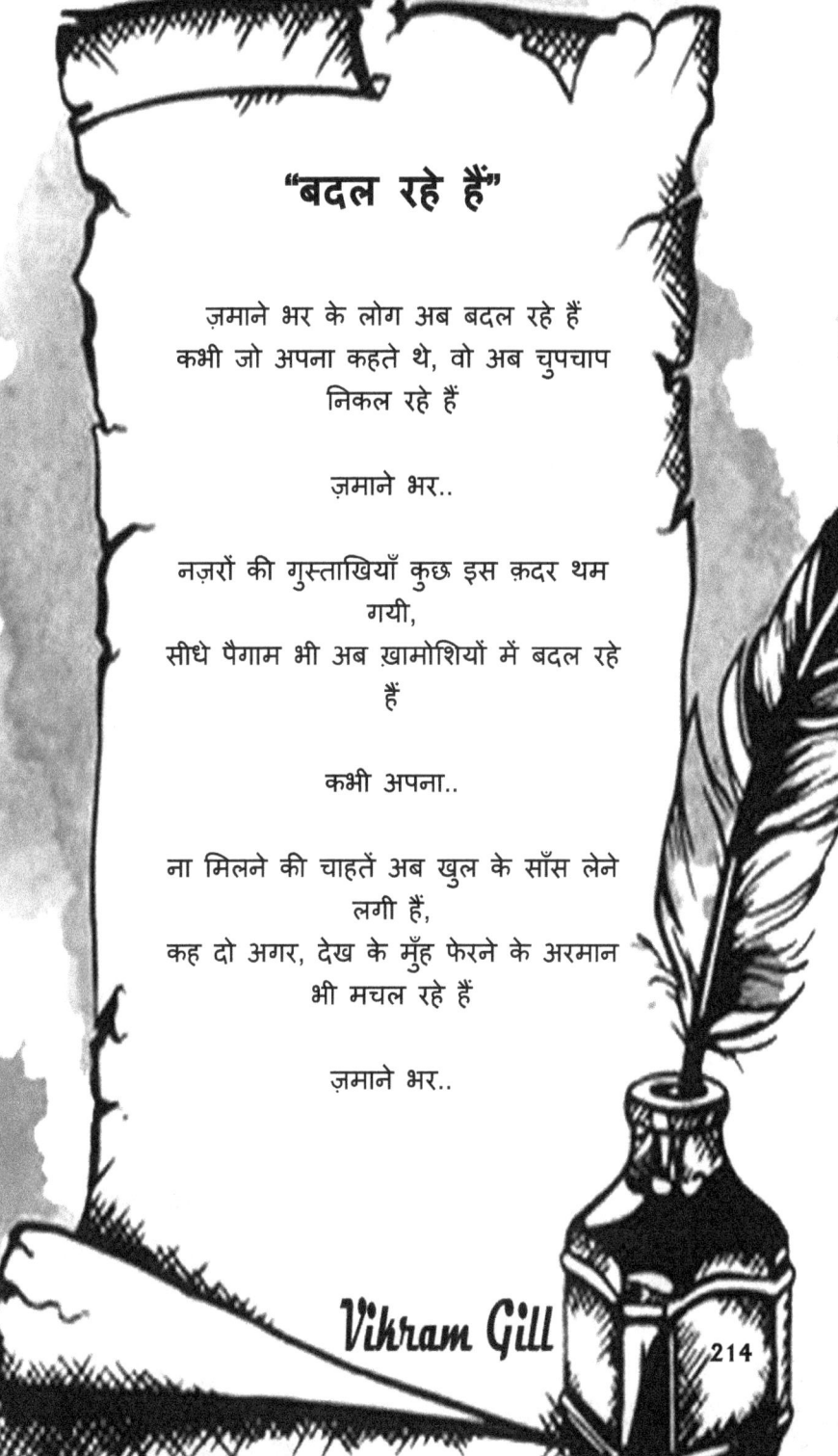

"बदल रहे हैं"

ज़माने भर के लोग अब बदल रहे हैं
कभी जो अपना कहते थे, वो अब चुपचाप
निकल रहे हैं

ज़माने भर..

नज़रों की गुस्ताखियाँ कुछ इस क़दर थम
गयी,
सीधे पैगाम भी अब ख़ामोशियों में बदल रहे
हैं

कभी अपना..

ना मिलने की चाहतें अब खुल के साँस लेने
लगी हैं,
कह दो अगर, देख के मुँह फेरने के अरमान
भी मचल रहे हैं

ज़माने भर..

Vikram Gill

214

चुपके से मेरे दरवाज़े पे दस्तक ही दे दो,
इन्हीं ख़्वाहिशों में अब दिन निकल रहे हैं

ज़माने भर के लोग अब बदल रहे हैं
कभी जो अपना कहते थे, वो अब चुपचाप
निकल रहे हैं

Vikram Gill

“आज की ताज़ा खबर”

आज की ताज़ा खबर यह हैं,
की इंसान, इंसान को
मार रहा है,
आज बोलता है, ख़ुदा ने दरवाज़ा
बंद कर लिया,
जो कहता था, ख़ुदा को तो, वो ही
संभाल रहा है

आज के....

जहाँ देखता हूँ अफ़रा तफ़री का आलम है,
हर एक मुल्क़, हर एक मज़हब सहमा सा है
हमने पूछा, क्या हुआ भाई?
कहते हैं, “हमारे क़ुदरत का पेड़, फ़ल झाड़
रहा है”

आज के....

सब क़ैद है मकानो के जंगल में
और घर बैठे ख़ुदा से दुआ कर रहे है
खुद ने जवाब दिया, “मैने तो हाथ दिए थे,
तू उनसे अपने पैरों पे कुल्हाड़ी मार रहा है.

Vikram Gill

आज की ताज़ा खबर यह हैं, की इंसान,
इंसान को मार रहा है,
आज बोलता है, ख़ुदा ने दरवाज़ा बंद
कर लिया,
जो कहता था, ख़ुदा को तो, वो ही
संभाल रहा है

Vikram Gill

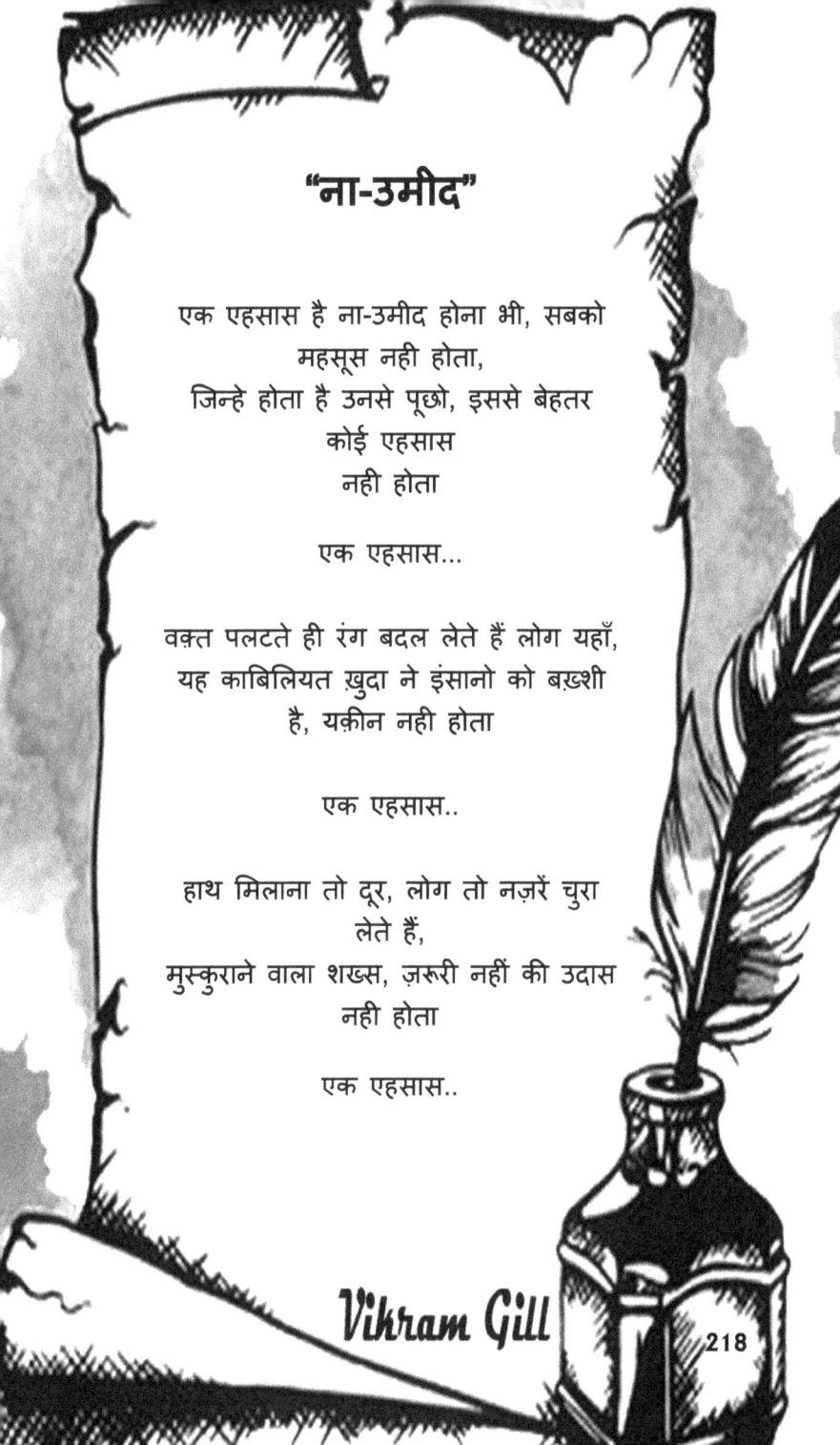

"ना-उमीद"

एक एहसास है ना-उमीद होना भी, सबको
महसूस नही होता,
जिन्हे होता है उनसे पूछो, इससे बेहतर
कोई एहसास
नही होता

एक एहसास...

वक़्त पलटते ही रंग बदल लेते हैं लोग यहाँ,
यह काबिलियत ख़ुदा ने इंसानो को बख़्शी
है, यक़ीन नही होता

एक एहसास..

हाथ मिलाना तो दूर, लोग तो नज़रें चुरा
लेते हैं,
मुस्कुराने वाला शख्स, ज़रूरी नहीं की उदास
नही होता

एक एहसास..

Vikram Gill

218

ज़ुबान को मालूम है दर्द छुपाना
क्या होता है,
चुप रहने वाला मुजरिम, हर दफा
बेवफा नही होता

एक एहसास है ना-उमीद होना भी, सबको
महसूस नही होता,
जिन्हे होता है उनसे पूछो, इससे बेहतर
कोई एहसास
नही होता

Vikram Gill

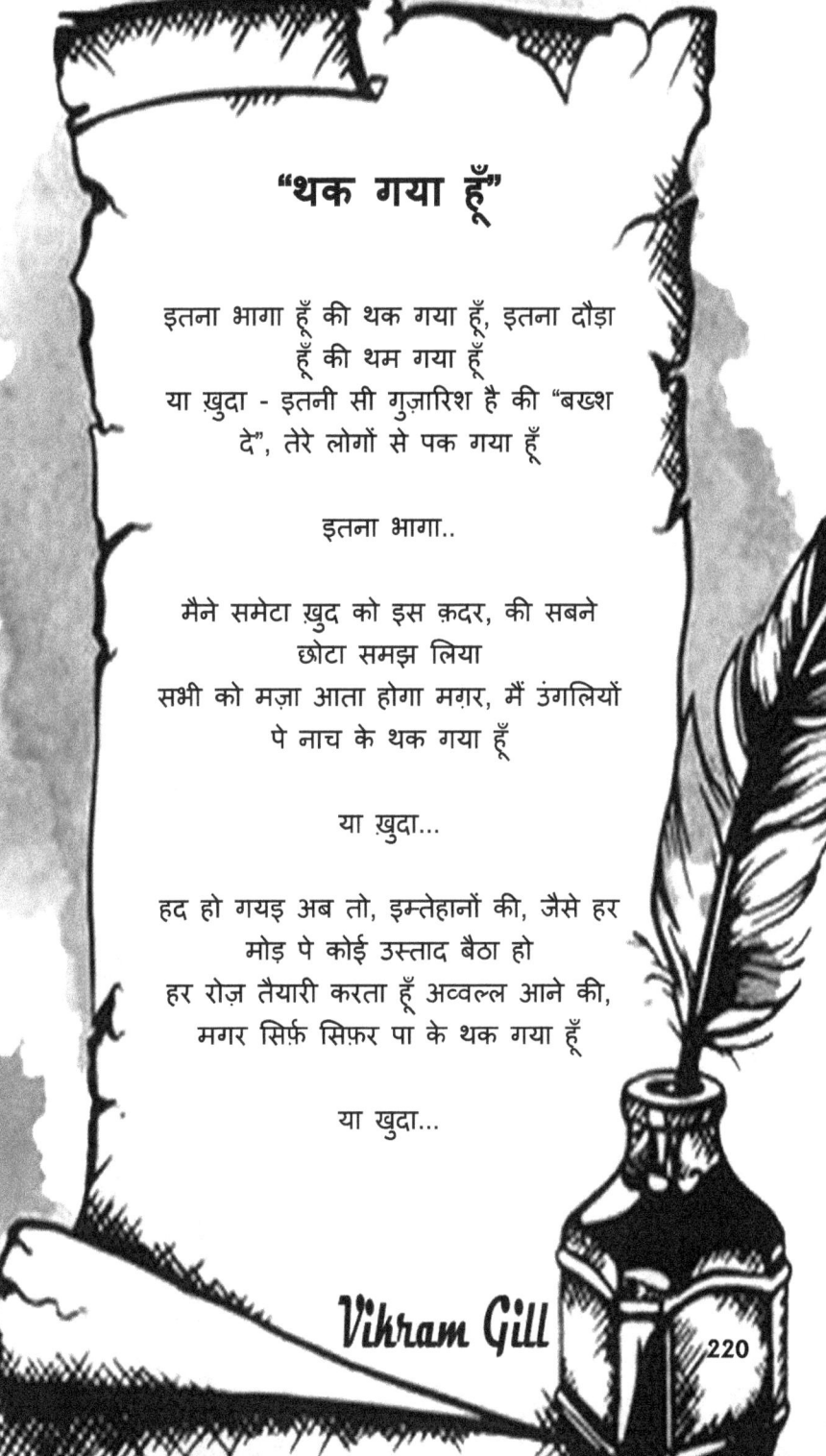

"थक गया हूँ"

इतना भागा हूँ की थक गया हूँ, इतना दौड़ा
हूँ की थम गया हूँ
या ख़ुदा - इतनी सी गुज़ारिश है की "बख्श
दे", तेरे लोगों से पक गया हूँ

इतना भागा..

मैने समेटा ख़ुद को इस क़दर, की सबने
छोटा समझ लिया
सभी को मज़ा आता होगा मग़र, मैं उंगलियों
पे नाच के थक गया हूँ

या ख़ुदा...

हद हो गयइ अब तो, इम्तेहानों की, जैसे हर
मोड़ पे कोई उस्ताद बैठा हो
हर रोज़ तैयारी करता हूँ अव्वल्ल आने की,
मगर सिर्फ़ सिफ़र पा के थक गया हूँ

या खुदा...

Vikram Gill

अरे चिल्लाने से मुझको कोफ़्त होती है,
तुम्हे ना जाने क्यूँ चिल्ला के सुकून
मिलता है?
मेरी ख़ामियों की गिनती ना कराओ मुझको,
मैं हर पल, आईना देख कर थक गया हूँ

इतना भागा हूँ की थक गया हूँ, इतना
दौड़ा हूँ की थम
गया हूँ
या ख़ुदा - इतनी सी गुज़ारिश है की "बख्श
दे", तेरे लोगों से पक गया हूँ

Vikram Gill

"कहानी होती है"

सभी के पास कोई ना कोई कहानी होती है,
कहीं मिलते हैं नये किस्से, कहीं पुरानी
होती है

सभी के..

किसी को भी रुला देना, बड़ा आसान सा
खेल है,
मुश्किलात तो किसी अपने को, हँसाने में
होती है

सभी के...

कभी चुप रह के आँखों से, अपने अल्फ़ाज़
तो बोलो
गहराई में उतर कर, हमें समझनी होती है,
तुम्हे समझानी होती है

कहीं मिलते..

Vikram Gill

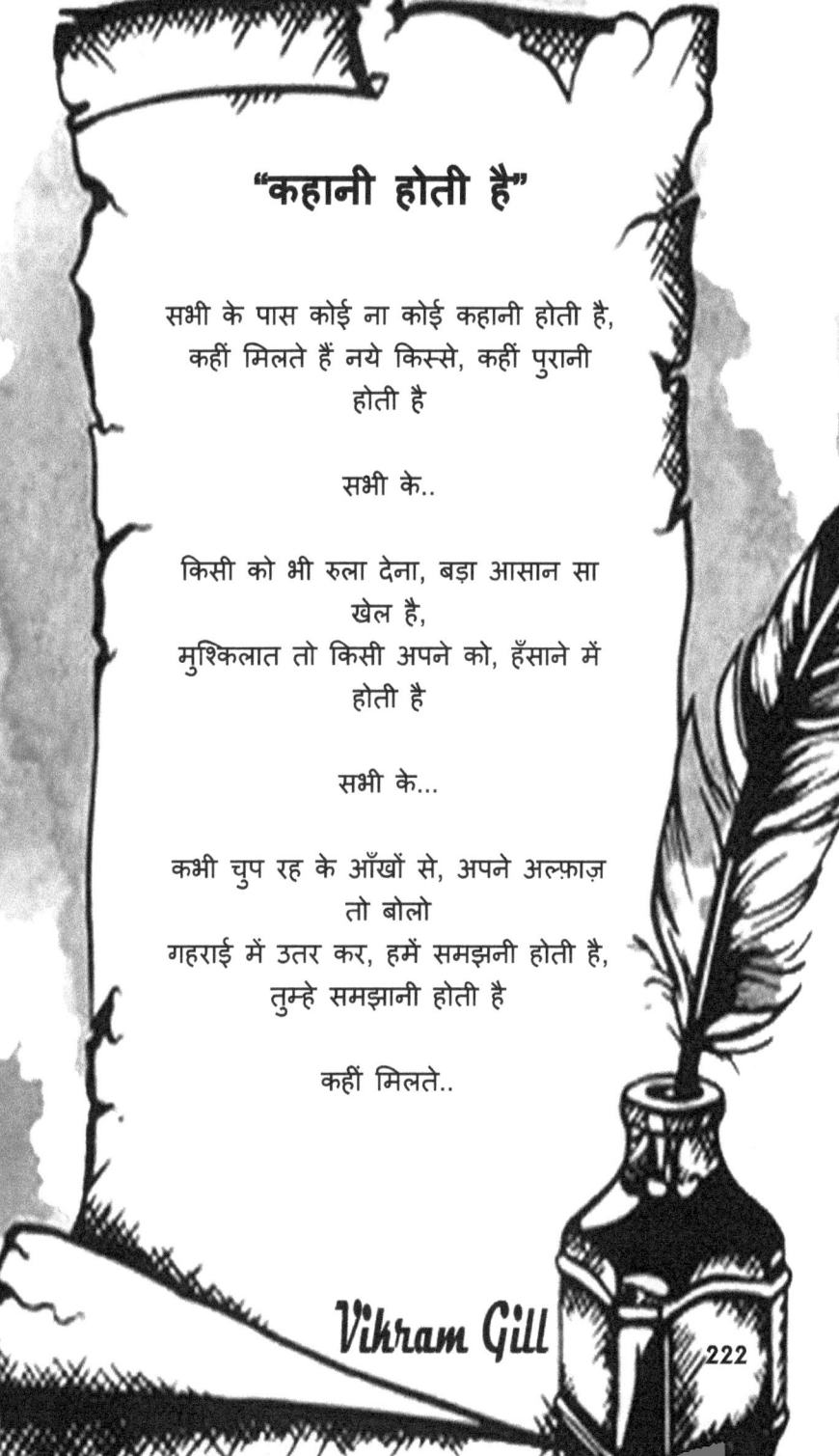

ज़िंदगी की किताब के, सभी पन्ने
भरने लग गये,
वक़्त रहते बीती कुछ कहानियाँ,
वक़्त पे मिटानी होती
होती हैं

सभी के पास कोई ना कोई कहानी होती है,
कहीं मिलते हैं नये किस्से, कहीं पुरानी
होती है

Vikram Gill

"मज़ा आ रहा है"

भीड़ में गुम होने में, मज़ा आ रहा है, ख़ुद
को इस कदर खोने में मज़ा आ रहा है
अब ज़रूरत नही अल्फाज़ों की मुझे, कलम
से इश्क़ फरमा के मज़ा आ रहा है

भीड़ में...

सबसे अलग दिखने की चाहत, दफ़्न
कर दी हमने,
ख़ामोशी की लड़ाइयो में, मज़ा आ रहा है

कलम से..

क्यूँ मार रहे हो ख़ुद को धीरे धीरे,
ज़रा संभलो,
क्या बंदिशों में रह कर मज़ा आ रहा है?

कलम से..

उम्मीदें टूटती हैं तो टूटने दो,, हमने कहाँ
उम्मीदों से कोई उम्मीद लगा रखी है?

Vikram Gill

सच तो यह है की, ना-उमीद रह के भी मज़ा
आ रहा है

भीड़ में गुम होने में, मज़ा आ रहा है, ख़ुद
को इस कदर खोने में मज़ा आ रहा है
अब ज़रूरत नही अल्फाज़ों की मुझे, कलम
से इश्क़ फरमा के मज़ा आ रहा है

Vikram Gill

225

"कोई कह गया"

जब बीतने लगे साल ज़िंदगी के,
कोई कह गया,
क्या ज़रूरत थी ऐसे जीने की, क्यूँ तू ऐसे
रह गया?

जब बीतने..

शायद उम्र भर का गुब्बार है, जाने कैसे
निकल पाएगा?
बस इतना ही सोचा था की, चुपके से एक
आँसू बह गया

जब बीतने..

ज़िंदादिली से रहने की आदत है, फिर से
खड़े हो जाएँगे,
दोस्तों वो बचपन ही था, जो सबकी
मर्ज़ी और मेरी अर्ज़ी
बह गया

जब...

Vikram Gill

इतना मत भागो आए दोस्त, ज़द्दो-ज़ेहद
में पैसों की,
थाम लो हाथ सभी का, जो भी
पीछे रह गया

जब बीतने लगे साल ज़िंदगी के -
कोई कह गया
क्या ज़रूरत थी ऐसे जीने की, क्यू
तू ऐसे रह गया?

Vikram Gill

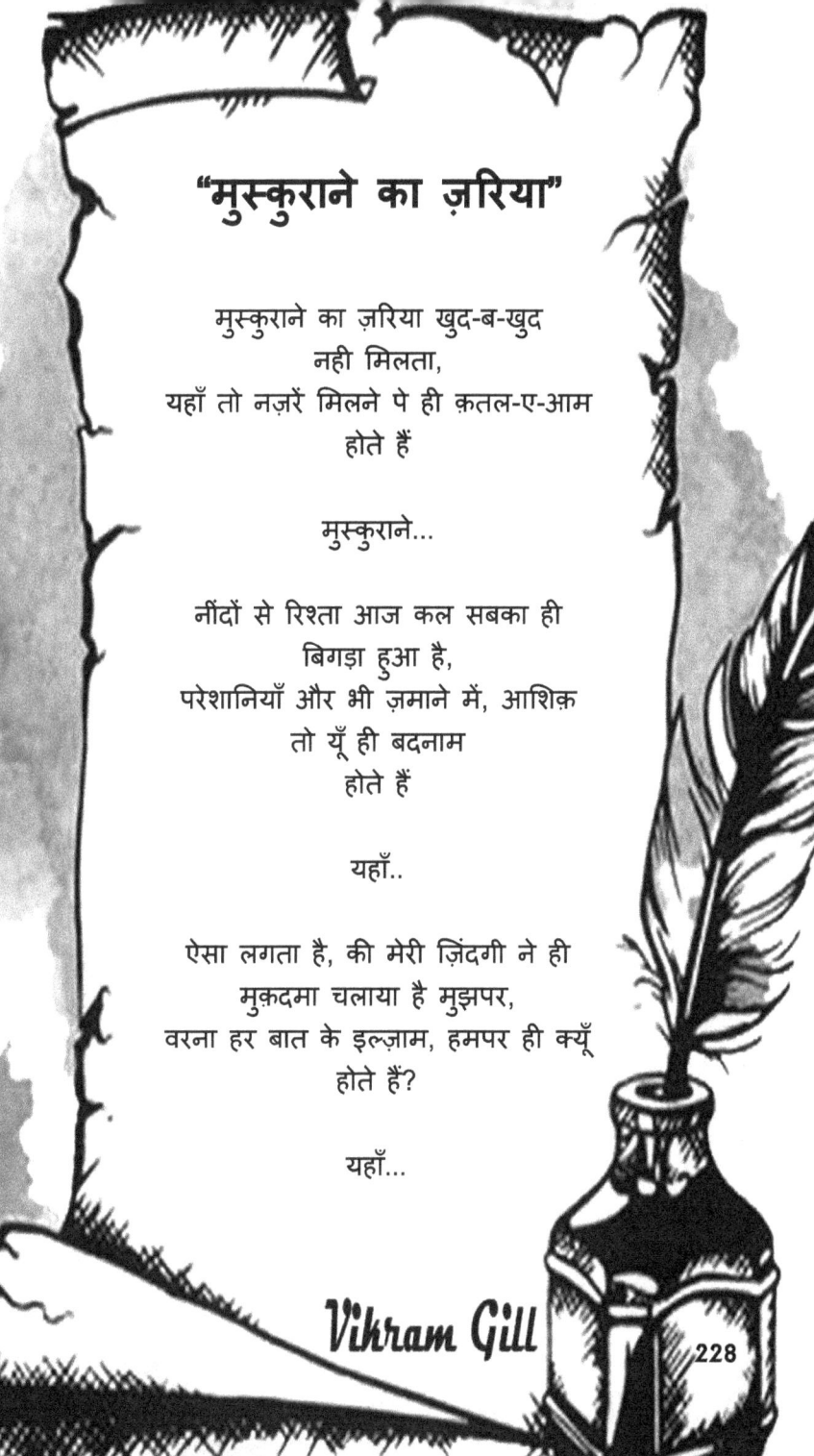

"मुस्कुराने का ज़रिया"

मुस्कुराने का ज़रिया खुद-ब-खुद
नही मिलता,
यहाँ तो नज़रें मिलने पे ही क़तल-ए-आम
होते हैं

मुस्कुराने...

नींदों से रिश्ता आज कल सबका ही
बिगड़ा हुआ है,
परेशानियाँ और भी ज़माने में, आशिक़
तो यूँ ही बदनाम
होते हैं

यहाँ..

ऐसा लगता है, की मेरी ज़िंदगी ने ही
मुक़दमा चलाया है मुझपर,
वरना हर बात के इल्ज़ाम, हमपर ही क्यूँ
होते हैं?

यहाँ...

Vikram Gill

ख़्वाबों की चादरों पर सिलवटें पड़ी हुई है,
यूँ ही नही, हर रोज़ जाम भरे होते हैं

यहाँ...

ख़ौफ़ अपना नही, अपनों के लिए लगता है
समझता कोई नही, समझाने वाले हज़ारों
होते हैं

मुस्कुराने का ज़रिया खुद-ब-खुद नही
मिलता,
यहाँ तो नज़रें मिलने पे ही क़तल-ए-आम
होते हैं

Vikram Gill

"फ़ैसले"

इंसान के दोस्त भी, और दुश्मन भी होते हैं,
ये फ़ैसले,
कभी किसी के हक़ में, कभी सबकी समझ
से परे होते हैं, यह फ़ैसले

इंसान..

और कब तलक सबकी ख़्वाहिशों पे
चलना पड़ेगा?
जाने कैसे ख़ुद ही बनते-बिगड़ते रहते हैं,
यह फ़ैसले

कभी..

तेरी बेरूख़ी में राज़ी, तेरी रज़ा से मुकम्मल
सुना है, क़िस्मत में, पहले से लिखे होते हैं,
यह फ़ैसले

इंसान...

Vikram Gill

मैं और तू की लड़ाई में, कहीं गुम
गया है "हमारा"
जाने किसकी ख़ता हुई, जो इस क़दर
बदल गए, यह फ़ैसले

इंसान के दोस्त भी, और दुश्मन भी होते हैं,
ये फ़ैसले,
कभी किसी के हक़ में, कभी सबकी समझ
से परे होते हैं, यह फ़ैसले

Vikram Gill

"क्या खुदा हो तुम"

कहते हो सब पता है तुम्हे, क्या
खुदा हो तुम?
जो टूटा है उसे जोड़ लो, गर सबसे
जुदा हो तुम

कहते हो..

उलझे रहने दो इन धागों को, क्यूँ करनी
कोशिश सुलझाने की?
थम जाएगा मेरे सवालों का सिलसिला, अगर
सब बता दो तुम

कहते हो..

अपना समझो जिन्हें, उनकी इज़्ज़त
भी करो थोड़ी
सिर्फ़ लफ़्ज़ों से बयान नही, कभी कर के
दिखा दो तुम

जो टूटा..

Vikram Gill

हमारी हर बात क्या, परेशानी का सबब
होती है?
बिना आग के धुआँ कहाँ होता है, ज़रा
यह समझा दो तुम?

कहते हो सब पता है तुम्हे, क्या
खुदा हो तुम?
जो टूटा है उसे जोड़ लो, गर सबसे
जुदा हो तुम

Vikram Gill

233

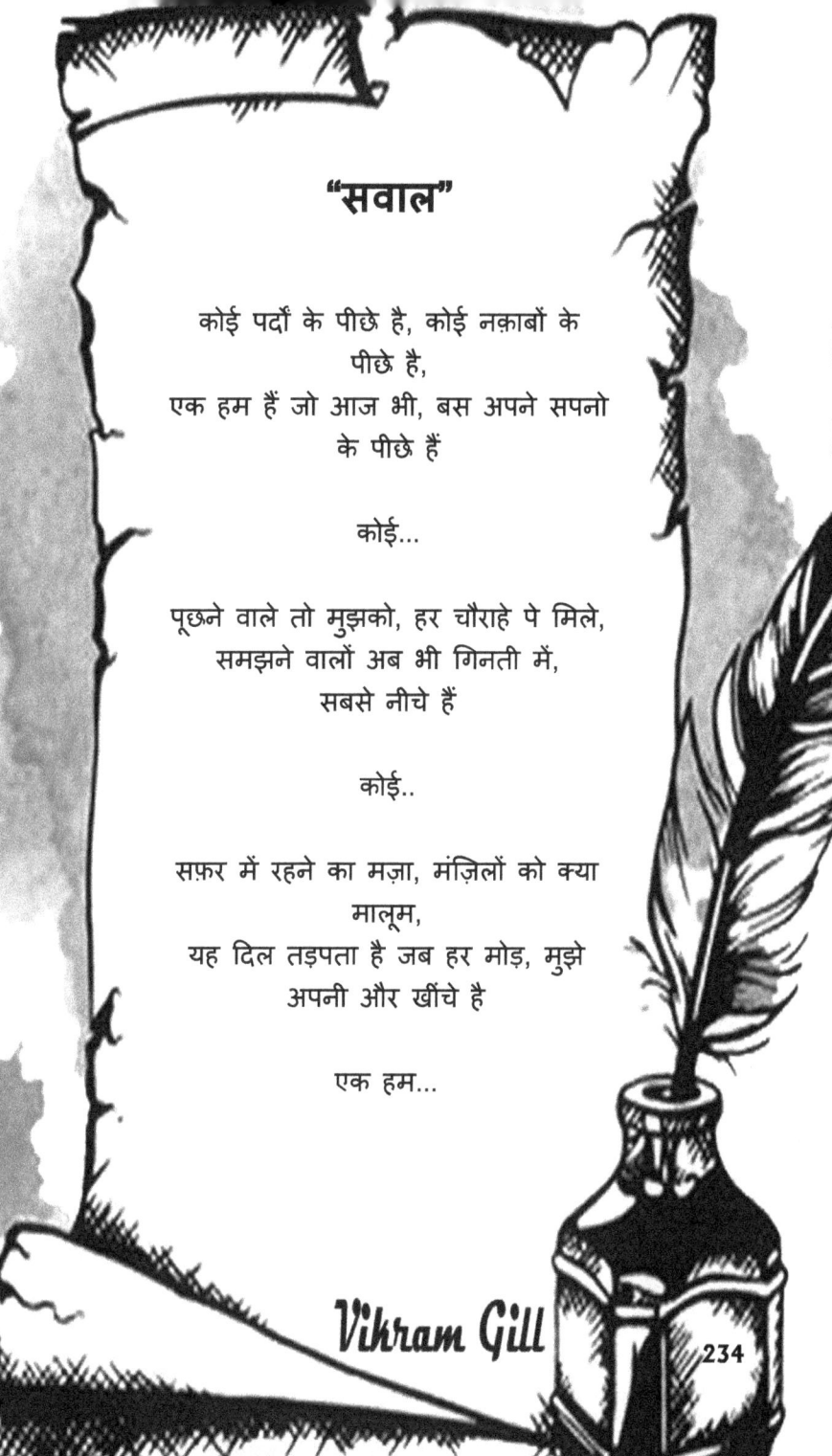

"सवाल"

कोई पर्दों के पीछे है, कोई नक़ाबों के
पीछे है,
एक हम हैं जो आज भी, बस अपने सपनो
के पीछे हैं

कोई...

पूछने वाले तो मुझको, हर चौराहे पे मिले,
समझने वालों अब भी गिनती में,
सबसे नीचे हैं

कोई..

सफ़र में रहने का मज़ा, मंज़िलों को क्या
मालूम,
यह दिल तड़पता है जब हर मोड़, मुझे
अपनी और खींचे है

एक हम...

Vikram Gill

234

हर एक क़दम पे पैरों में, बड़ी चुभन सी
होती है
ख़ुदाया तू बता, यह मखमल है या
काँटों के बगीचे हैं

कोई पर्दों के पीछे है, कोई नक़ाबों
के पीछे है,
एक हम हैं जो आज भी, बस अपने सपनो
के पीछे हैं

Vikram Gill

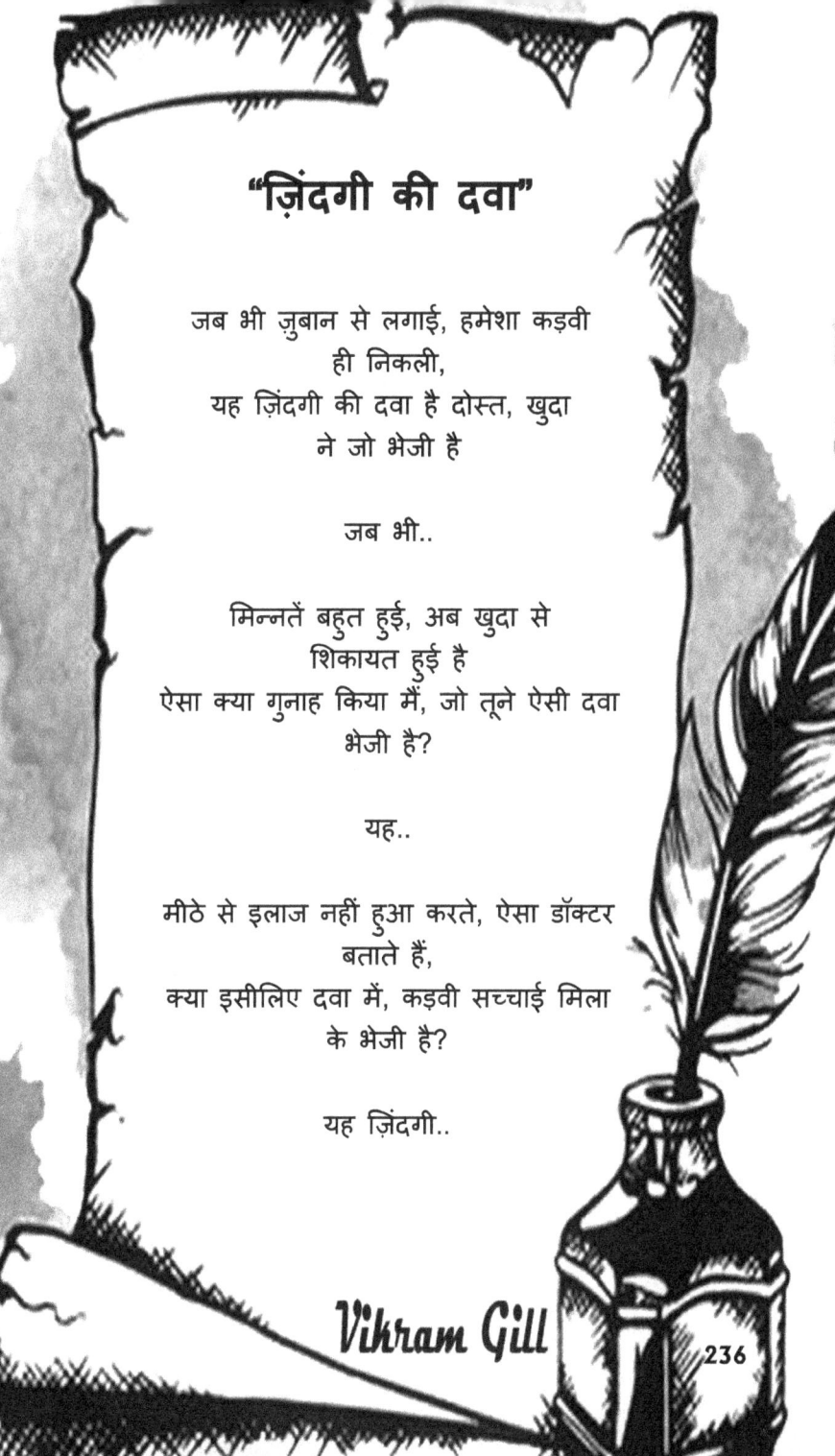

"ज़िंदगी की दवा"

जब भी ज़ुबान से लगाई, हमेशा कड़वी
ही निकली,
यह ज़िंदगी की दवा है दोस्त, खुदा
ने जो भेजी है

जब भी..

मिन्नतें बहुत हुई, अब खुदा से
शिकायत हुई है
ऐसा क्या गुनाह किया मैं, जो तूने ऐसी दवा
भेजी है?

यह..

मीठे से इलाज नहीं हुआ करते, ऐसा डॉक्टर
बताते हैं,
क्या इसीलिए दवा में, कड़वी सच्चाई मिला
के भेजी है?

यह ज़िंदगी..

Vikram Gill

ख़तों के पुर्ज़ों से, हवा का रुख़ देखेंगे,
ख़ुदा को लिखे पैगामों में, कुछ इस तरह
हमने अर्ज़ी भेजी है

जब भी ज़ुबान से लगाई, हमेशा
कड़वी ही निकली,
यह ज़िंदगी की दवा है दोस्त, ख़ुदा ने जो
भेजी है

Vikram Gill

237

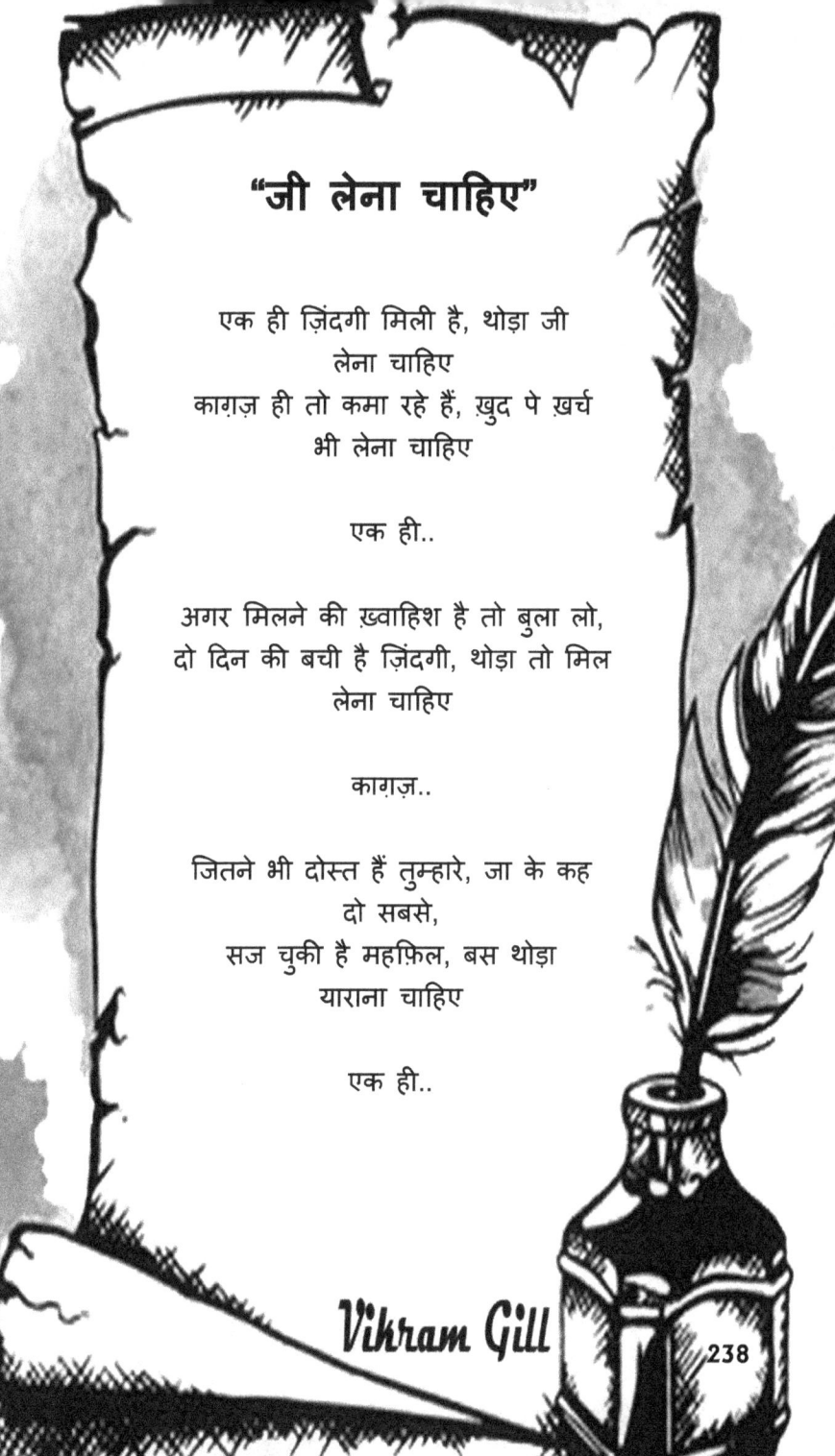

"जी लेना चाहिए"

एक ही ज़िंदगी मिली है, थोड़ा जी
लेना चाहिए
काग़ज़ ही तो कमा रहे हैं, ख़ुद पे ख़र्च
भी लेना चाहिए

एक ही..

अगर मिलने की ख़्वाहिश है तो बुला लो,
दो दिन की बची है ज़िंदगी, थोड़ा तो मिल
लेना चाहिए

काग़ज़..

जितने भी दोस्त हैं तुम्हारे, जा के कह
दो सबसे,
सज चुकी है महफ़िल, बस थोड़ा
याराना चाहिए

एक ही..

Vikram Gill

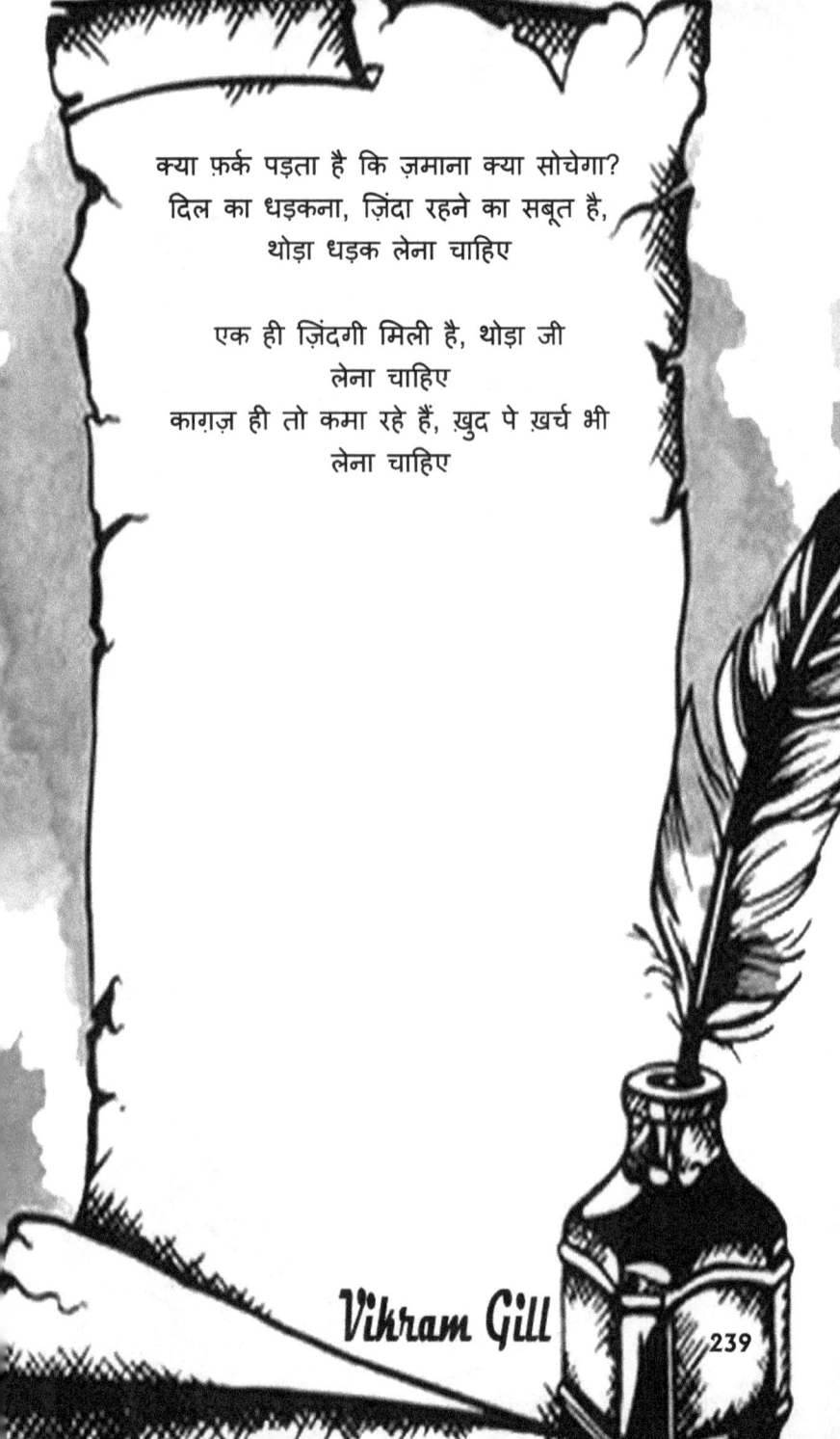

क्या फ़र्क पड़ता है कि ज़माना क्या सोचेगा?
दिल का धड़कना, ज़िंदा रहने का सबूत है,
थोड़ा धड़क लेना चाहिए

एक ही ज़िंदगी मिली है, थोड़ा जी
लेना चाहिए
कागज़ ही तो कमा रहे हैं, ख़ुद पे ख़र्च भी
लेना चाहिए

Vikram Gill

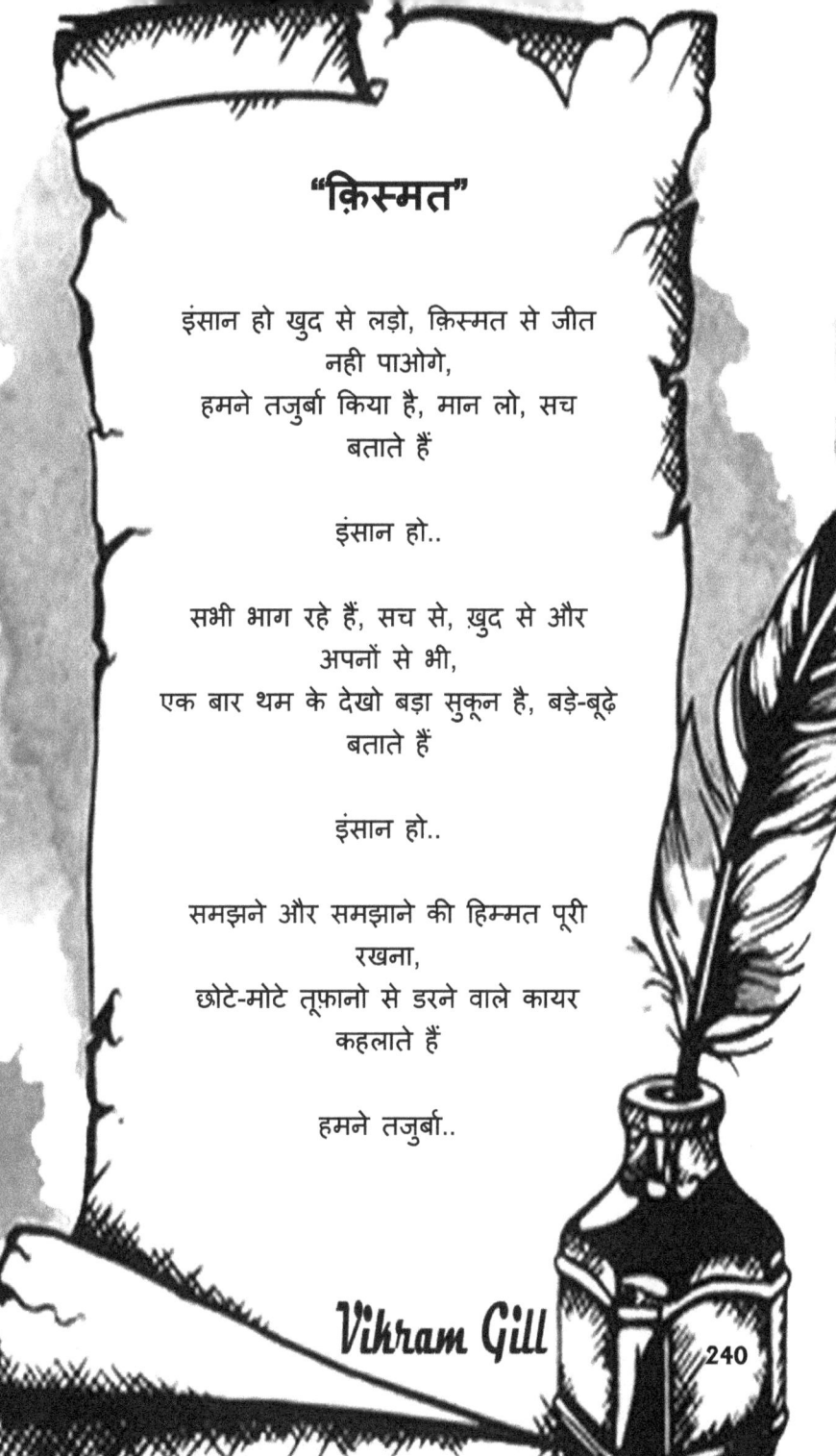

"क़िस्मत"

इंसान हो खुद से लड़ो, क़िस्मत से जीत
नही पाओगे,
हमने तजुर्बा किया है, मान लो, सच
बताते हैं

इंसान हो..

सभी भाग रहे हैं, सच से, ख़ुद से और
अपनों से भी,
एक बार थम के देखो बड़ा सुकून है, बड़े-बूढ़े
बताते हैं

इंसान हो..

समझने और समझाने की हिम्मत पूरी
रखना,
छोटे-मोटे तूफ़ानो से डरने वाले कायर
कहलाते हैं

हमने तजुर्बा..

Vikram Gill

240

बहुत मिले, ज़िंदगे में, सच की किताबें
बेचने वाले
उनके सामने आईना रख दो,
तो अपना मुँह छुपाते हैं

इंसान हो खुद से लड़ो, क़िस्मत से
जीत नही पाओगे,
हमने तजुर्बा किया है, मान लो,
सच बताते हैं

Vikram Gill

241

"लोग हर बात"

लोग हर बात को, दिल पे ले लेते हैं
कभी ख़ामोश हो जाते है, कभी झगड़ लेते हैं

लोग हर बात..

रिश्तों को सिर्फ निभाना नहीं, संभालना
भी होता है,
अक्सर वक़्त पड़ने पे, अपने ही मुँह
मोड़ लेते हैं

कभी ख़ामोश...

क्यूँ भीड़ के सहारे, चलते रहते हो तुम
हमने सुना है, दो लोग पूरी, दुनिया बसा
लेते है.

कभी ख़ामोश...

आओ बाँट लें कुछ ख़ुशी और ग़मों के पल,
कुछ अश्क़ तुम बहा लो, थोड़ी हम आँखें
भर लेते हैं.

लोग हर बात को, दिल पे ले लेते हैं
कभी ख़ामोश हो जाते है, कभी
झगड़ लेते हैं

Vikram Gill

242

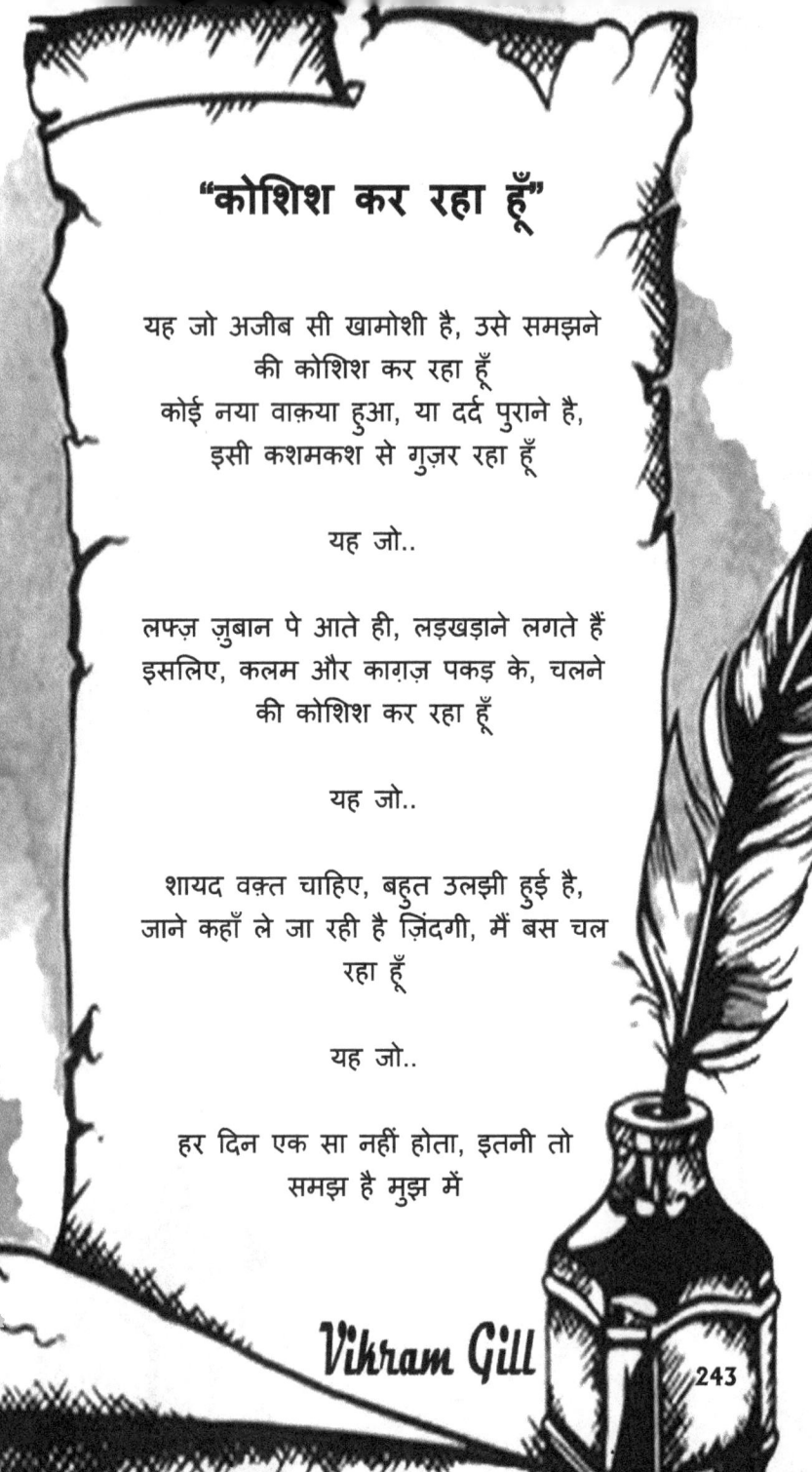

"कोशिश कर रहा हूँ"

यह जो अजीब सी खामोशी है, उसे समझने
की कोशिश कर रहा हूँ
कोई नया वाक़या हुआ, या दर्द पुराने है,
इसी कशमकश से गुज़र रहा हूँ

यह जो..

लफ्ज़ ज़ुबान पे आते ही, लड़खड़ाने लगते हैं
इसलिए, कलम और काग़ज़ पकड़ के, चलने
की कोशिश कर रहा हूँ

यह जो..

शायद वक़्त चाहिए, बहुत उलझी हुई है,
जाने कहाँ ले जा रही है ज़िंदगी, मैं बस चल
रहा हूँ

यह जो..

हर दिन एक सा नहीं होता, इतनी तो
समझ है मुझ में

Vikram Gill

सब अपने मन की बता रहे हैं, मैं सबके
मुताबिक़, सब कर रहा हूँ

यह जो अजीब सी खामोशी है,
उसे समझने की कोशिश
कर रहा हूँ
कोई नया वाक़या हुआ, या दर्द पुराने है,
इसी कशमकश
से गुज़र रहा हूँ

Vikram Gill

"सोचा आराम लूँ"

आज यूँ ही सोचा, थोड़ा "आराम" लूँ, शायद
थकान है वक़्त के साथ चलने से,
एक मयकदा दिख रहा है दूर से,
सोचता हूँ रुक के एक
जाम लूँ

आज यूँ..

पैसे कमाने की चाहत में गुज़र रही है
ज़िंदगी, मगर मैं तो बस साथ का भूखा हूँ
अंदर का बच्चा बीमार होने लगा है, क्या
फिर से सपनों का दामन थाम लूँ?

आज यूँ..

लोग कहते हैं, बहुत मौके आएँगे जीने के,
अभी उम्र ही क्या हुई है
उसको देखो, उससे सीखो, सबने क्या कुछ
हासिल किया है
सोचता की बहुत सिखाया दिमाग़ ने,
थोड़ा दिल से भी
काम लूँ

Vikram Gill

245

आज यूँ ही सोचा, थोड़ा "आराम" लूँ, शायद
थकान है वक़्त के साथ चलने से,
एक मयकदा दिख रहा है दूर से, सोचता हूँ
रुक के
एक जाम लूँ

Vikram Gill

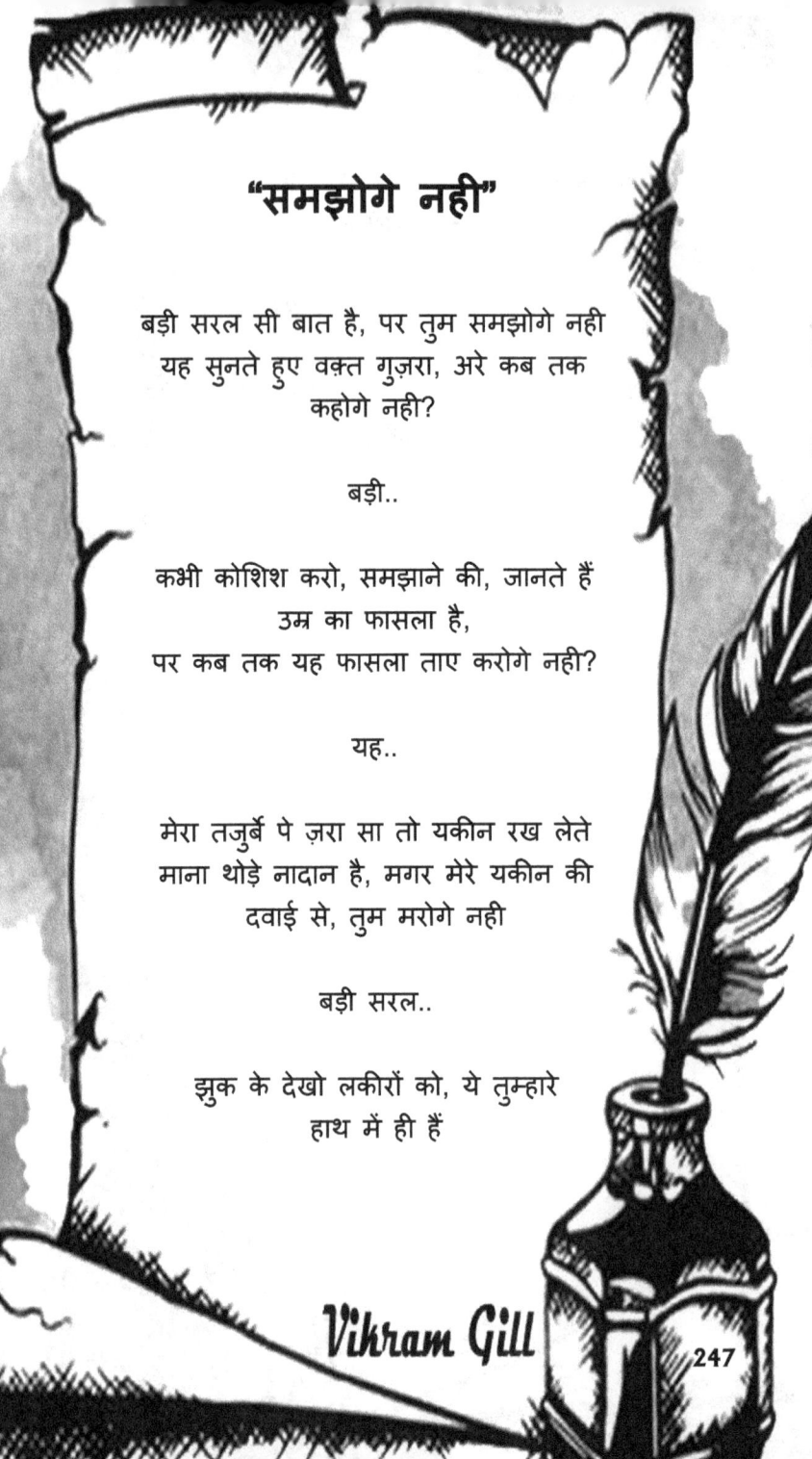

“समझोगे नही”

बड़ी सरल सी बात है, पर तुम समझोगे नही
यह सुनते हुए वक़्त गुज़रा, अरे कब तक
कहोगे नही?

बड़ी..

कभी कोशिश करो, समझाने की, जानते हैं
उम्र का फासला है,
पर कब तक यह फासला ताए करोगे नही?

यह..

मेरा तजुर्बे पे ज़रा सा तो यकीन रख लेते
माना थोड़े नादान है, मगर मेरे यकीन की
दवाई से, तुम मरोगे नही

बड़ी सरल..

झुक के देखो लकीरों को, ये तुम्हारे
हाथ में ही हैं

Vikram Gill

हम नहीं कहते कुछ बदलो, पर वादा करो
तुम इनसे डरोगे नही

बड़ी सरल सी बात है, पर तुम समझोगे
नही
यह सुनते हुए वक़्त गुज़रा, अरे कब तक
कहोगे नही?

Vikram Gill

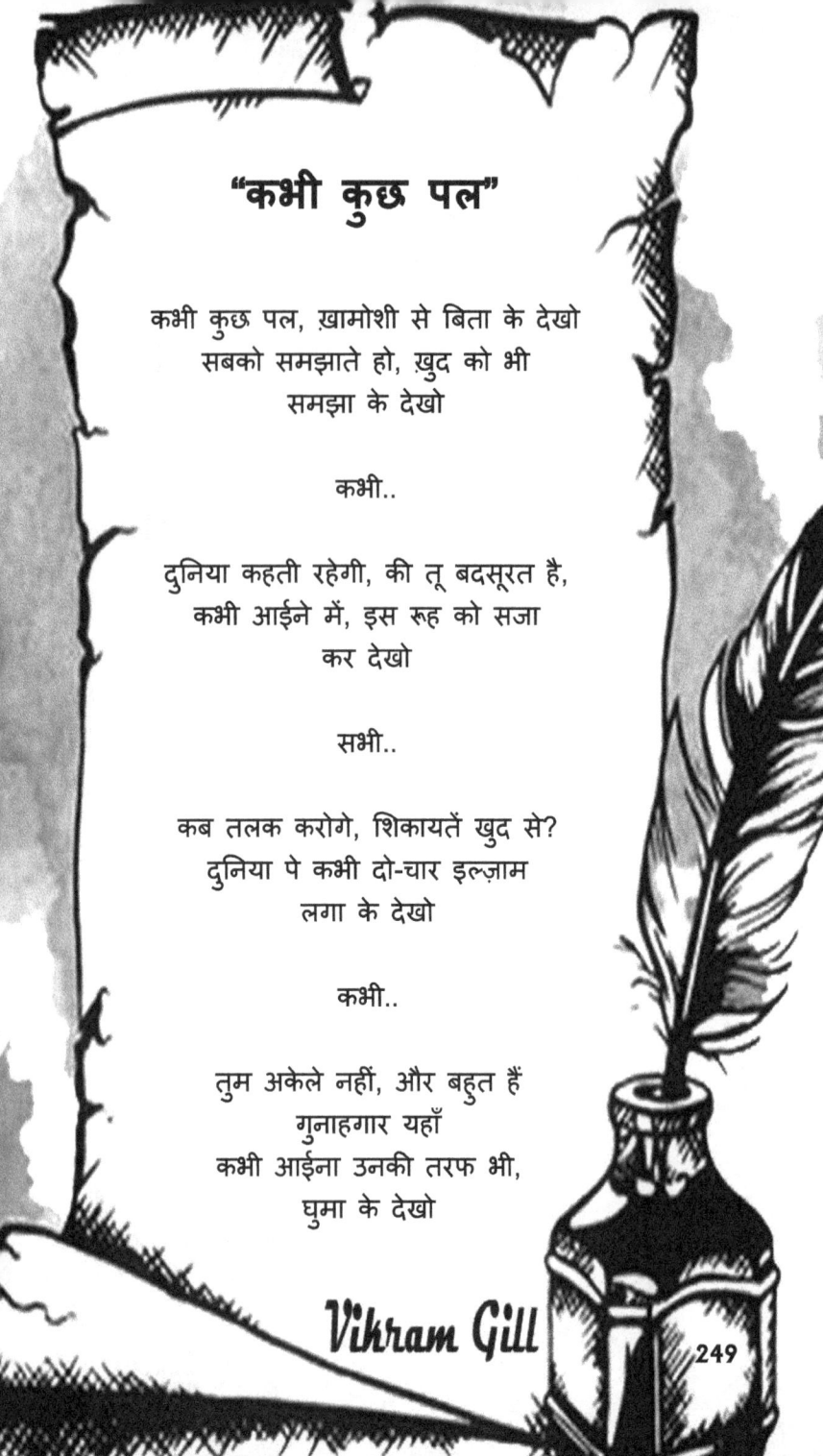

"कभी कुछ पल"

कभी कुछ पल, ख़ामोशी से बिता के देखो
सबको समझाते हो, ख़ुद को भी
समझा के देखो

कभी..

दुनिया कहती रहेगी, की तू बदसूरत है,
कभी आईने में, इस रूह को सजा
कर देखो

सभी..

कब तलक करोगे, शिकायतें खुद से?
दुनिया पे कभी दो-चार इल्ज़ाम
लगा के देखो

कभी..

तुम अकेले नहीं, और बहुत हैं
गुनाहगार यहाँ
कभी आईना उनकी तरफ भी,
घुमा के देखो

Vikram Gill

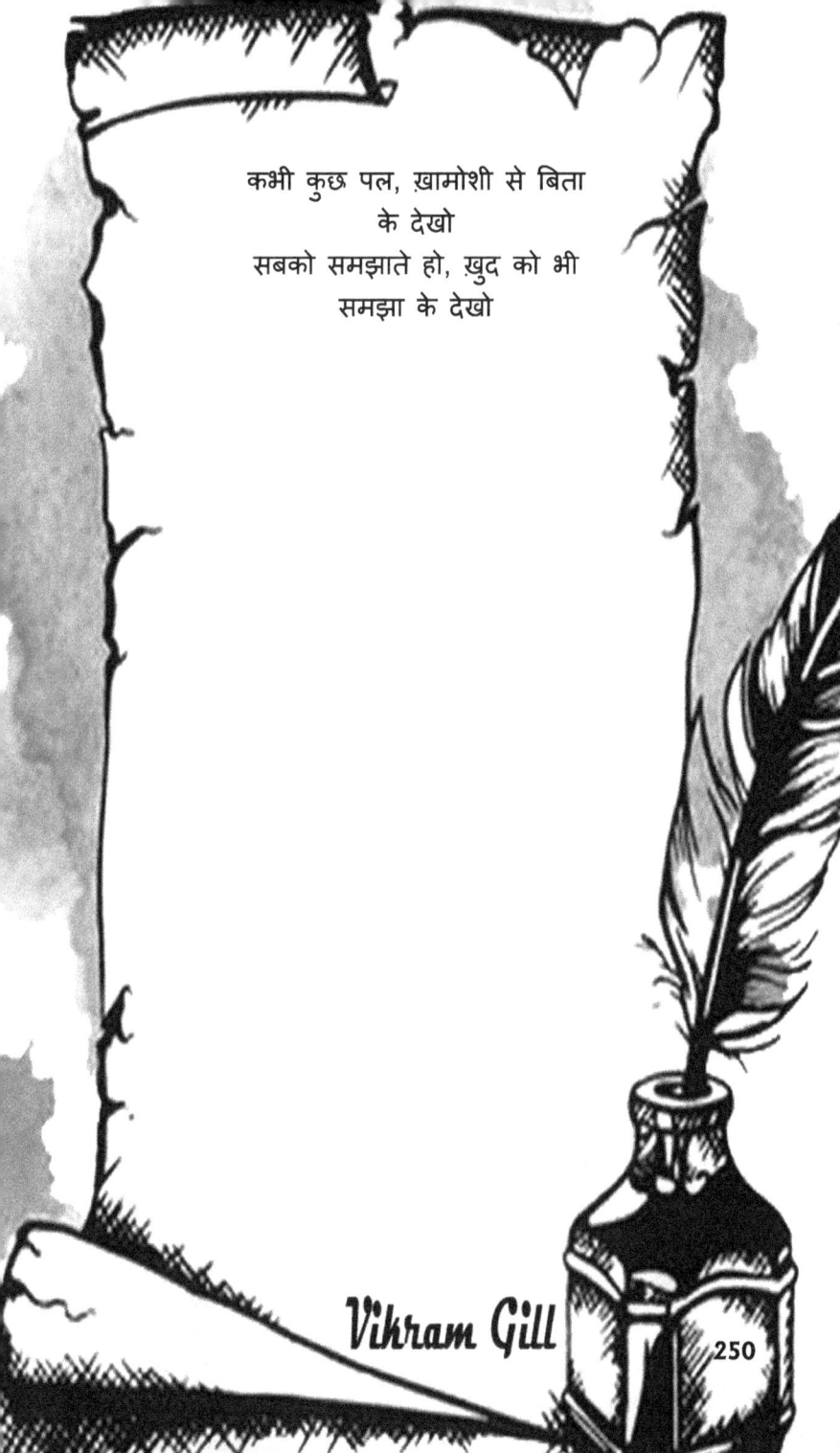

कभी कुछ पल, ख़ामोशी से बिता
के देखो
सबको समझाते हो, ख़ुद को भी
समझा के देखो

Vikram Gill

"कभी - कभी"

कभी मुश्क़िल सा लगता है, कभी आसान
सा लगता है
कभी पूरा, कभी अधूरा, हर अरमान सा
लगता है

कभी....

कभी डरता है और कभी, लड़ने पे
आमादा है
यह जो धड़कता रहता है, दिल ये जवान
सा लगता है

कभी पूरा..

किसी से राह से गुज़रो, सभी पत्थर
उठाते हैं
यह शोहरत देख के इतनी, हमें गुमान
सा लगता है

कभी..

Vikram Gill

तू खुद को माफ़ कर दे, मान ले कभी तो
इलतजा
जो मुझे अपना सा लगता है, वो तुझे
गुनाह सा लगता है

कभी मुश्क़िल सा लगता है, कभी आसान
सा लगता है
कभी पूरा, कभी अधूरा, हर अरमान सा
लगता है

Vikram Gill

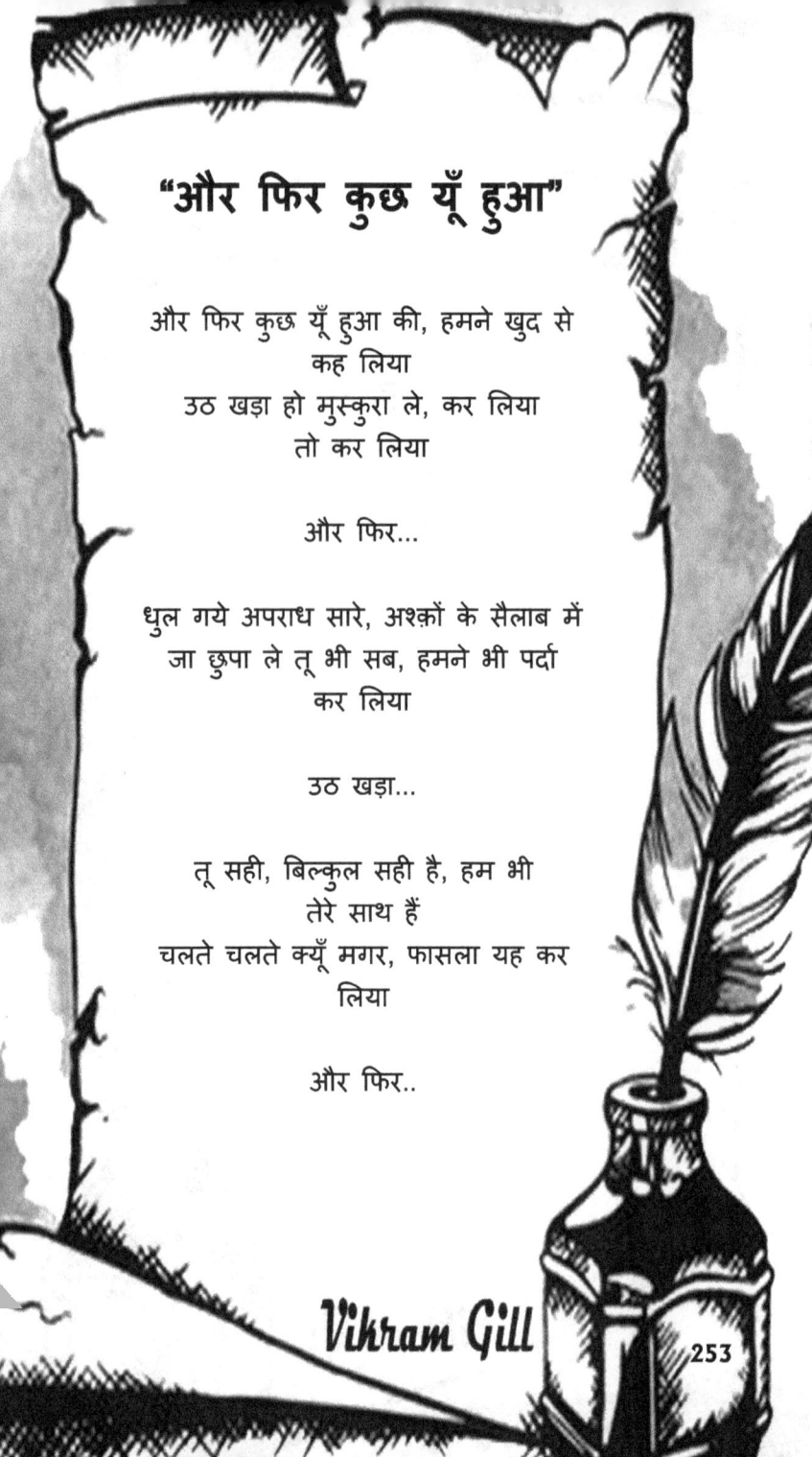

"और फिर कुछ यूँ हुआ"

और फिर कुछ यूँ हुआ की, हमने खुद से
कह लिया
उठ खड़ा हो मुस्कुरा ले, कर लिया
तो कर लिया

और फिर...

धुल गये अपराध सारे, अश्क़ों के सैलाब में
जा छुपा ले तू भी सब, हमने भी पर्दा
कर लिया

उठ खड़ा...

तू सही, बिल्कुल सही है, हम भी
तेरे साथ हैं
चलते चलते क्यूँ मगर, फासला यह कर
लिया

और फिर..

Vikram Gill

मुझको नशे में रहने दे, होश का क्या
करना है
जब भी आया होश में, अपनों से झगड़ा
कर लिया

और फिर कुछ यूँ हुआ की, हमने
खुद से कह लिया
उठ खड़ा हो मुस्कुरा ले, कर लिया
तो कर लिया

Vikram Gill

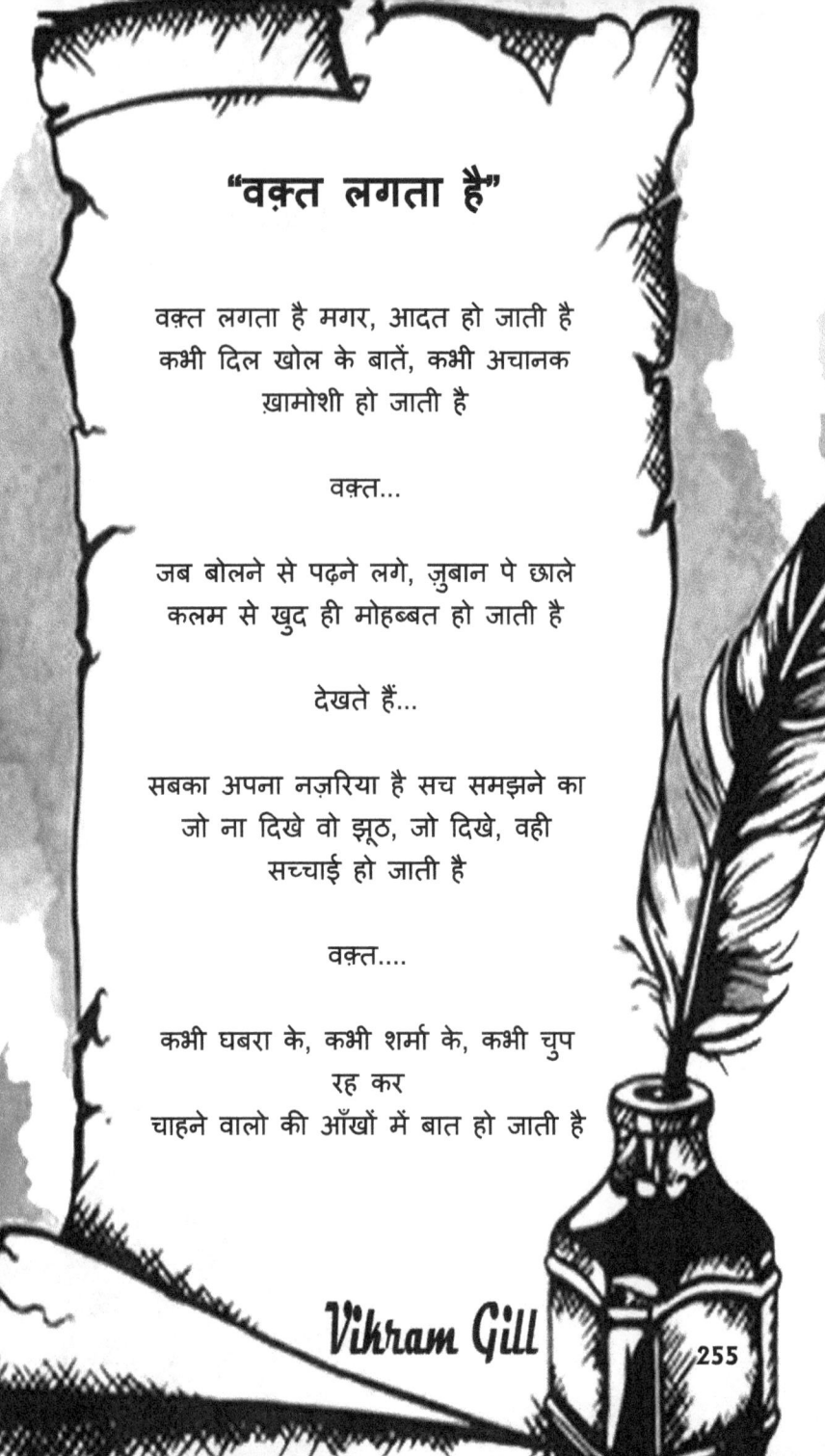

"वक़्त लगता है"

वक़्त लगता है मगर, आदत हो जाती है
कभी दिल खोल के बातें, कभी अचानक
ख़ामोशी हो जाती है

वक़्त...

जब बोलने से पढ़ने लगे, ज़ुबान पे छाले
कलम से खुद ही मोहब्बत हो जाती है

देखते हैं...

सबका अपना नज़रिया है सच समझने का
जो ना दिखे वो झूठ, जो दिखे, वही
सच्चाई हो जाती है

वक़्त....

कभी घबरा के, कभी शर्मा के, कभी चुप
रह कर
चाहने वालो की आँखों में बात हो जाती है

Vikram Gill

255

वक़्त लगता है मगर, आदत हो जाती है
कभी दिल खोल के बातें, कभी अचानक
ख़ामोशी हो जाती है

Vikram Gill

256

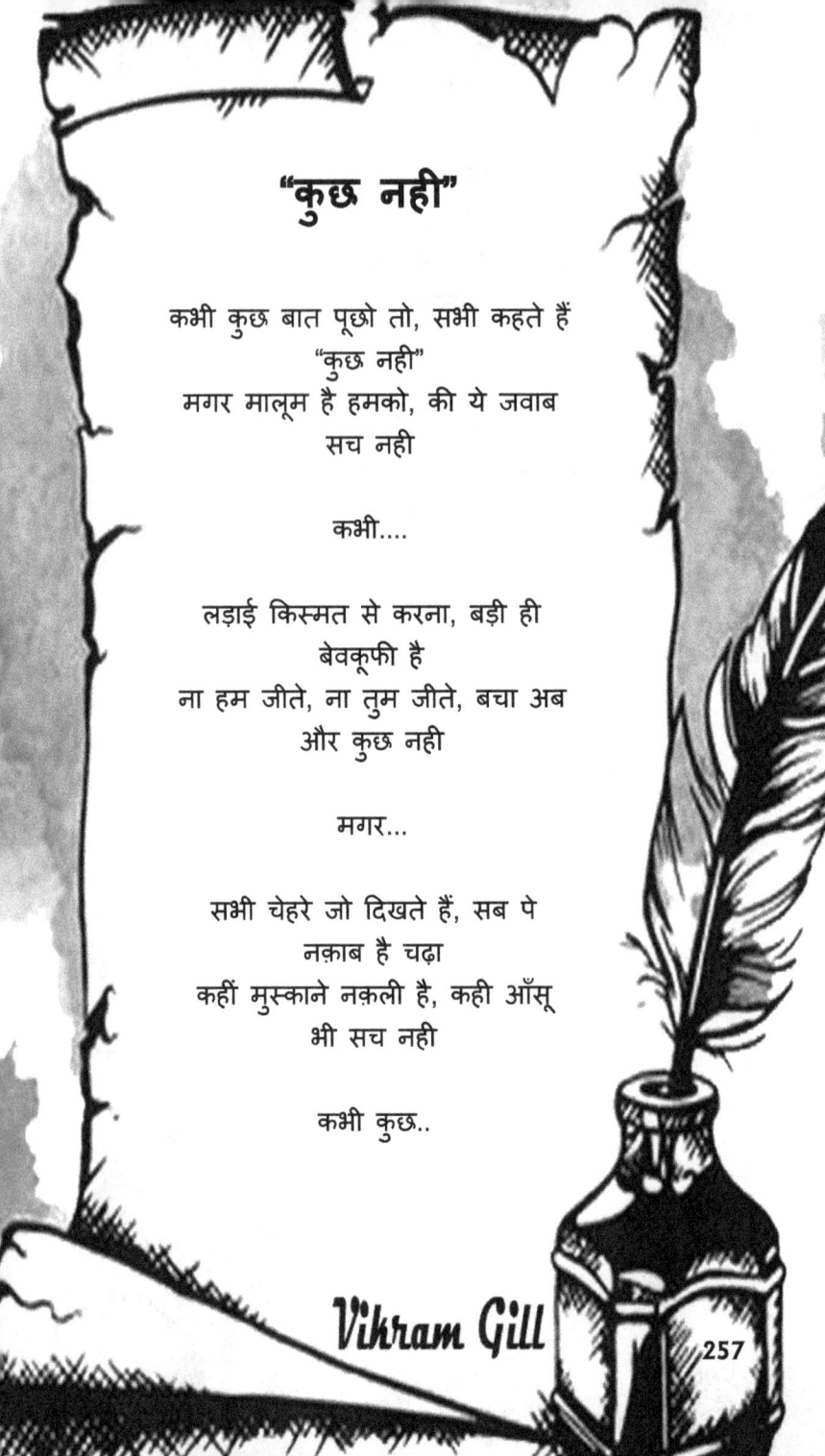

"कुछ नही"

कभी कुछ बात पूछो तो, सभी कहते हैं
"कुछ नही"
मगर मालूम है हमको, की ये जवाब
सच नही

कभी....

लड़ाई किस्मत से करना, बड़ी ही
बेवकूफी है
ना हम जीते, ना तुम जीते, बचा अब
और कुछ नही

मगर...

सभी चेहरे जो दिखते हैं, सब पे
नक़ाब है चढ़ा
कहीं मुस्काने नक़ली है, कही आँसू
भी सच नही

कभी कुछ..

Vikram Gill

हर एक मर्ज़ की दवा, वक़्त है, मुझसे
कह दिया,
चलो फिर झूठ ही कह दो, मेरी आँखो
में सच नही

कभी कुछ बात पूछो तो, सभी कहते हैं
"कुछ नही"
मगर मालूम है हमको, की ये जवाब
सच नही

Vikram Gill

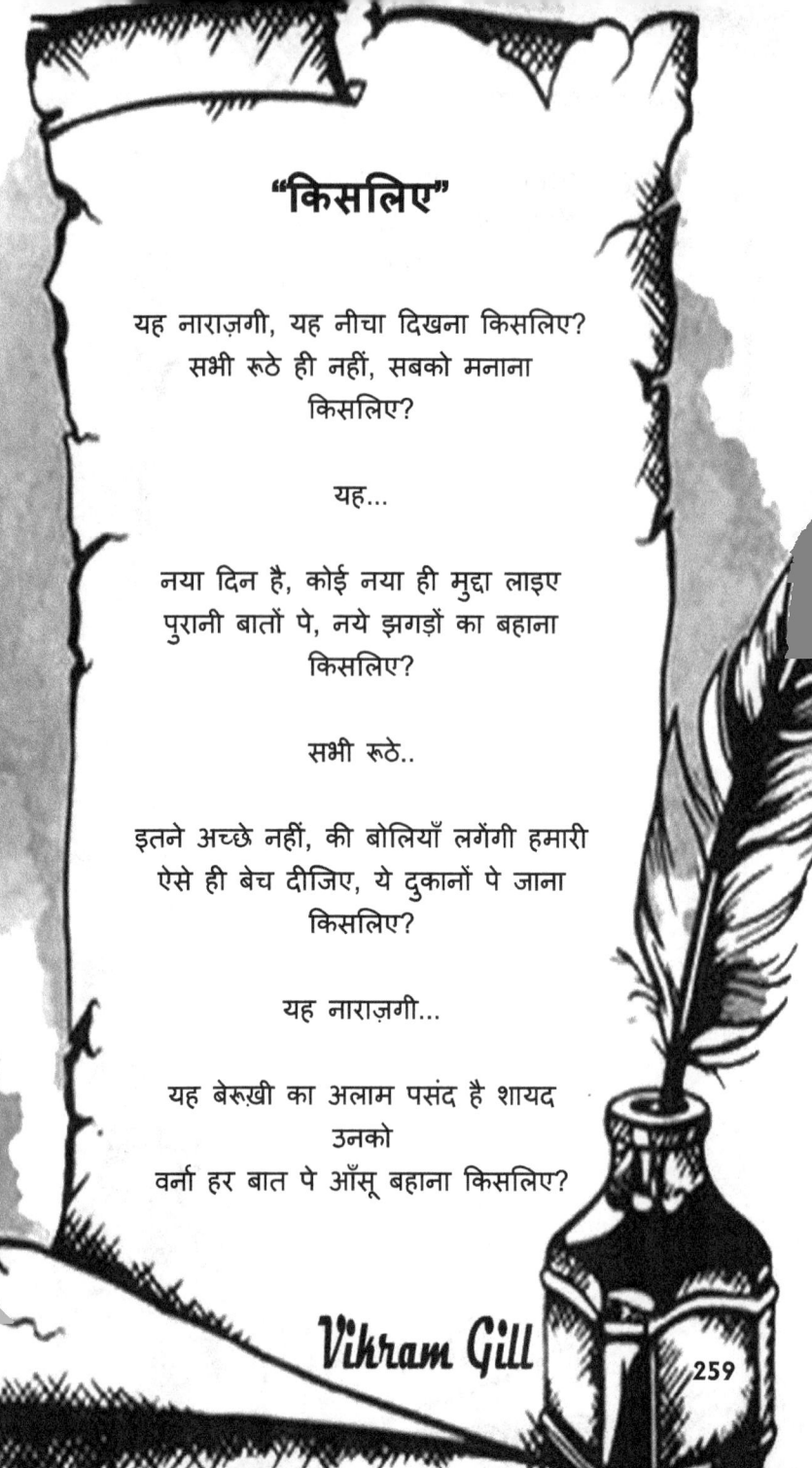

"किसलिए"

यह नाराज़गी, यह नीचा दिखना किसलिए?
सभी रूठे ही नहीं, सबको मनाना
किसलिए?

यह...

नया दिन है, कोई नया ही मुद्दा लाइए
पुरानी बातों पे, नये झगड़ों का बहाना
किसलिए?

सभी रूठे..

इतने अच्छे नहीं, की बोलियाँ लगेंगी हमारी
ऐसे ही बेच दीजिए, ये दुकानों पे जाना
किसलिए?

यह नाराज़गी...

यह बेरूख़ी का अलाम पसंद है शायद
उनको
वर्ना हर बात पे आँसू बहाना किसलिए?

Vikram Gill

यह नाराज़गी, यह नीचा दिखना किसलिए?
सभी रूठे ही नहीं, सबको मनाना
किसलिए?

Vikram Gill

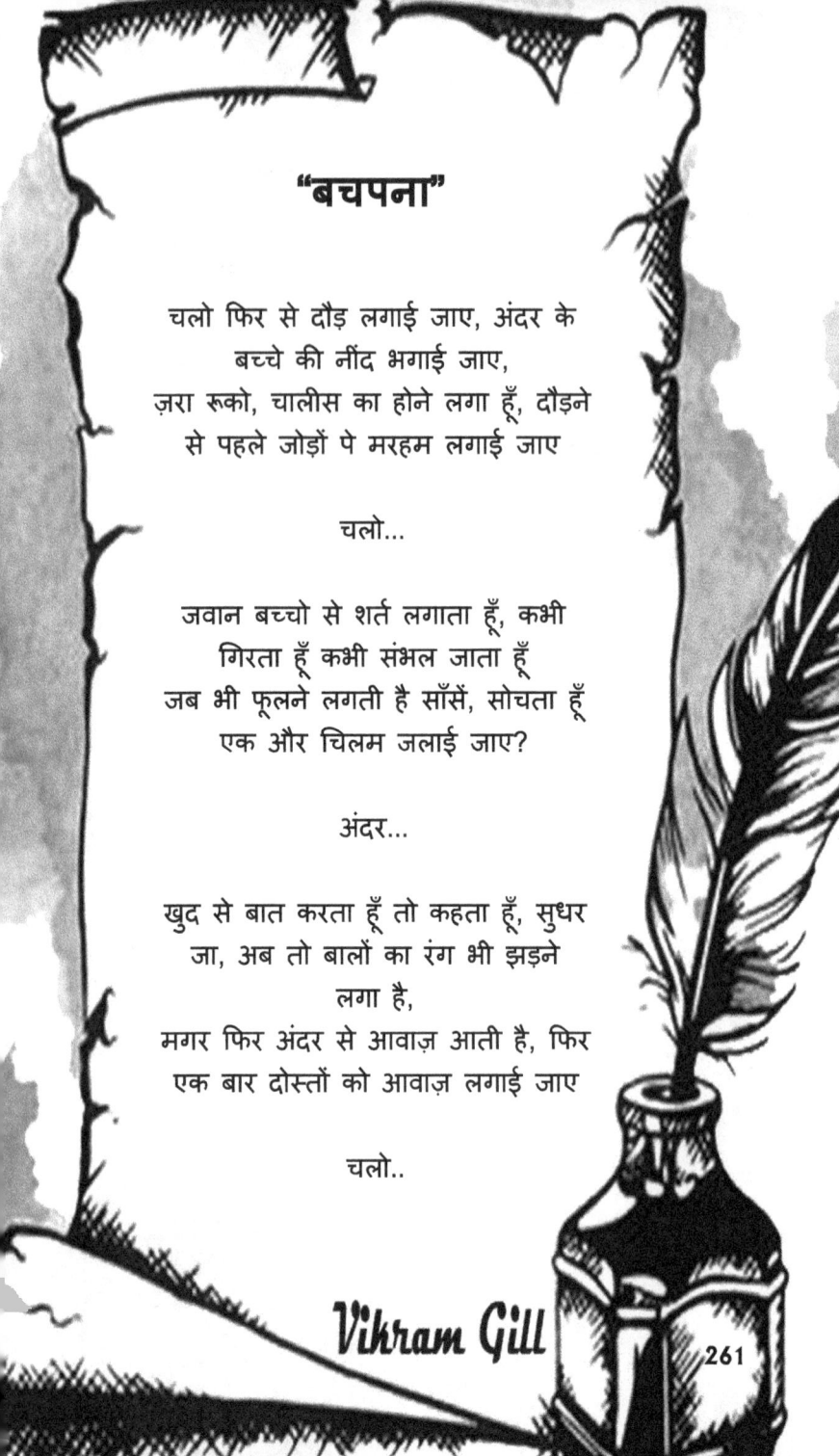

"बचपना"

चलो फिर से दौड़ लगाई जाए, अंदर के
बच्चे की नींद भगाई जाए,
ज़रा रूको, चालीस का होने लगा हूँ, दौड़ने
से पहले जोड़ों पे मरहम लगाई जाए

चलो...

जवान बच्चो से शर्त लगाता हूँ, कभी
गिरता हूँ कभी संभल जाता हूँ
जब भी फूलने लगती है साँसें, सोचता हूँ
एक और चिलम जलाई जाए?

अंदर...

खुद से बात करता हूँ तो कहता हूँ, सुधर
जा, अब तो बालों का रंग भी झड़ने
लगा है,
मगर फिर अंदर से आवाज़ आती है, फिर
एक बार दोस्तों को आवाज़ लगाई जाए

चलो..

Vikram Gill

261

दोस्तों के कमरे अभी भी खाली रहते हैं,
अब भी हर हफ्ते, दरवाज़े राह तकते हैं
बड़ा मन है फिर एक बार बिगड़ने का, क्यूँ
ना दोस्तों के घर एक और रात बिताई
जाए

चलो फिर से दौड़ लगाई जाए, अंदर के
बच्चे की नींद भगाई जाए,
ज़रा रूको, चालीस का होने लगा हूँ, दौड़ने
से पहले जोड़ों पे मरहम लगाई जाए

Vikram Gill

"दोस्तों यह गज़ल"

दोस्तों यह गज़ल, तुम्हारे लिए लिख रहा हूँ
पुरानी कुछ तस्वीरों में, बच्चे सा दिख
रहा हूँ

दोस्तों यह.....

वो मैली सी पतलून, वो सब्ज़ी से भरी
कमीज़
क़िताबें संभली नहीं मुझसे, इसलिए रद्दी
सा बिक रहा हूँ

दोस्तों यह....

वो होली पे गुंजिया, वो राखी की पतंगें
कभी कोई ढील दे रहा है, कभी माँझे सा
खींच रहा हूँ

पुरानी...

वो लड़कपन के झगड़े, वो
रूठना मानना

Vikram Gill

263

अब जाम छलक रहे हैं और मैं पानी सा
दिख रहा हूँ

दोस्तों यह गज़ल, तुम्हारे लिए लिख
रहा हूँ
पुरानी कुछ तस्वीरों में, बच्चे सा
दिख रहा हूँ

Vikram Gill

"बताना क्यूँ है"

दुख़्ता बहुत है, पर, बताना क्यूँ है?
जब किसी ने समझना नहीं, तो समझाना
क्यूँ है?

दुख़्ता बहुत...

सब आएँगे मईयत्त पे जश्न मानने के
लिए
जब वो महफ़िल ही नहीं, तो सबको बुलाना
क्यूँ है

जब किसी ने...

महफ़िलों में हम ना हो के भी, हम ही
शरीक होंगे
जब किसी को देखने की तमन्ना नहीं,
तो दिखाना क्यूँ है?

जब किसी ने...

Vikram Gill

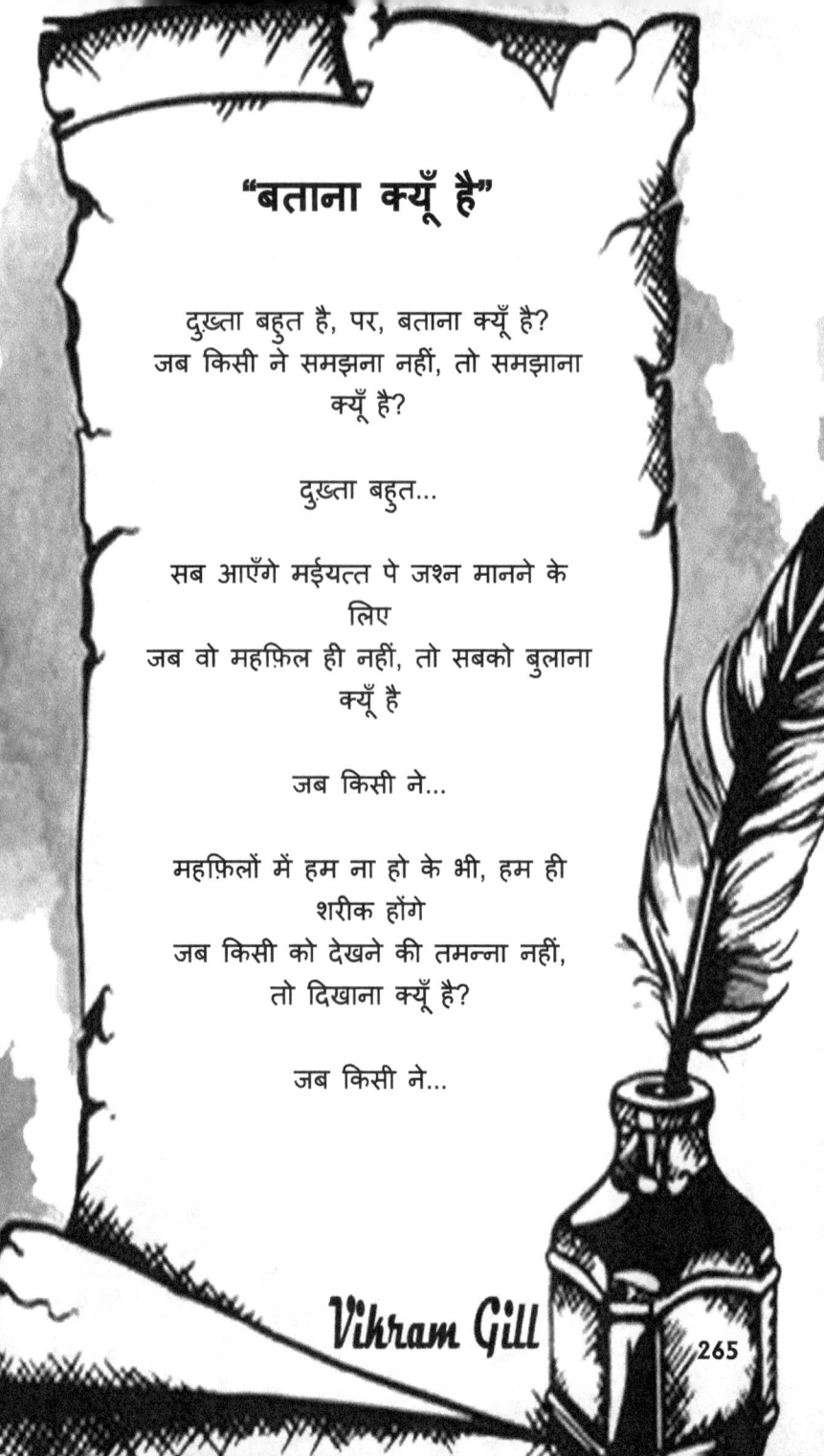

रो लेना पुराने रिश्तों को याद करके, नये
रिश्ते बनाते हुए
जब तुम्हे रिश्ता निभाना नही तो,
बनाना क्यूँ है?

दुख़्ता बहुत है, पर, बताना क्यूँ है
जब किसी ने समझना नहीं, तो
समझाना क्यूँ है?

Vikram Gill

"चुभता बहुत है"

दिखने में छोटा है, पर चुभता बहुत है,
यह काँटा है साहब, फूलों की आड़ में
बिकता बहुत है

दिखने....

खुद ही के मन से मेरी सज़ा मुक़र्रर कर दी
हमने ख़ता की नही थी मगर, तुम्हें
दिखता बहुत है

यह काँटा....

अभी बहुत तारीखें लगेंगी, कचहरियों में
यह आशिकी का मुद्दा है साहब, खींचता
बहुत है

दिखने में...

आओ चलो बाज़ार घुमा के लाता हूँ तुम्हें
हर दुकान पे दिल मुफ़्त मिलेगा- यह
फिंकता बहुत है..

Vikram Gill

267

दिखने में छोटा है, पर चुभता बहुत है,
यह काँटा है साहब, फूलों की आड़ में
बिकता बहुत है

Vikram Gill

268

"बारिश"

फिर से आ आए हैं बदल, कुछ याद दिलाने
कुछ लोग लगे मुस्कुराने, तो कुछ लगे
आँसू छुपाने

फिर से..

जब जब बरसता है यह आसमान, कुछ यूँ
हो होता है
जज़्बात सिर छुपाते है, और पत्थर दिल
निकलते है बादलों से आँखें मिलने

फिर..

कहीं धीमी फुहार बरसती है, तो कहीं
तूफ़ान मचलते हैं
दोनो ही मसरूफ़ हैं, लगे हैं अपने-अपने
किससे सुनाने

फिर से आए..

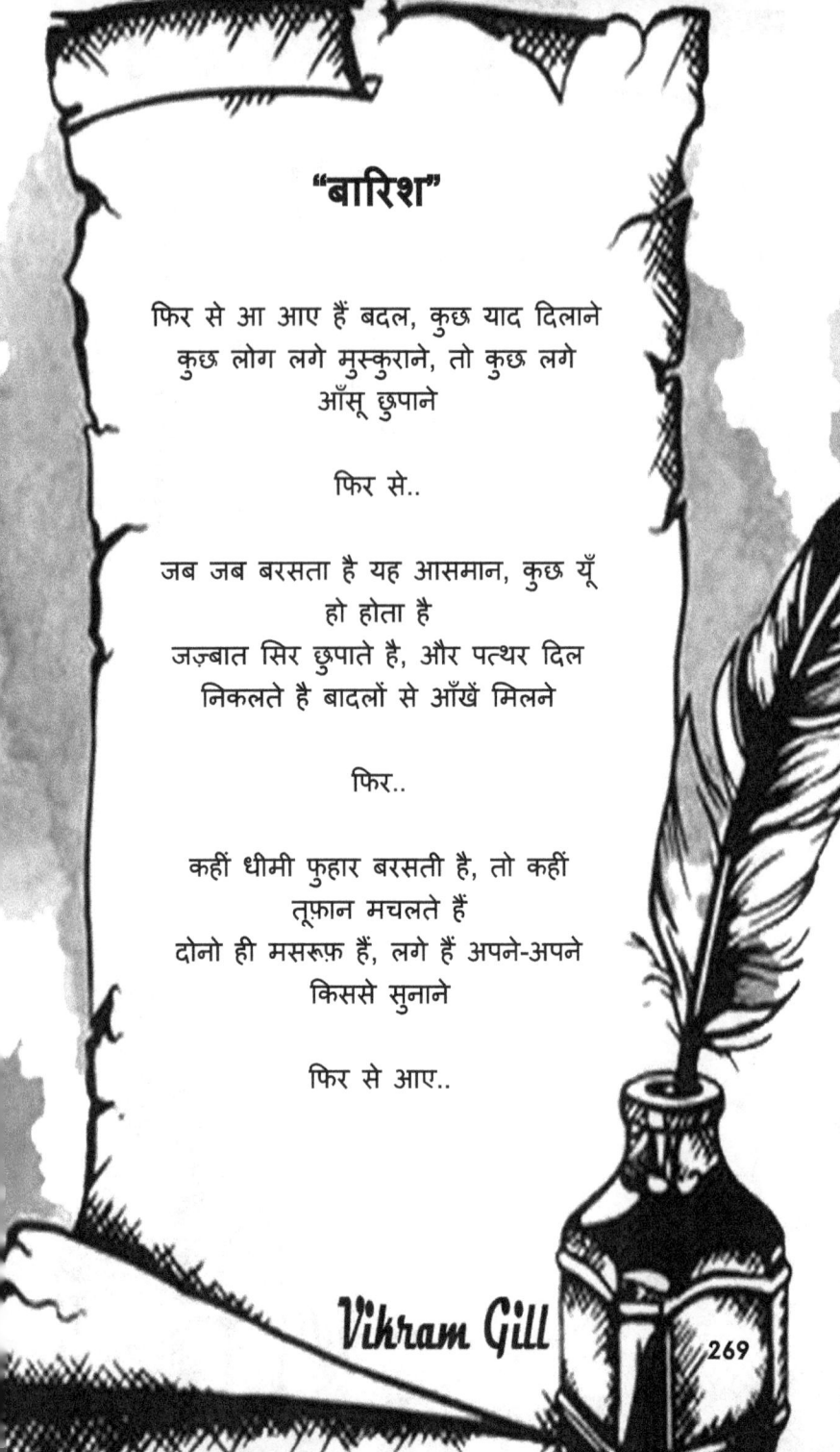

Vikram Gill

269

दोनो तरफ की ही सड़क भीगी हुई है
एक रास्ता चला मंज़िल की तलाश में,
दूसरा, मंज़िल को पाने

फिर से आ आए हैं बदल, कुछ याद दिलाने
कुछ लोग लगे मुस्कुराने, तो कुछ लगे
आँसू छुपाने

Vikram Gill

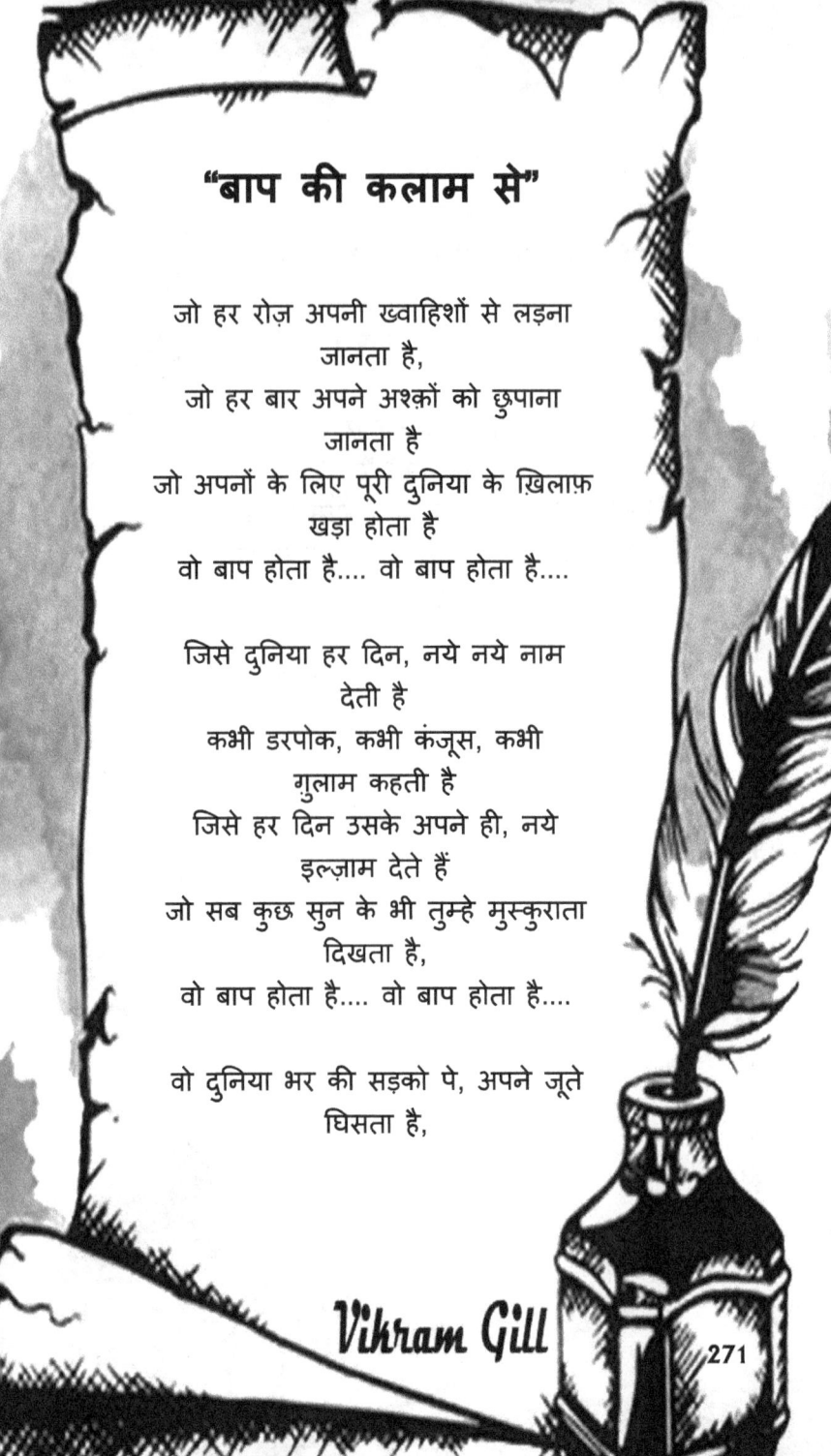

"बाप की कलाम से"

जो हर रोज़ अपनी ख्वाहिशों से लड़ना
जानता है,
जो हर बार अपने अश्क़ों को छुपाना
जानता है
जो अपनों के लिए पूरी दुनिया के ख़िलाफ़
खड़ा होता है
वो बाप होता है.... वो बाप होता है....

जिसे दुनिया हर दिन, नये नये नाम
देती है
कभी डरपोक, कभी कंजूस, कभी
ग़ुलाम कहती है
जिसे हर दिन उसके अपने ही, नये
इल्ज़ाम देते हैं
जो सब कुछ सुन के भी तुम्हे मुस्कुराता
दिखता है,
वो बाप होता है.... वो बाप होता है....

वो दुनिया भर की सड़को पे, अपने जूते
घिसता है,

Vikram Gill

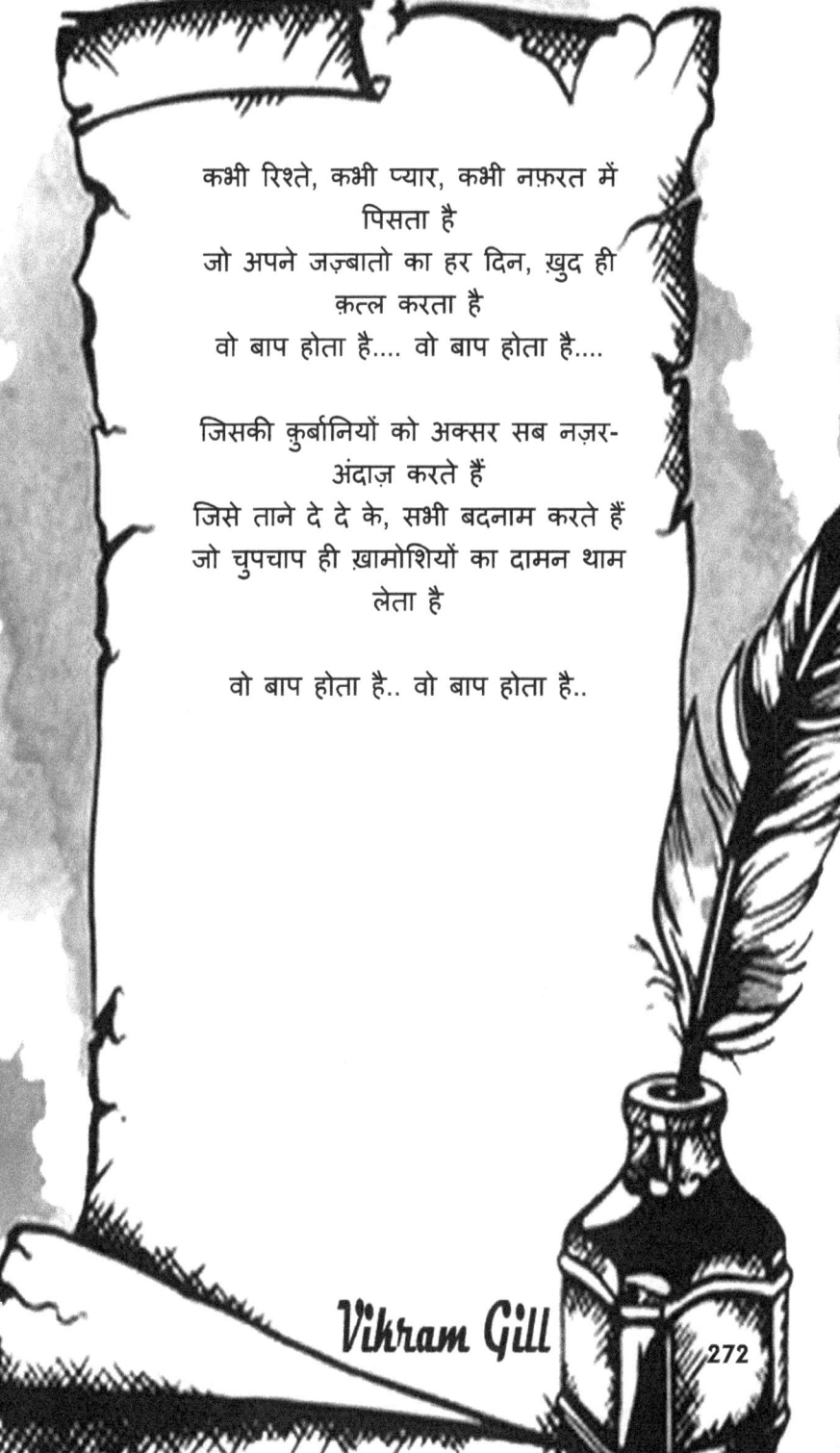

कभी रिश्ते, कभी प्यार, कभी नफ़रत में
पिसता है
जो अपने जज़्बातो का हर दिन, ख़ुद ही
क़त्ल करता है
वो बाप होता है.... वो बाप होता है....

जिसकी क़ुर्बानियों को अक्सर सब नज़र-
अंदाज़ करते हैं
जिसे ताने दे दे के, सभी बदनाम करते हैं
जो चुपचाप ही ख़ामोशियों का दामन थाम
लेता है

वो बाप होता है.. वो बाप होता है..

Vikram Gill

272

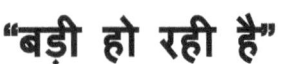

"बड़ी हो रही है"

मेरी बिटिया अब बड़ी हो रही है
पहले नन्ही गुड़िया थी, अब परी हो रही है

मेरी बिटिया...

लोग कहते है, बिगाड़ रहा हूँ उसकी सारी
माँगें पूरी कर के
मैं कहता हूँ, वो पैरों पे खड़ी हो र्हीं है

मेरी बिटिया....

कभी ज़िद्द करती है, कभी गुस्से में मुँह
फुलाती है
पहले सिर्फ़ जान थी, अब मेरा जहान हो
रही है

पहले नन्ही..

क़ुबूल हैं पूरे ज़माने की शिकायतें उसके
लिए
उसके गले लगने से ही, मेरी मुश्किलें

Vikram Gill

आसान हो रही हैं

मेरी बिटिया अब बड़ी हो रही है
पहले नन्ही गुड़िया थी, अब परी हो रही है

Vikram Gill

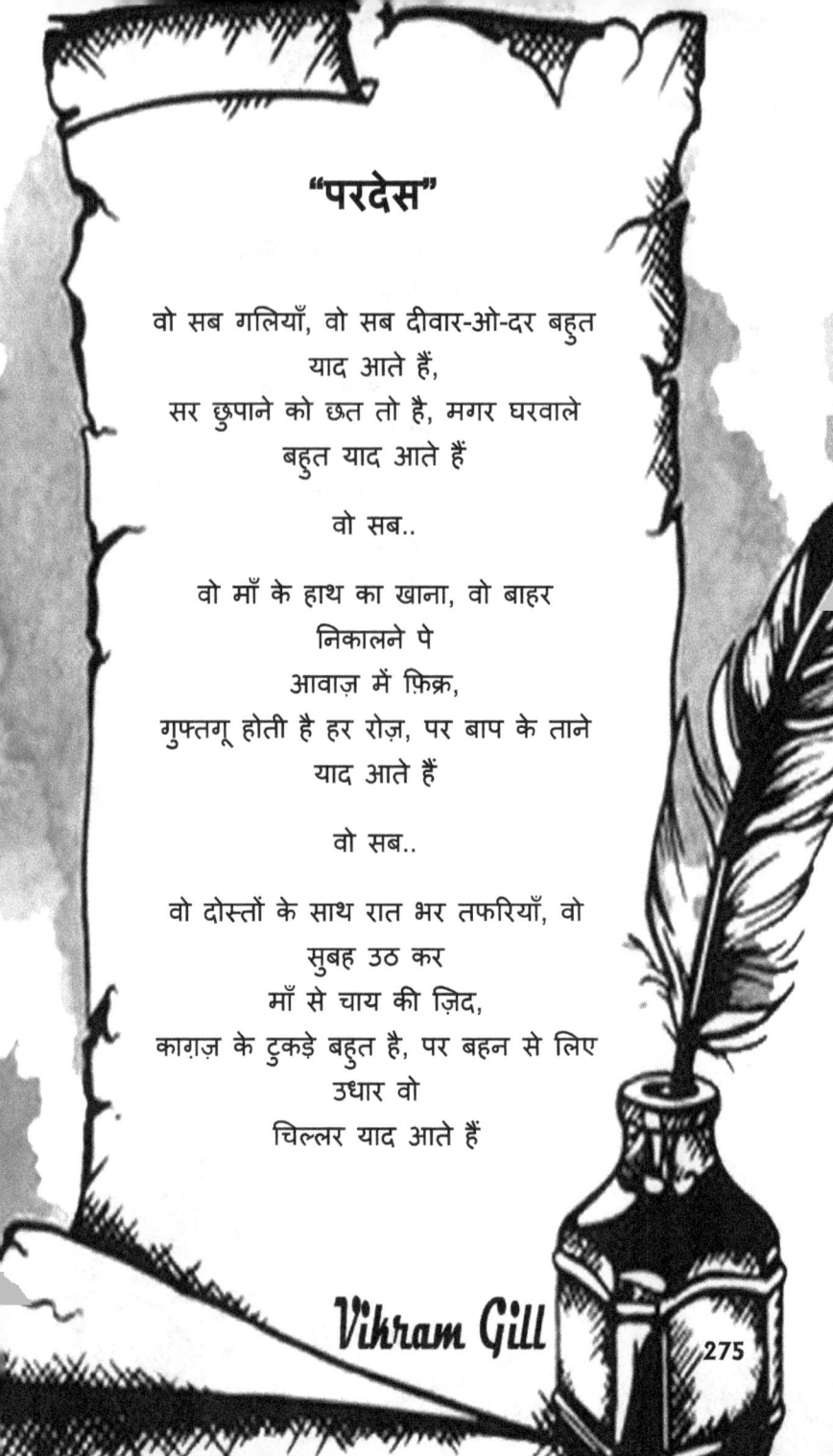

"परदेस"

वो सब गलियाँ, वो सब दीवार-ओ-दर बहुत
याद आते हैं,
सर छुपाने को छत तो है, मगर घरवाले
बहुत याद आते हैं

वो सब..

वो माँ के हाथ का खाना, वो बाहर
निकालने पे
आवाज़ में फ़िक्र,
गुफ्तगू होती है हर रोज़, पर बाप के ताने
याद आते हैं

वो सब..

वो दोस्तों के साथ रात भर तफरियाँ, वो
सुबह उठ कर
माँ से चाय की ज़िद,
काग़ज़ के टुकड़े बहुत है, पर बहन से लिए
उधार वो
चिल्लर याद आते हैं

Vikram Gill

वो सब..

माँ कहती थी तरक्की करो, आगे बढ़ो,
कामयाबी हासिल करो
सब हासिल है, कोई शिकायत नहीं, मगर,
सब दूर हैं, यह सोच के कभी कुछ आँसू
बह जाते हैं.

वो सब गलियाँ, वो सब दीवार-ओ-दर बहुत
याद आते हैं,
सर छुपाने को छत तो है, मगर घरवाले
बहुत याद आते हैं

Vikram Gill

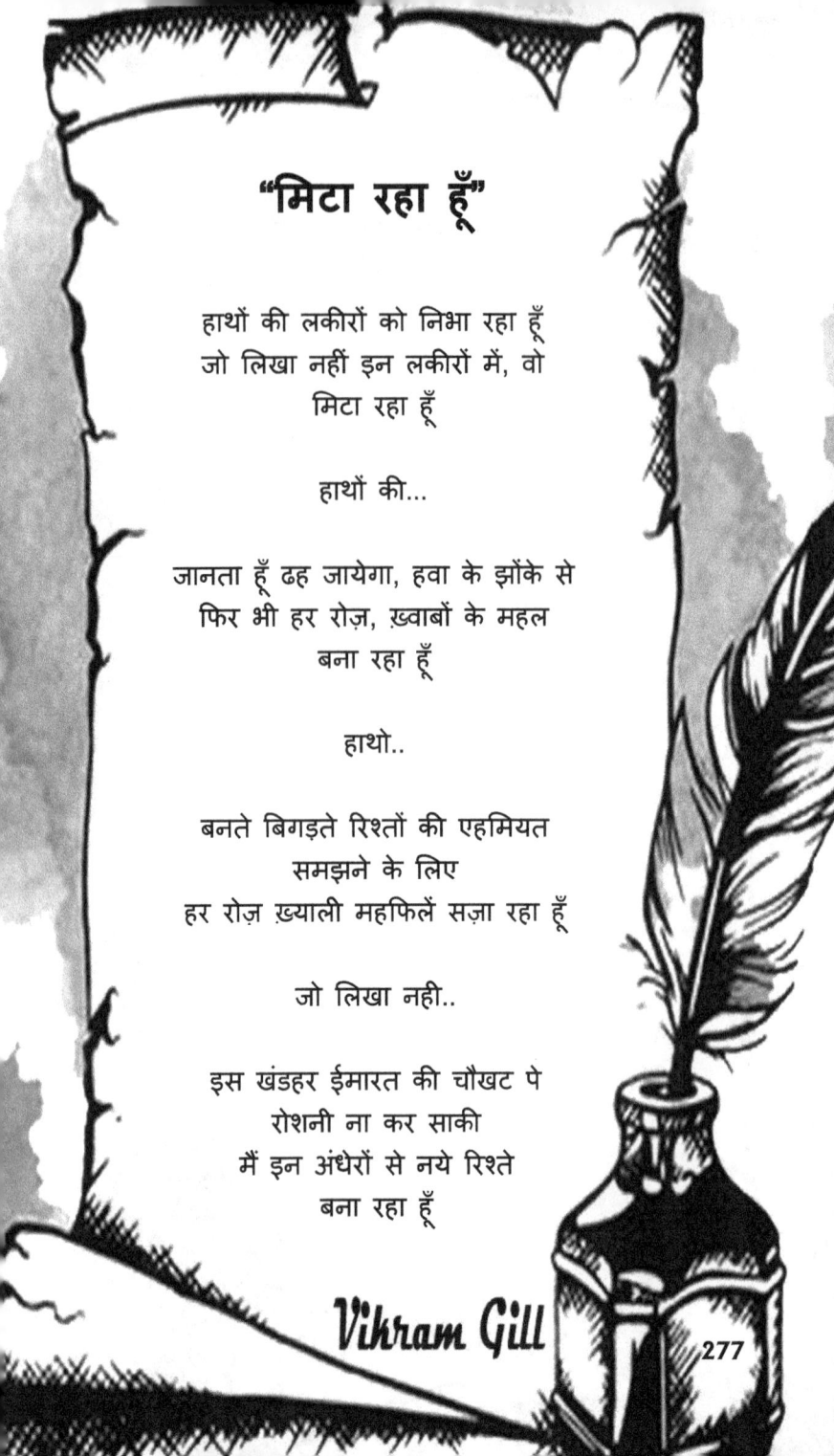

"मिटा रहा हूँ"

हाथों की लकीरों को निभा रहा हूँ
जो लिखा नहीं इन लकीरों में, वो
मिटा रहा हूँ

हाथों की...

जानता हूँ ढह जायेगा, हवा के झोंके से
फिर भी हर रोज़, ख़्वाबों के महल
बना रहा हूँ

हाथो..

बनते बिगड़ते रिश्तों की एहमियत
समझने के लिए
हर रोज़ ख़्याली महफिलें सज़ा रहा हूँ

जो लिखा नही..

इस खंडहर ईमारत की चौखट पे
रोशनी ना कर साकी
मैं इन अंधेरों से नये रिश्ते
बना रहा हूँ

Vikram Gill

हाथों की लकीरों को निभा रहा हूँ
जो लिखा नहीं इन लकीरों में, वो
मिटा रहा हूँ

Vikram Gill

"कहने में क्या जाता है"

हम भी ठीक हैं, कहने में क्या जाता है?
अश्क़ ही तो हैं, बहने दो, बहने में क्या
जाता है?

हम भी..

दिल दुखाने से पहले बताया करो ज़रा
पर क्या हुआ, दुखने दो, दुखने में क्या
जाता है?

हम भी..

काश की वाकिफ़ होते हम, उन रास्तों से
अब जो अंधेरा है ही, तो इसमे रहने में
क्या जाता है?

हम भी..

लगा लिए ताले हमने भी अपने दरवाज़े पे
बंद ही रहने दो इन्हे, बंद रहने में क्या
जाता है?

Vikram Gill

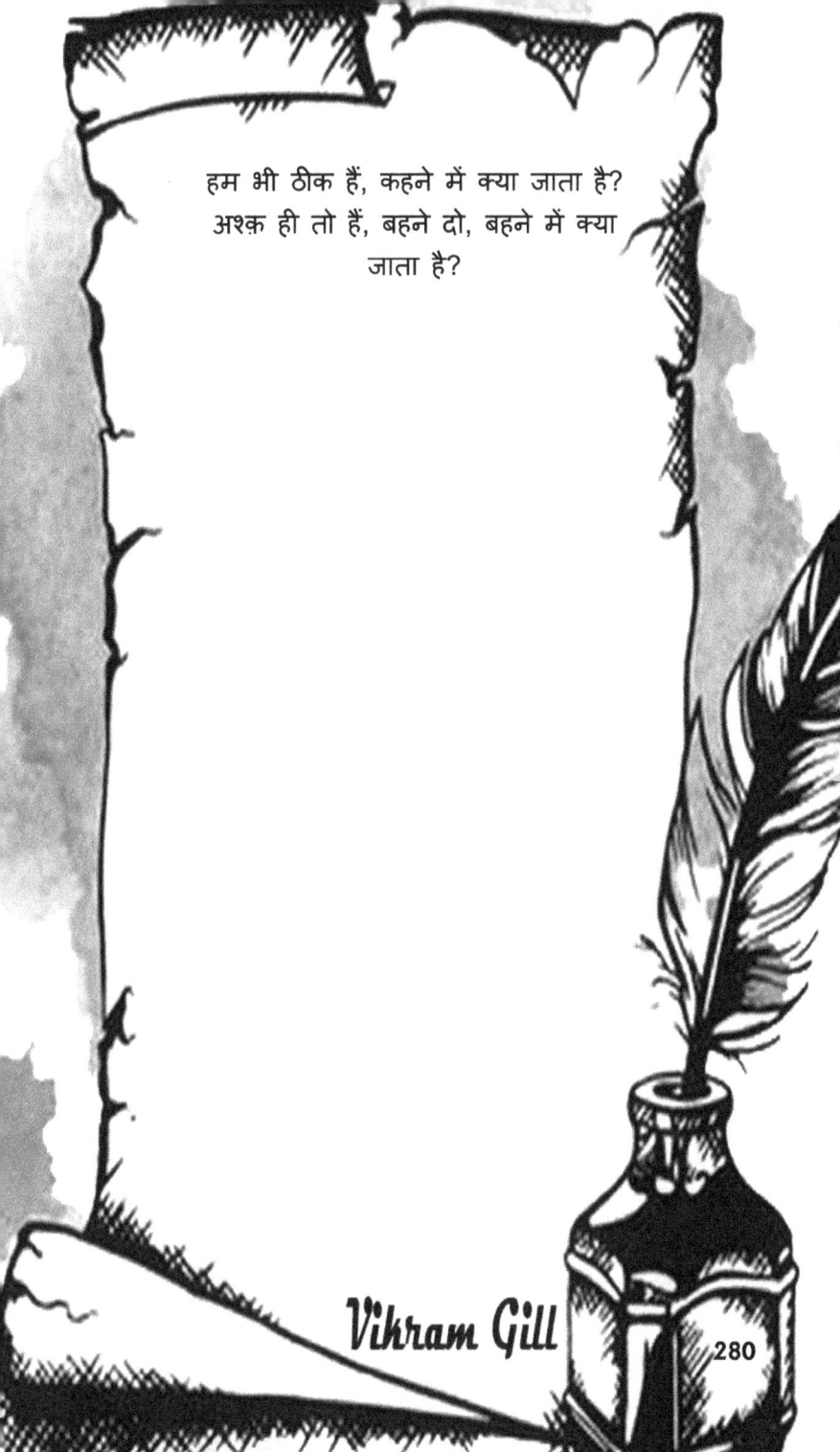

हम भी ठीक हैं, कहने में क्या जाता है?
अश्क़ ही तो हैं, बहने दो, बहने में क्या
जाता है?

Vikram Gill

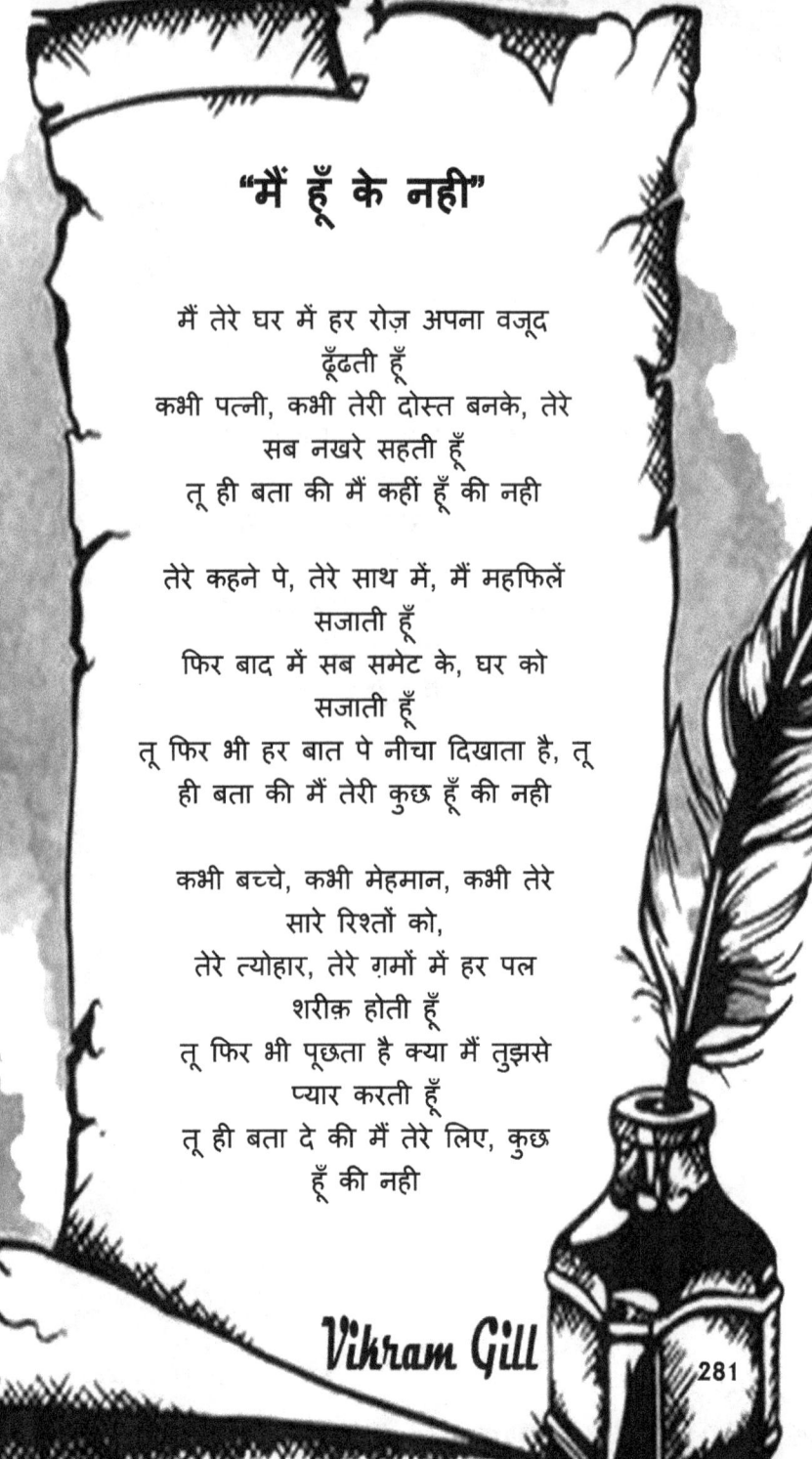

"मैं हूँ के नही"

मैं तेरे घर में हर रोज़ अपना वजूद
ढूँढती हूँ
कभी पत्नी, कभी तेरी दोस्त बनके, तेरे
सब नखरे सहती हूँ
तू ही बता की मैं कहीं हूँ की नही

तेरे कहने पे, तेरे साथ में, मैं महफिलें
सजाती हूँ
फिर बाद में सब समेट के, घर को
सजाती हूँ
तू फिर भी हर बात पे नीचा दिखाता है, तू
ही बता की मैं तेरी कुछ हूँ की नही

कभी बच्चे, कभी मेहमान, कभी तेरे
सारे रिश्तों को,
तेरे त्योहार, तेरे ग़मों में हर पल
शरीक़ होती हूँ
तू फिर भी पूछता है क्या मैं तुझसे
प्यार करती हूँ
तू ही बता दे की मैं तेरे लिए, कुछ
हूँ की नही

Vikram Gill

281

कभी मेरे पास बैठ, मोहब्बत के दो बोल
तो सुना
कभी मेरे दिल की तकलीफ़ समझ, मेरे
ग़मों को भी तू अपना
हर बात पे यह कहना, तेरी औकात क्या है
मेरे बिन
तू ही बता दे की मैं भी इंसान हूँ के नही

मैं तेरे घर में हर रोज़ अपना वजूद
ढूँढती हूँ
कभी पत्नी, कभी तेरी दोस्त बनके, तेरे
सब नखरे सहती हूँ
तू ही बता की मैं कहीं हूँ की नही

Vikram Gill

282

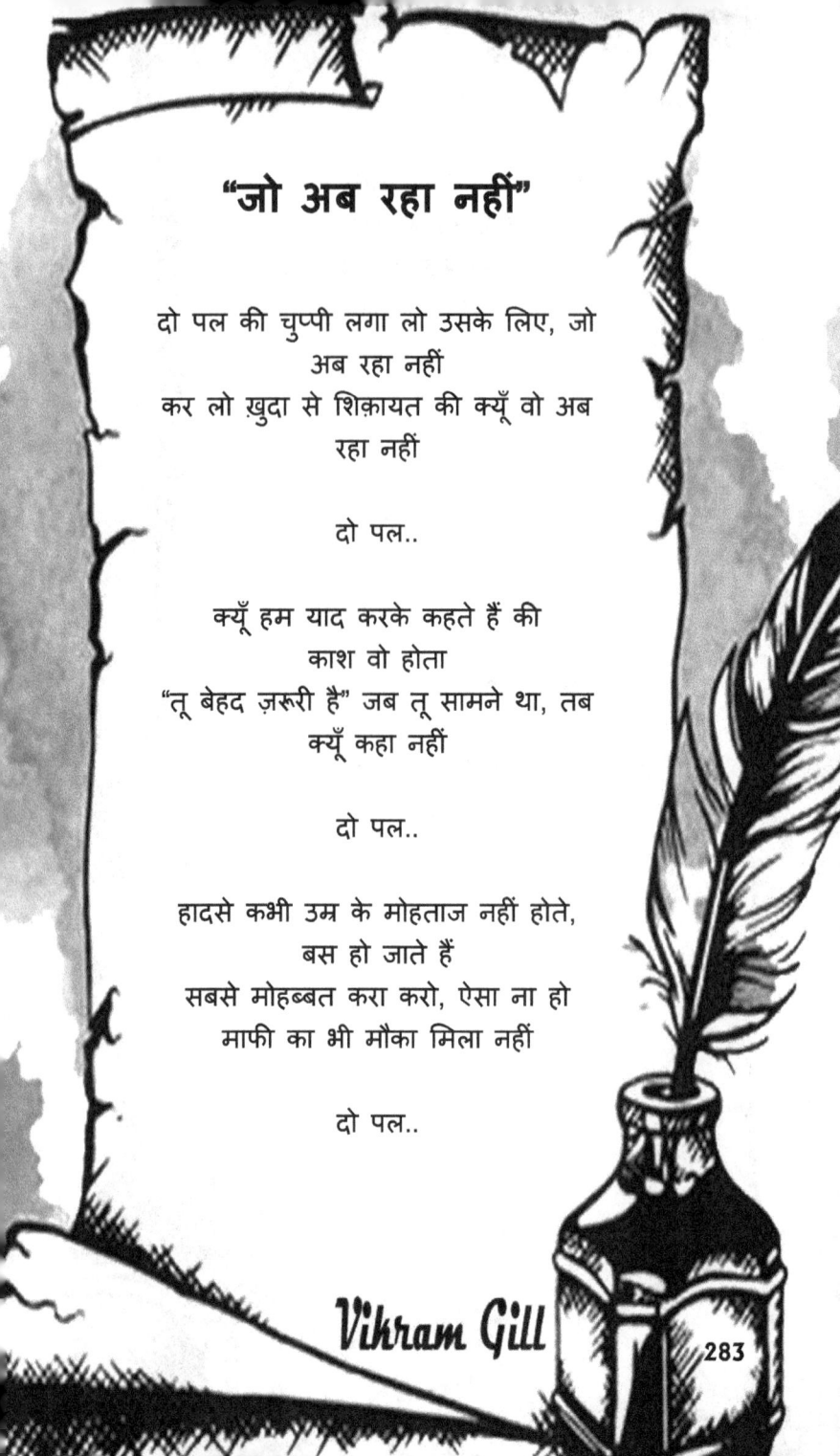

"जो अब रहा नहीं"

दो पल की चुप्पी लगा लो उसके लिए, जो
अब रहा नहीं
कर लो ख़ुदा से शिक़ायत की क्यूँ वो अब
रहा नहीं

दो पल..

क्यूँ हम याद करके कहते हैं की
काश वो होता
"तू बेहद ज़रूरी है" जब तू सामने था, तब
क्यूँ कहा नहीं

दो पल..

हादसे कभी उम्र के मोहताज नहीं होते,
बस हो जाते हैं
सबसे मोहब्बत करा करो, ऐसा ना हो
माफी का भी मौका मिला नहीं

दो पल..

Vikram Gill

283

चला गया एक बार जो, आँसू पोंछने भी
नही आ पाएगा
गले से लगा के कहा करो सबको, मैं
जानता हूँ वो सब जो तूने कहा नहीं

दो पल..

क्या हासिल जाने के बाद आँसू बहा के
याद करने का?
बड़ों की इज़्ज़त, छोटों को प्यार, फिर ना
कहना, की हमने कहा नही

दो पल की चुप्पी लगा लो उसके लिए, जो
अब रहा नहीं
कर लो ख़ुदा से शिक़ायत की क्यूँ वो अब
रहा नहीं

Vikram Gill

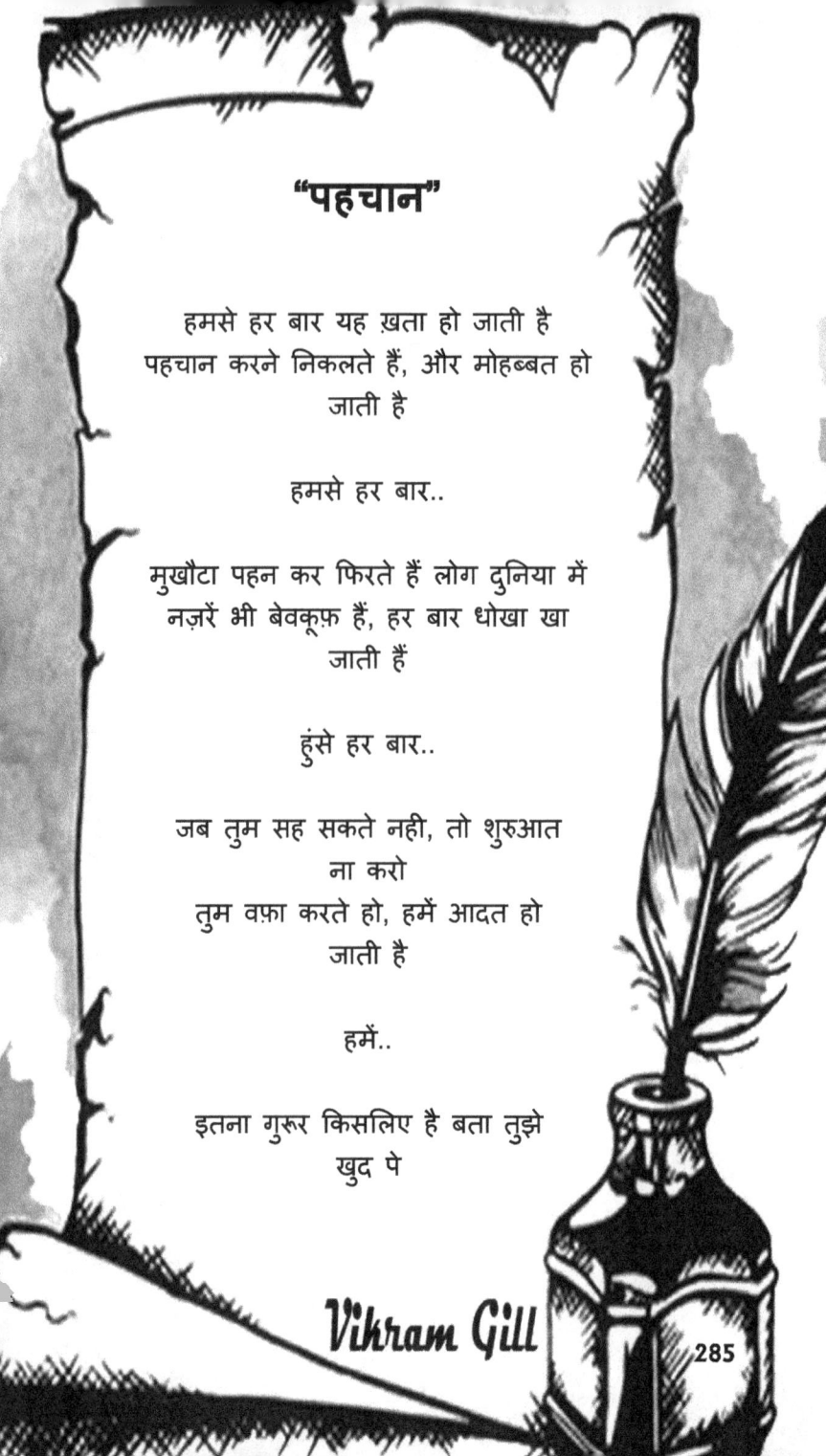

"पहचान"

हमसे हर बार यह ख़ता हो जाती है
पहचान करने निकलते हैं, और मोहब्बत हो
जाती है

हमसे हर बार..

मुखौटा पहन कर फिरते हैं लोग दुनिया में
नज़रें भी बेवकूफ़ हैं, हर बार धोखा खा
जाती हैं

हुंसे हर बार..

जब तुम सह सकते नही, तो शुरुआत
ना करो
तुम वफ़ा करते हो, हमें आदत हो
जाती है

हमें..

इतना गुरूर किसलिए है बता तुझे
खुद पे

Vikram Gill

285

हम यह पूछ लें तो, ज़िंदगी ख़फ़ा
हो जाती है

हमसे हर बार यह ख़ता हो जाती है
पहचान करने निकलते हैं, और मोहब्बत
हो जाती है

Vikram Gill

286

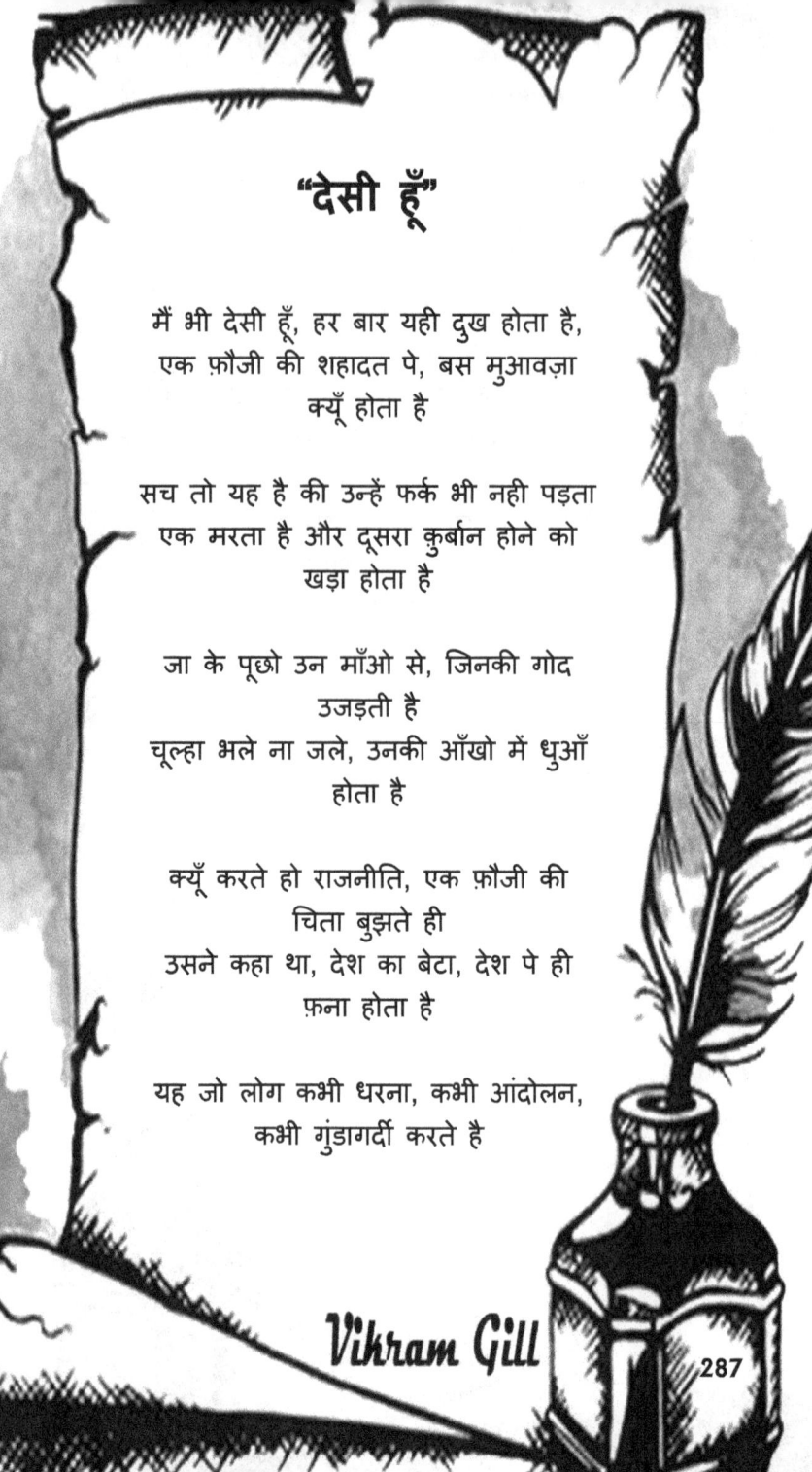

"देसी हूँ"

मैं भी देसी हूँ, हर बार यही दुख होता है,
एक फ़ौजी की शहादत पे, बस मुआवज़ा
क्यूँ होता है

सच तो यह है की उन्हें फर्क भी नही पड़ता
एक मरता है और दूसरा क़ुर्बान होने को
खड़ा होता है

जा के पूछो उन माँओ से, जिनकी गोद
उजड़ती है
चूल्हा भले ना जले, उनकी आँखो में धुआँ
होता है

क्यूँ करते हो राजनीति, एक फ़ौजी की
चिता बुझते ही
उसने कहा था, देश का बेटा, देश पे ही
फ़ना होता है

यह जो लोग कभी धरना, कभी आंदोलन,
कभी गुंडागर्दी करते है

Vikram Gill

इनसे कहो की ज़रूरत है, चलो, जाके
सरहदों पे लड़ना होता है

काश मिला होता मौका, देश पे जान
लुटाने का
उनको बतलाते की, इस मुल्क़ पे फ़ना होने
को ही, हर बच्चा जवान होता है

मैं भी देसी हूँ, हर बार यही दुख होता है
एक फ़ौजी की शहादत पे, बस मुआवज़ा
क्यू होता है

Vikram Gill

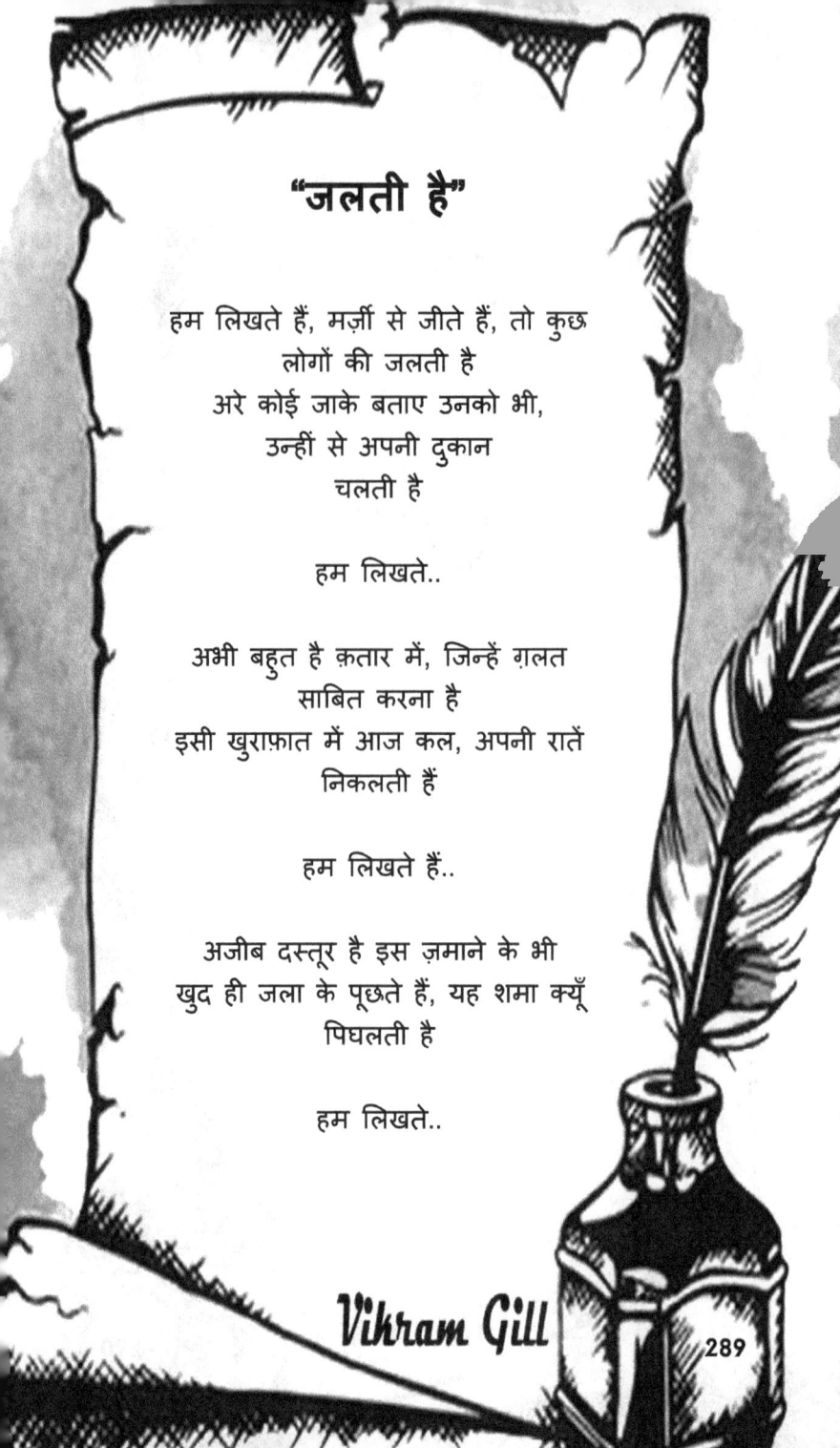

"जलती है"

हम लिखते हैं, मर्ज़ी से जीते हैं, तो कुछ
लोगों की जलती है
अरे कोई जाके बताए उनको भी,
उन्हीं से अपनी दुकान
चलती है

हम लिखते..

अभी बहुत है क़तार में, जिन्हें ग़लत
साबित करना है
इसी खुराफ़ात में आज कल, अपनी रातें
निकलती हैं

हम लिखते हैं..

अजीब दस्तूर है इस ज़माने के भी
खुद ही जला के पूछते हैं, यह शमा क्यूँ
पिघलती है

हम लिखते..

Vikram Gill

289

हम हर बार मनाने आएंगे, इसकी उमीद
ना रखना
तुम ज़रूरी हो इसीलिए, तेरी बेरूख़ी भी सर
आँखो पे रहती है

हम लिखते हैं, मर्ज़ी से जीते हैं, तो कुछ
लोगों की जलती है
अरे कोई जाके बताए उनको भी,
उन्हीं से अपनी दुकान
चलती है

Vikram Gill

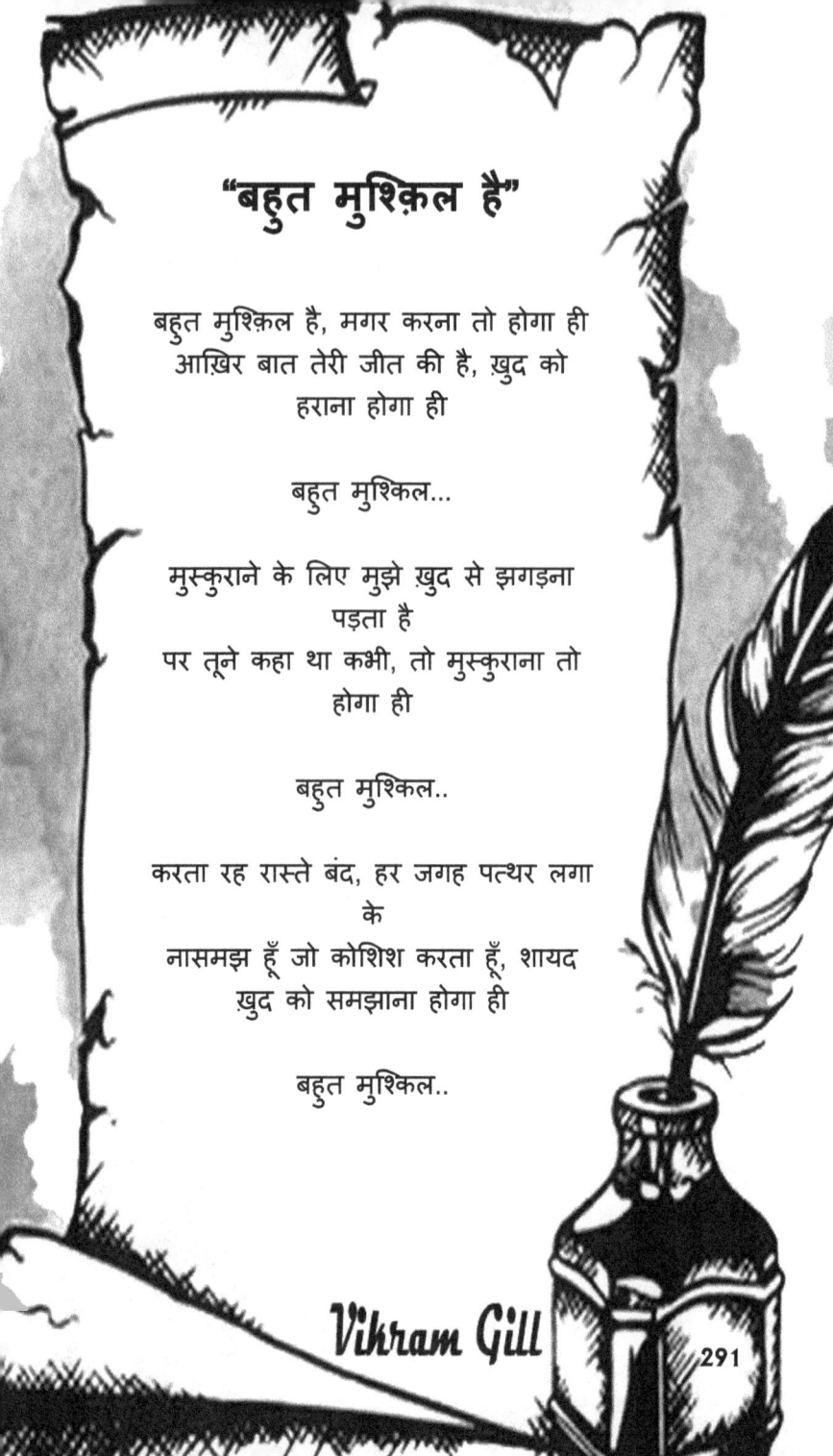

"बहुत मुश्क़िल है"

बहुत मुश्क़िल है, मगर करना तो होगा ही
आख़िर बात तेरी जीत की है, ख़ुद को
हराना होगा ही

बहुत मुश्किल...

मुस्कुराने के लिए मुझे ख़ुद से झगड़ना
पड़ता है
पर तूने कहा था कभी, तो मुस्कुराना तो
होगा ही

बहुत मुश्किल..

करता रह रास्ते बंद, हर जगह पत्थर लगा
के
नासमझ हूँ जो कोशिश करता हूँ, शायद
ख़ुद को समझाना होगा ही

बहुत मुश्किल..

Vikram Gill

291

एक अरसा हुआ, ज़माने से नज़रें
मिलाये हुए
हम शर्मिंदा हैं, पर ख़ुदग़र्ज़ ज़माना भी तो
होगा ही

बहुत मुश्क़िल है, मगर करना तो होगा ही
आख़िर बात तेरी जीत की है, ख़ुद को
हराना होगा ही

Vikram Gill

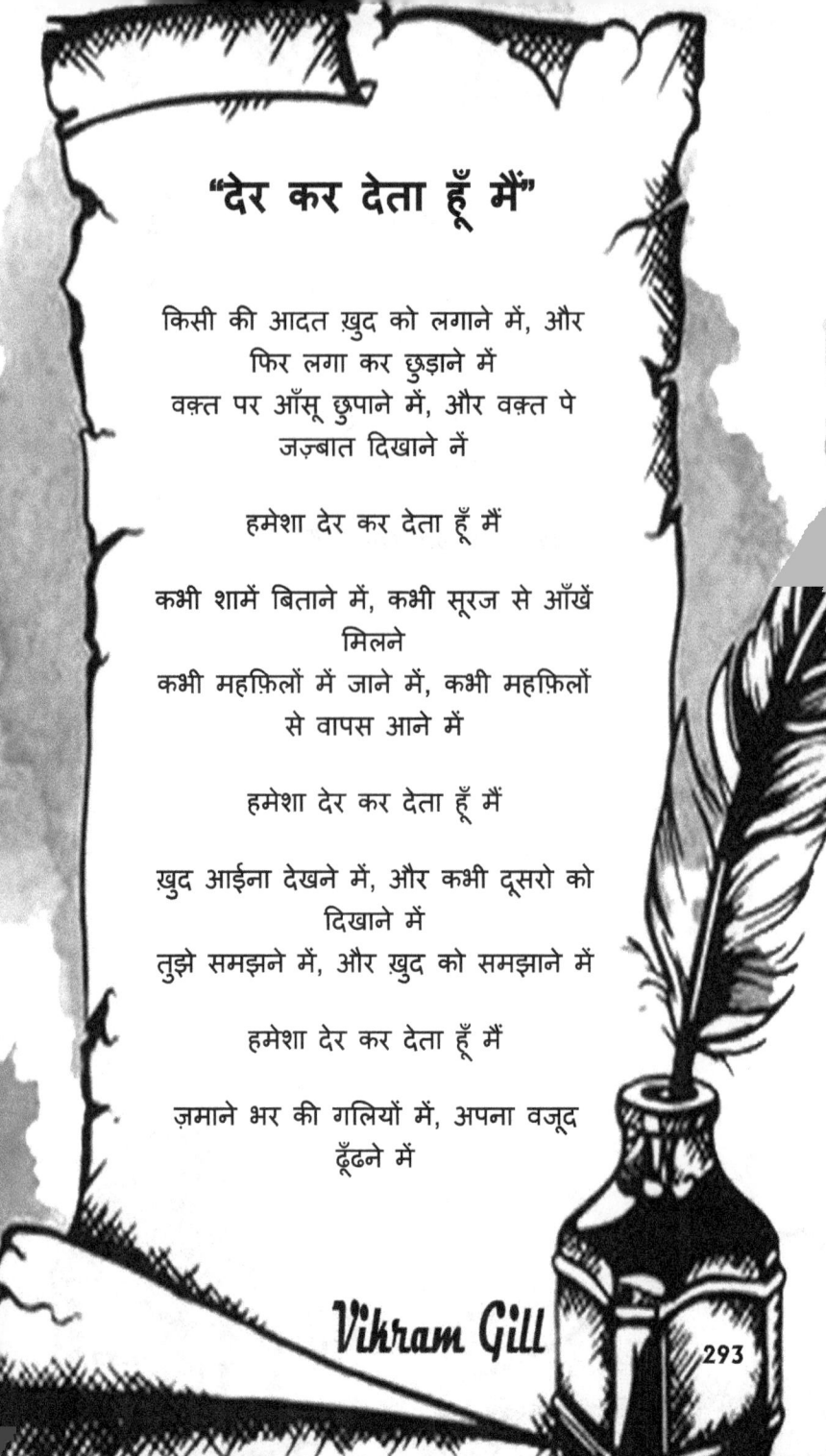

"देर कर देता हूँ मैं"

किसी की आदत ख़ुद को लगाने में, और
फिर लगा कर छुड़ाने में
वक़्त पर आँसू छुपाने में, और वक़्त पे
जज़्बात दिखाने नें

हमेशा देर कर देता हूँ मैं

कभी शामें बिताने में, कभी सूरज से आँखें
मिलने
कभी महफ़िलों में जाने में, कभी महफ़िलों
से वापस आने में

हमेशा देर कर देता हूँ मैं

ख़ुद आईना देखने में, और कभी दूसरो को
दिखाने में
तुझे समझने में, और ख़ुद को समझाने में

हमेशा देर कर देता हूँ मैं

ज़माने भर की गलियों में, अपना वजूद
ढूँढने में

Vikram Gill

293

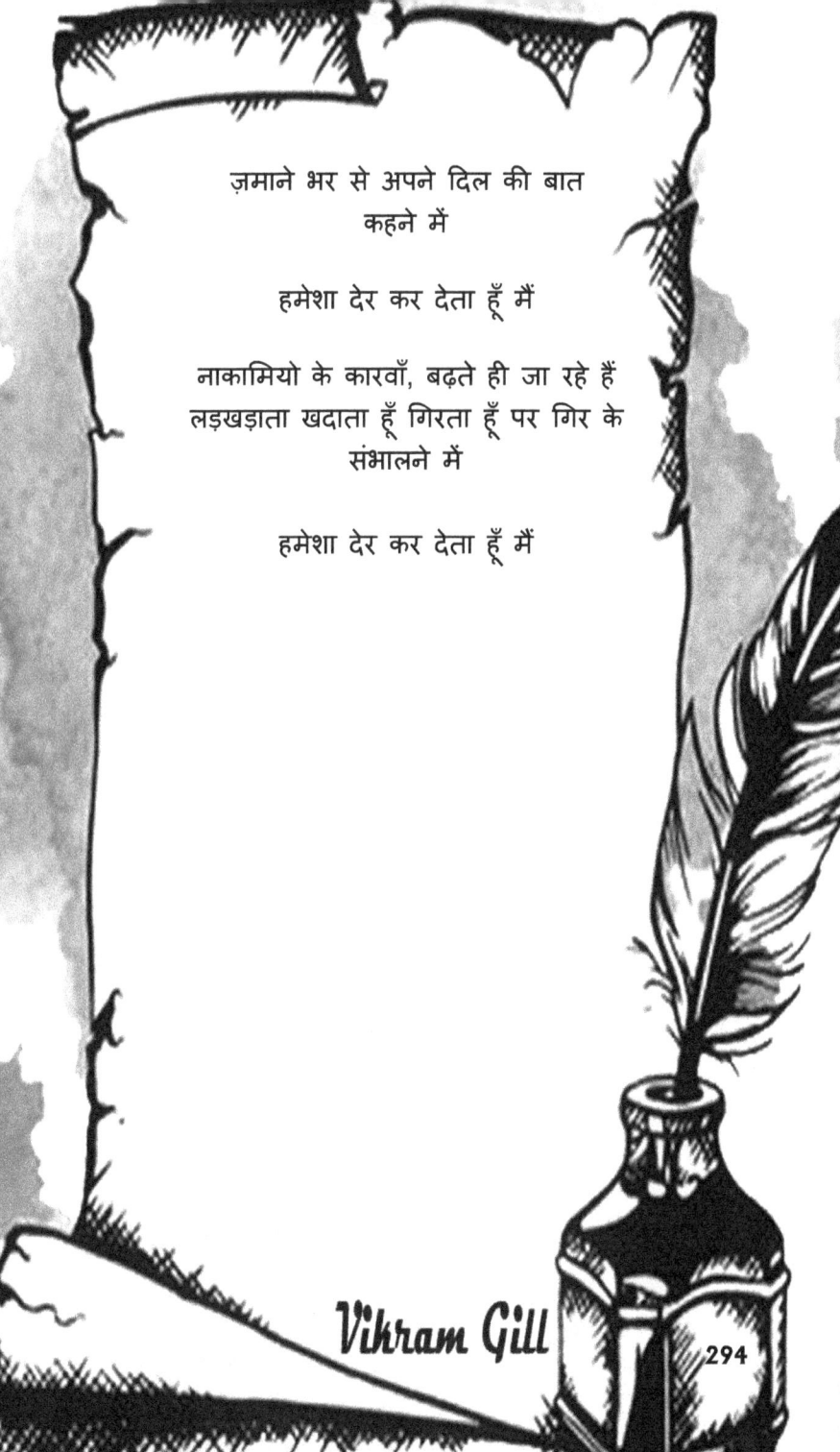

ज़माने भर से अपने दिल की बात
कहने में

हमेशा देर कर देता हूँ मैं

नाकामियो के कारवाँ, बढ़ते ही जा रहे हैं
लड़खड़ाता खदाता हूँ गिरता हूँ पर गिर के
संभालने में

हमेशा देर कर देता हूँ मैं

Vikram Gill

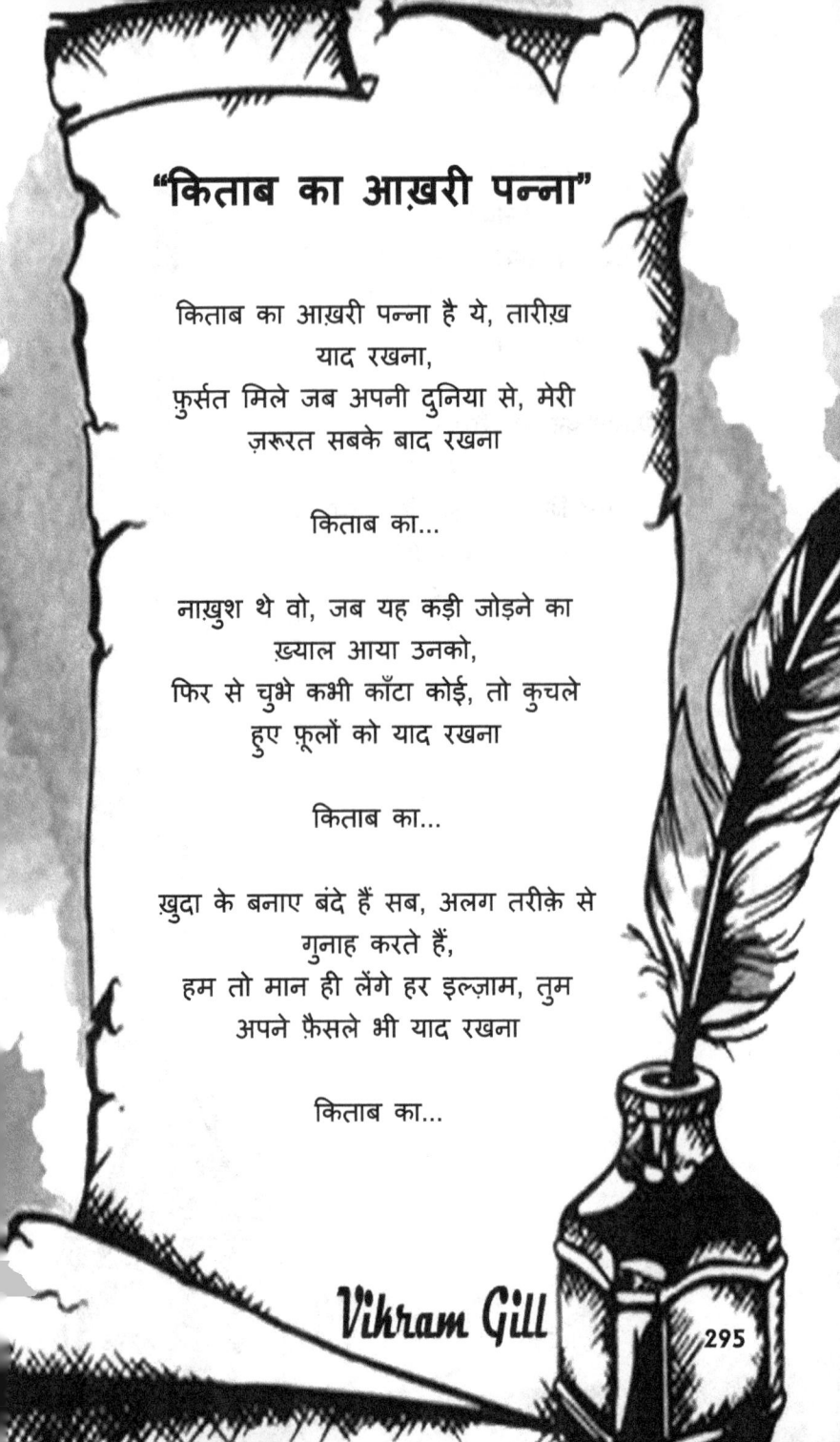

"किताब का आख़री पन्ना"

किताब का आख़री पन्ना है ये, तारीख़
याद रखना,
फ़ुर्सत मिले जब अपनी दुनिया से, मेरी
ज़रूरत सबके बाद रखना

किताब का...

नाख़ुश थे वो, जब यह कड़ी जोड़ने का
ख़्याल आया उनको,
फिर से चुभे कभी काँटा कोई, तो कुचले
हुए फ़ूलों को याद रखना

किताब का...

ख़ुदा के बनाए बंदे हैं सब, अलग तरीक़े से
गुनाह करते हैं,
हम तो मान ही लेंगे हर इल्ज़ाम, तुम
अपने फ़ैसले भी याद रखना

किताब का...

Vikram Gill

यूँ ही चल दिए थे हम, सबके मुताबिक़,
सबके रास्तों पे,
तेरे खुश रहने की दुआ माँगी जिन्होंने,
तू उन फ़क़ीरों
को याद रखना

किताब का आख़री पन्ना है ये, तारीख़ याद
रखना,
फ़ुर्सत मिले जब अपनी दुनिया से, मेरी
ज़रूरत सबके
बाद रखना

Vikram Gill

Additional Poems

Vikram Gill

"Life's Good"

If you can wake up every
morning &
see the world
If you can make enough
money to
feed your family
If you can cry when you're
sad & laugh when happy
LIFE's GOOD!!!!

When you think you've had
enough of life
When you feel that the world
must end right now
Look around you & see the
suffering of others, I bet you'd
say
LIFE's GOOD!!!!

When you've friends you can
count on

Vikram Gill

298

When you've people you can
love &
rely upon
When you are able to reach
out to
the one you love
LIFE's GOOD!!!!

When you have more than
what others
crave for
When you're up able to give
up & give in for the ones you
love
When you can respect yourself
for a good human being
LIFE'S GOOD!!!!

Trust me No one's born lucky
in the world to have it all -
But...
When you're able to become a
good child to your parents
When you're able to give good

Vikram Gill

values to your child
When you're able to spend
time with the ones who matter
LIFE'S GOOD!!!!

Vikram Gill

"Wish it was Easy"

Looking back to the last
decade and laughing at myself
I wish it was a bit easy,
instead of giving up on myself

When people judge me for my
decisions,
I smile.,
I still shake hands, hug them
coz they didn't live the time
themselves

Looking back..

I am yet to learn a lot of
lessons
How not to please being one
of them,

People come to your life for a
reason

Vikram Gill

Sometimes the reason doesn't
reveal itself

I wish it was....

There will, always be haters,
who'd try to put you down
Choose to be happy & learn
to ignore, this too shall pass
itself

Looking back to the last
decade and laughing at myself
I wish it was a bit easy,
instead of giving up on myself

Vikram Gill

"Failures"

Never be afraid of failures,
they are there to teach you
Just shout out for help and
your loved ones will reach you

Never be..

Have the courage to start over
again,
If u fall, stand up again
There isn't a great friend than
yourself
Trust the best in you, he'll
guide you & not just preach
you

Never be..

Be kind, be polite, no matter
what you're going through
If you can choose to be sad,

Vikram Gill

you can sure choose to be
happy too
The truth is life is about
learning, so live & learn, let it
teach you

Just shout..

We all failed at some stage
of our lives, but how did
regretting help anyone
Finding a problem is easier
but focusing on solution is not
easy one
What eyes see can be
misleading, walk till your
breath, is what god teaches
you

Never be afraid of failures,
they are there to teach you
Just shout out for help and
your loved ones will reach you

Vikram Gill

CPSIA information can be obtained
at www.ICGtesting.com
Printed in the USA
BVHW080804230621
610210BV00004B/212

9 781639 047482